Jahrbuch für Musikwirtschafts- und Musikkulturforschung

Reihe herausgegeben von
C. Winter, Hannover, Deutschland

Das neue *Jahrbuch für Musikwirtschafts- und Musikkulturforschung* [JMMF] der GMM e.V. ist mit der Reihe „Musikwirtschafts- und Musikkulturforschung" verbunden und wie sie überdisziplinär angelegt. Es dokumentiert aktuelle Forschung, Diskussionen, Publikationen und Veranstaltungen insbesondere zu Entwicklungen der Musikwirtschaft und Musikkultur und ist als thematisches und zugleich offenes Forum konzipiert. Als begutachtete und bewusst inter- und transdisziplinäre Fachpublikation lädt das JMMF sowohl zu thematischen Forschungsbeiträgen, zu aktuellen Forschungsbeiträgen sowie auch zu Rezensionen und Veranstaltungsbesprechungen ein. Vorgesehen sind für jedes Jahrbuch neben Beiträgen zu Titel und Thema jedes Jahrbuchs weiter Beiträge, die rechtliche, politische, ästhetische o.ä. Aspekte aktueller Entwicklungen in Musikwirtschaft und Musikkultur thematisieren.

Weitere Bände in der Reihe http://www.springer.com/series/15573

Michael Ahlers
Lorenz Grünewald-Schukalla
Martin Lücke · Matthias Rauch
(Hrsg.)

Big Data und Musik

Jahrbuch für Musikwirtschafts-
und Musikkulturforschung 1/2018

 Springer VS

Hrsg.
Michael Ahlers
Lüneburg, Deutschland

Martin Lücke
Berlin, Deutschland

Lorenz Grünewald-Schukalla
Berlin, Deutschland

Matthias Rauch
Mannheim, Deutschland

ISSN 2524-3101   ISSN 2524-311X (electronic)
Jahrbuch für Musikwirtschafts- und Musikkulturforschung
ISBN 978-3-658-21219-3   ISBN 978-3-658-21220-9   (eBook)
https://doi.org/10.1007/978-3-658-21220-9

Die Deutsche Nationalbibliothek verzeichnet diese Publikation in der Deutschen National-
bibliografie; detaillierte bibliografische Daten sind im Internet über http://dnb.d-nb.de abrufbar.

Springer VS
© Springer Fachmedien Wiesbaden GmbH, ein Teil von Springer Nature 2019

Verantwortlich im Verlag: Barbara Emig-Roller

Springer VS ist ein Imprint der eingetragenen Gesellschaft Springer Fachmedien Wiesbaden GmbH
und ist ein Teil von Springer Nature
Die Anschrift der Gesellschaft ist: Abraham-Lincoln-Str. 46, 65189 Wiesbaden, Germany

Inhalt

IV Rezensionen

Autor_innen

Prof. Dr. Michael Ahlers
Leuphana Universität Lüneburg
Universitätsallee 1, C16.216, 21335 Lüneburg, Deutschland
michael.ahlers@leuphana.de
Michael Ahlers ist seit 2012 Professor für Musikdidaktik mit dem Schwerpunkt Popularmusik. Er ist Schatzmeister der GMM, im wissenschaftlichen Beirat der Gesellschaft für Popularmusikforschung, sowie in weiteren Fachgesellschaften für empirische Musik- und Bildungsforschung aktiv. Seine Lehr- und Forschungsschwerpunkte liegen in der empirischen Musikforschung, der Analyse, Produktion und Didaktik der populären Musik, der Forschung zu digitalen Medien, sowie Improvisations- und Kreativitätsforschung. Jüngere Publikationen befassen sich mit *Perspectives on German Popular Music* (mit Christoph Jacke, Ashgate 2017) oder *Aspekten der Popmusik-Vermittlung* (LIT 2015).

Anita Carstensen M.A.
Humboldt-Universität zu Berlin
Georgenstr. 47, 10117 Berlin, Deutschland
anita_carstensen@hotmail.com
Anita Carstensen ist PR-Beraterin bei der Kommunikationsagentur public link und verantwortet den deutschen Markteintritt verschiedener internationaler Firmen im Bereich Consumer Goods und Travel. Sie beschäftigt sich schwerpunktmäßig mit Content-Strategien, PR und Social Media und den neuen Möglichkeiten des Marketings, die Unternehmen heutzutage zur Verfügung stehen. Während ihres Studiums konnte Anita Carstensen zahlreiche Erfahrungen in der Musik-, Kommunikations- und Medienbranche sammeln, beispielsweise beim Deutschlandradio Kultur. Im Rahmen eines gemeinsamen Forschungsprojekts der Berlin Music Commission und der Humboldt Universität zu Berlin widmet sie sich aktuell dem digitalen Umbruch

des Musikmarkts und erarbeitet gemeinsam mit Expert_innen der Musikbranche Handlungsempfehlungen für die Zukunft der Musikindustrie, mit einem besonderen Augenmerk auf die Entwicklung und das Geschäftsmodell von Spotify und welche neuen Möglichkeiten des Marketings sich hier für Künstler bieten.

Lorenz Gilli, Mag. rer. soc. oec.
Universität Siegen – Medienwissenschaftliches Seminar
Herrengarten 3, 57072 Siegen, Deutschland
gilli@medienwissenschaft.uni-siegen.de
Lorenz Gilli, Magister der Sozial- und Wirtschaftswissenschaften, Jahrgang 1977, ist seit 2013 wissenschaftlicher Mitarbeiter am Lehrstuhl für Medienästhetik der Universität Siegen. Er hat zunächst in Wien Betriebswirtschaftslehre studiert und seine Diplomarbeit zum Thema *Distribution digitaler Musik: Eine empirische Bestandsaufnahme aktueller Geschäftsmodelle in der Praxis* verfasst. Nach seinem Abschluss hat er in selbständig in der Kulturgastronomie gearbeitet (2005-2007) und anschließend (2008-2012) Produktmanager und Repertoire-Manager für Xenox Music and Media beim italienischen Distributor spezialisierter Musikdienstleistungen für Gastronomie und Handel in Bozen (Italien) gearbeitet. Seine Arbeits-/ Lehr- und Forschungsschwerpunkte sind DJ-Culture, Ästhetik und Kultur elektronischer Tanzmusik, (digitale) Musikdistribution, Musik- und Klangvisualisierungen. Aktuelle Publikationen: Gilli, L. (2017). Navigate Your Set. Zur Virtuosität von DJs. In T. Phleps (Hrsg.), *Schneller, höher, lauter. Virtuosität in populären Musiken* (S. 132-153). Bielefeld: Transcript.

Lorenz Grünewald-Schukalla, M.A.
Am Treptower Park 37, 12435 Berlin, Deutschland
lgs@posteo.de
Lorenz Grünewald-Schukalla, M.A. ist seit 2014 Geschäftsführer der Gesellschaft für Musikwirtschafts- und Musikkulturforschung (GMM). Nach dem Musikstudium an der Popacademie Enschede (NL, Hauptfach Gitarre) und einem Masterstudiengang in Musik und Medien am Institut für Journalistik und Kommunikationswissenschaften Hannover arbeitet er an seiner Promotion zu Branding mit Musik. Seine Arbeitsschwerpunkte liegen in der Schnittstelle von Mediensoziologie, Cultural Studies und Management-Forschung. So ist er Ko-Herausgeber des Jahrbuchs für Musikwirtschafts- und Musikkulturforschung. Zu seinen jüngeren Publikationen zählen Artikel zu *YouTubes Musikkultur zwischen Co-Creation und Kommerzialisierung* oder zur *Methodologie kultureller Musikwirtschaftsforschung* sowie ein *Special Issue zu Internet-Memes zwischen Originalität und Viralität.*

Prof. Dr. Martin Lücke
Hochschule Macromedia
Campus Berlin
Mehringdamm 33, 10961 Berlin, Deutschland
m.luecke@macromedia.de

Martin Lücke, Prof. Dr., Jahrgang 1974, ist seit 2009 Professor für Musikmanagement an der Hochschule Macromedia am Campus Berlin. Martin Lücke ist derzeit Vorsitzender der Gesellschaft für Musikwirtschafts- und Musikkulturforschung (GMM) sowie im Vorstand des Fachverbands Kulturmanagement und Board Member der International Music Business Research Association (IMBRA). Er hat zunächst als Dramaturg bei den Bochumer Symphonikern gearbeitet (2003-2006) und war anschließend Kurator am Haus der Geschichte in Bonn (2006-2008). Seine Lehr- und Forschungsschwerpunkte sind Musikmanagement, Populäre Musik (u.a. Schlager und Progressive Rock), Kulturfinanzierung (Crowdfunding) sowie Ausbildungsforschung. Zu den wichtigen Publikationen zählt das 2013 bei Kohlhammer erschienene Lehrbuch *Management in der Musikwirtschaft*. Derzeit gibt Martin Lücke das *Lexikon der Musikberufe* im Laaber-Verlag heraus.

Ulrika Müller, M.A.
Humboldt-Universität zu Berlin
Georgenstr. 47, 10117 Berlin, Deutschland
mail@ulrikamueller.de

Ulrika Müllerist als Data Platform Managerin bei Viacom International Media Networks tätig und befasst sich mit den Bereichen Data Modeling, Governance und Integrity. Während ihres Masterstudiums der Medienwissenschaft untersuchte sie im Rahmen eines gemeinsamen Forschungsprojekts der Humboldt-Universität zu Berlin und der Berlin Music Commission die Auswirkungen der Digitalisierung auf die deutsche Musikindustrie. In diesem Zusammenhang widmet sie sich in ihrer Abschlussarbeit der Fragestellung, wie mithilfe von Big Data musikalische Talente entdeckt und gefördert werden können.

Dr. Robert Prey
University of Groningen
Faculty of Arts
PO box 72, 9700 AB Groningen, The Netherlands
r.prey@rug.nl

Robert Prey is an Assistant Professor at the Center for Media and Journalism Studies, University of Groningen, The Netherlands. He earned his PhD from the School of Communication at Simon Fraser University, Canada, with a dissertation on the political economy of music streaming services. His research interests include creative/cultural industries, data and society, global communications, and social and media theory. Dr. Prey's work has been published in numerous academic journals and edited collections. Prior to and in between academic degrees he worked in radio in Canada and with multicultural television in South Korea.

Fabian Rack, Rechtsanwalt
Nolte Pustejovsky, Wallstr. 6, 79098 Freiburg sowie
FIZ Karlsruhe – Leibniz-Institut für InformationsinfrastrukturDreisamstr. 1, 79098 Freiburg, Deutschland
rack@np-recht.de
Fabian Rack, Jahrgang 1987, ist seit 2016 Rechtsanwalt bei der Kanzlei Nolte Pustejovsky in Freiburg und Wissenschaftlicher Mitarbeiter bei Prof. Dr. Franziska Boehm, FIZ Karlsruhe. Fabian Rack ist Mitglied des Telemedicus e.V. und dort als Autor aktiv. Seine Arbeitsschwerpunkte liegen im Musikrecht, dem Forschungsdatenmanagement sowie dem Urheber- und Datenschutzrecht.

Dr. Matthias Rauch
Leitung Kulturelle Stadtentwicklung Mannheim
mg: mannheimer gründungszentren gmbh
Hafenstr. 49, 68159 Mannheim, Deutschland
rauch@startup-mannheim.de
Matthias Rauch, Dr. phil., Jahrgang 1978, leitet seit 2017 den Geschäftsbereich *Kulturelle Stadtentwicklung* für Startup Mannheim. Matthias Rauch ist derzeit stellvertretender Vorsitzender der Gesellschaft für Musikwirtschafts- und Musikkulturforschung (GMM). Er studierte Amerikanistik, Betriebswirtschaftslehre, Medien- und Kommunikationswissenschaft, Geschichte und Soziologie an den Universitäten Mannheim und Heidelberg. Von 2007-2010 war er Promotionsstipendiat im Promotionskolleg *Formations of the Global* an der Universität Mannheim und im Jahr 2010 *Visiting Research Fellow* an der York University, Toronto. Matthias Rauch hatte bzw. hat Lehraufträge u.a. an der Universität Mannheim, der SRH Hochschule Heidelberg und der Popakademie Baden-Württemberg inne. Zudem ist er seit fast 20 Jahren als freier Autor für Print- und Online-Medien tätig. Von 2013-2014 leitete er die Presse- und Öffentlichkeitsarbeit des Clustermanagements Musikwirtschaft Mannheim & Region und übernahm im Anschluss die Leitung des Clustermanagements Musikwirtschaft (2014-2016). Seine Lehr- und Forschungsschwerpunkte sind, Populäre Musik & Kultur, Musik- und Kulturmanagement, kreative Stadtentwicklung sowie kulturelle Globalisierung.

Marco Räuchle, M.A.
ferryhouse productions GmbH & Co KG
Shanghaiallee 9, 20457 Hamburg, Deutschland
marco@ferryhouse.net

Marco Räuchle, M.A. Music and Creative Industries, Jahrgang 1990, ist seit April 2017 Online Marketing Manager bei ferryhouse productions GmbH & Co KG. Er hat zunächst an der Hochschule der Medien in Stuttgart seinen Bachelor in *Werbung und Marktkommunikation* absolviert; anschließend hat er seinen Master of Arts an der Popakademie in Mannheim im Fachbereich *Music and Creative Industries* erlangt.

Aaron Röver, B.A.
Lutherstraße 23, 68169 Mannheim, Deutschland
Aaron.roever@gmx.de

Aaron Röver, Bachelor of Arts, Jahrgang 1994, studiert im Masterstudiengang *Music and Creative Industries* an der Popakademie Baden-Württemberg. Er ist seit 2016 selbständiger Künstlermanager und Bookingagent für Musiker und hat nach seinem Bachelor Abschluss in Medienwissenschaft & Medienmanagement an der Universität Siegen eine freie Mitarbeit in der Kölner Musikagentur Kingstone Entertainment GmbH absolviert. Seine B.A.-Arbeit hat Aaron Röver zum Thema *Die Blockchain in der Musikindustrie – Innovation und Problemlösungsstrategien* verfasst.

Wolfgang Senges, M.A., M.Sc,.
ContentSphere
St.-Mergener-Str. 12, 54292 Trier, Deutschland
Wolfgang.senges@contentsphere.de

Wolfgang Senges, M.A., MSc., Jahrgang 1965, ist seit 2008 freiberuflicher Berater für Musik und Technologie in Berlin und Trier. Er ist Mitgründer und Koordinator der Arbeitsgruppe Blockchain und Dozent des Music Pool Berlin. Nach Positionen im Marketing und als Projektleiter bei Media Asset Management und Content Management Dienstleistern war er tätig als Kurator und Programmleiter des Konferenzformats all2gethernow sowie der Berlin Music Week. Er begleitete beratend das Marketing und die Entwicklung der Promotion-Plattform Songpier und übernahm im Anschluss gemeinsam mit Meik Michalke die Rolle des geschäftsführenden Direktors der Cultural Commons Collecting Society SCE (C3S SCE). Seit seinem Ausscheiden in 2015 widmet er sich Blockchain-Projekten wie Resonate, der Arbeitsgruppe Blockchain sowie der Mitarbeit an der BlockchainExpo Global Konferenzreihe. Im Verlauf seiner Tätigkeiten arbeitete er mit Künstlern wie Marillion, Martin Atkins, Amanda Palmer, Ingrid Chavez, Zoe Leela, Luci van Org u.a. Seine Arbeitsschwerpunkte sind Blockchain sowie die Evolution der Technologie und ihre Auswirkungen auf die Musikwirtschaft. Publikationen: *Innovative Geschäftsmodelle der Online-Distribution* (2008); ContentSphere: Readings in Music and Technology (2008-2017); in Arbeit: *Blockchain for Music Business: Preventing the Threat of Disruption* (2017).

Einleitung

Big Data und Musik: Zwischen Potenzial und Anwendung

1

Michael Ahlers, Lorenz Grünewald-Schukalla, Martin Lücke
und Matthias Rauch

Every day, people are breaking up and entering into relationships on Facebook. When they do, they play songs that personify their mood. With Valentine's Day just around the corner, we looked at the songs most played by people in the U.S. on Spotify as they make their relationships and breakups 'Facebook official' (Facebook Data Team 2012).

1.1 Big Data: Zwischen Buzz-Word und Potential

Big Data – alle sprechen davon, die Medien berichten darüber, aber ist wirklich allgemein bekannt, was sich hinter dieser derzeit omnipräsenten Begrifflichkeit verbirgt? Es geht um Daten, riesige, unvorstellbar große Mengen an Daten. Daten, die auf unterschiedlichste Art und Weise gesammelt, gespeichert, am Ende auch ausgewertet und in Bezug zueinander gebracht werden (sollen). Die hypothetischen Möglichkeiten von Big Data versprechen zunächst Lösungen. Allein die Nennung von Big Data lässt seit einigen Jahren die Augen von Analysten und Managern funkeln, wenn an die ökonomischen Möglichkeiten, die sich aus der Auswertung und einer möglichen Monetarisierung ergeben sollen, gedacht wird. Aber es verbergen sich noch viel mehr Möglichkeiten hinter Big Data als bloße Gewinnmaximierung, die von Rasterfahndung, Umfeld- und Trendforschung bis hin zu System- und Produktionssteuerung und natürlich wissenschaftlicher Forschung reichen.

Die Wirtschaft jedoch verspricht sich von den neu entstehenden Möglichkeiten vor allem erweiterte Einblicke in Interessent_innen und Kund_innen, deren vorhandenes Risikopotenzial oder jetziges und zukünftiges Kaufverhalten und generiert hiermit personenbezogene Profile. Auf der anderen Seite soll durch Big Data die Produktion von Produkten, aber auch Dienstleistungen optimiert werden. Auch für die Wissenschaft ist Big Data ein steter Innovationstreiber, sollen doch beispielsweise mittels umfassender Datenbeschaffung und -analyse sowohl der

© Springer Fachmedien Wiesbaden GmbH, ein Teil von Springer Nature 2019
M. Ahlers et al. (Hrsg.), *Big Data und Musik*, Jahrbuch für Musikwirtschafts-
und Musikkulturforschung, https://doi.org/10.1007/978-3-658-21220-9_1

Klimawandel als auch Verkehrs- und Bevölkerungsströme, Mediennutzungsmuster oder menschliches Verhalten in Krisensituationen erforscht werden. Und Sicherheitsbehörden versuchen durch Abweichungen und Auffälligkeiten in komplexen Datensätzen Kriminelle und Terroristen zu enttarnen.

Doch gleichzeitig ist Big Data auch eine schwelende und noch nicht gelöste Herausforderung für den Datenschutz oder die Persönlichkeitsrechte, denn viele der für eine fundierte Auswertung erhobenen Daten werden oftmals ohne Einverständniserklärung der Nutzenden erhoben und analysiert. Auch urheberrechtliche Fragestellungen bleiben ungeklärt, wenn sich in Big Data Werkskopien befinden. In diesem Feld sind noch viele rechtliche Hürden zu überwinden, um die erhofften Chancen von Big Data mit Rechtssicherheit und Transparenz zu verbinden.

1.2   Big Data und Musik

Auch für die global agierende Musikwirtschaft, die in den letzten knapp 20 Jahren bereits zahlreiche Transformationen überstehen musste, wird Big Data zu einem zentralen Thema, weshalb sich das Jahrbuch der Gesellschaft für Musikwirtschafts- und Musikkulturforschung 2018 dieser Thematik mit ganz unterschiedlichen methodischen Ansätzen nähert.

Schon 2012 untersuchte das Facebook Data Team mittels Big Data, welche Musik von frisch Verliebten und welche von gerade Getrennten gehört wird, und nutzte dazu über eine Milliarde Nutzerprofile der eigenen Plattform sowie sechs Milliarden Songs des Streaminganbieters Spotify, um in einer korrelativen Datenanalyse einen Zusammenhang zwischen der Variable Beziehungsstatus und der Variable Musikgeschmack zu ermitteln. Das Ergebnis war, dass, so behauptet Facebook, vorhergesagt werden kann, welche Musik frisch verliebte oder getrennte Facebook-Nutzende hören werden. Ob man dieses Wissen wirklich benötigt kann diskutiert werden. Es zeigt aber in aller Deutlichkeit, dass das Sammeln von Daten aufgrund der Offenheit zahlreicher Nutzer, die umfangreiche privaten Informationen den Social Media Plattformen freigeben, recht einfach sein kann und sich daraus einfache – vielleicht aber auch komplexere – Zusammenhänge errechnen lassen.

In der alten, vor-digitalen Welt der Musikindustrie, konnten Labels zwar nach einem Blick auf die Verkaufszahlen sehen, welches Album, welcher Künstler erfolgreich ist, sie wussten aber nicht, was mit ihrer Musik nach dem Verkauf wirklich passierte. In Zeiten von Spotify und Co. hat sich dieser Zugriff gewandelt. Mit relativ einfachen Mitteln kann geprüft werden, welcher Song eines Albums genau bei den Hörer_innen beliebt ist. Es kann sogar analysiert werden, zu welchem

Zeitpunkt ein Song abgebrochen oder weitergeklickt wird. Sinnvoll einzusetzen sind solche Daten im A&R-Segment, dem Kerngeschäft der Plattenfirmen, um zielgerichtet entscheiden zu können, welche Künstler_innen auch in Zukunft zu unterstützen sind. Ebenso haben diese Daten-Einblicke konkrete Auswirkungen auf die Marketing-Aktivitäten von Produkten oder Künstler_innen. Da quasi in Echtzeit innerhalb der Reaktionen in den sozialen Medien Trends und Reaktionen abzulesen sind, können diese wiederum auch fast ohne Verzögerung und mit einer hohen Passung an die avisierte Zielgruppe platziert werden, um dann abermals in eine Schleife der Evaluation der Maßnahmen und Reaktionen einsteigen zu können.

Aber nicht nur im Bereich der Musikselektion hat Big Data Einzug gehalten, auch im Bereich der Musikkreation. Denn seit Jahrhunderten sind Kreative – und die dahinterstehende Musikwirtschaft – auf der Suche nach neuen Hits.

Big Data wird auch in Zusammenhang mit Maschinellem Lernen und künstlicher Intelligenz eingesetzt. Die Innovationen in den Empfehlungssystemen bei Streaming-Anbietern werden zunehmend zu einem zentralen Nutzenversprechen für Kund_innen, die neue und alte Musik (wieder)entdecken wollen und auf kontextsensitive Musikempfehlungen bauen.

Auch aus wissenschaftlicher Sicht wird Big Data ein immer relevanteres Feld und zwar *innerhalb* der Wissenschaft, als Erweiterung der methodischen Möglichkeiten sowie in der Erforschung der Rollen von Big Data in der Praxis, also *außerhalb* der Wissenschaft.

Innerhalb von musikwissenschaftlicher Forschung offenbart Big Data neue Optionen: Durch die Schaffung und Verbindung von umfangreichen Datenquellen bzw. online verfügbarer Bestände, können verbindende oder vergleichende Analysen von Korpora aus Bild-, Video-, Schrift- und Ton-Quellen miteinander in Bezug bringen und so potenziell neue Erkenntnisse zu komplexen kulturellen und ästhetischen Praxen generieren oder diskutabel machen. Weiterhin schließen sich hier Möglichkeiten in der digitalen Editionsforschung an.

Medienwissenschaftliche Forschung nutzt Big Data dazu, Nutzungsmuster von Musik zu erforschen. Hier werden zum Beispiel zahlreiche Tweets und Shares analysiert und visualisiert um Aufschluss darüber zu geben, wer wie Musik hört und verteilt. Die akademische Ökonomie versucht, neue Erkenntnisse zu Marktdynamiken zu generieren. Zum Beispiel wird anhand von Spotify-Listen nachvollzogen, wie sich Festivals auf die Beliebtheit von Künstler_innen auswirken.

Neben neuen methodischen Zugängen stellt sich die Frage, wie Big Data in der Praxis tatsächlich eingesetzt wird – und mit welchen Folgen. Die Musikwirtschaftsforschung fragt nach Geschäftsmodellen um Big Data und wie Daten und ihre Verwertung zur unternehmerischen Wertschöpfung beitragen. Gleichermaßen wird betrachtet, wie Big Data auf die Unternehmenskultur von Musiklabels wirkt oder wie Künstler_innen ihr Handeln durch die Verfügbarkeit neuer Daten über ihre Fans verändern oder sich als Kreative von der Rationalität solcher Zugriffe distanzieren.

Das vorliegende Jahrbuch der GMM versammelt innerhalb dieses Spektrums zwischen den Versprechen von Big Data und der praktischen Anwendung ganz unterschiedliche Ansätze, Perspektiven und Sichtweisen auf das Thema Big Data und Musik.

In *Knowing Me, Knowing You: Datafication on Music Streaming Platforms* erläutert Robert Prey, wie Daten gesammelt und Hörgewohnheiten auf Streamingplattformen wie Spotify personalisiert werden können, um den Hörern die bestmögliche Musik zu empfehlen.

Um das Sammeln von Daten geht es auch in Fabian Racks Beitrag *Music Data Mining und das Urheberrecht*, der sich diesem wichtigen Thema aus juristischer Perspektive nähert. Music Data Mining (MDM), die Suche nach Mustern in und zwischen Musiken. Untersucht wird die Relevanz des Urheberrechts, denn für die unzähligen Kopien, die zum Beispiel für Musikerkennungssoftware gemacht werden, bräuchte es theoretisch Lizenzen, die in der Masse und Automatisierung nicht eingeholt werden.

Wolfgang Senges Aufsatz *Blockchain als Chance der Verwertungsgesellschaften* versteht sich als praxisorientierter Beitrag, um zum einen das Thema Blockchain grundlegend zu erläutern und zum anderen die sich aus dieser neuen Technologie ergebenden Möglichkeiten aus Sicht einer Verwertungsgesellschaft wie der GEMA genauer zu beleuchten.

Die Blockchain ist auch Kern des Textes von Lorenz Gilli und Aaron Röver, die mit *Die Blockchain in der Musikindustrie – Innovationspotential und Geschäftsmodelle* beleuchten, welche Potentiale diese neue Technologie für die gesamte Musikindustrie bereithält. Auf empirischer Seite untersuchen sie die Geschäftsmodelle dreier neuer Anbieter von Blockchaintechnologien für die Musikwirtschaft.

Anita Carstensen untersucht in *Big Data in der Praxis* anhand einer explorativen Analyse der Charts 2016, welche Relevanz Big Data für die Musikindustrie bereithält und welche Potentiale vor allem die Nutzung sozialer Medien bei der Musikvermarktung bietet.

Einen Schritt weiter geht Ulrika Müller, indem sie fragt, welchen Beitrag Big Data für die Talententdeckung leisten kann. Anhand von Interviews mit Artist & Repertoire Manager_innen rekonstruiert sie unterschiedliche Anwendungsmuster und -felder von Big Data in der Entdeckung und Entwicklung von Künstler_innen bei Musiklabels und -verlagen – sowohl aus dem Major als auch aus dem Independent-Bereich.

Zudem führten Martin Lücke und Lorenz Grünewald-Schukalla ein Interview mit dem damaligen Vice President von Deezer, Michael Krause. Darin berichtet Krause aus der Praxis, welche Möglichkeiten Big Data für einen Streamingdienst bietet. Neben dem Hauptthema wird im Jahrbuch der GMM auch der Gewinner des Best Paper Award (BPA) veröffentlicht. 2016 gewann den BPA in der Kategorie *Master* Marco Räuchle, der mit *Ich weiß nicht, was du nicht weißt!* zentrale Ergebnisse seiner an der Popakademie Baden-Württemberg in Mannheim abgeschlossenen Masterarbeit veröffentlicht. Kurzbesprechungen von Veranstaltungen sowie zwei Rezensionen vervollständigen das Jahrbuch 2018.

Für das Lektorat möchten sich die Herausgeber bei Madeleine Eggers bedanken, die in den letzten Stunden vor Manuskriptabgabe noch zahlreiche wichtige Hinweise geben konnte.

I
Big Data und Musik

Knowing Me, Knowing You: Datafication on Music Streaming Platforms

2

Robert Prey

Zusammenfassung

In diesem Kapitel wird untersucht, wie Daten gesammelt und verwendet werden, um das Hörerlebnis auf modernen Streaming-Plattformen zu personalisieren. Mit dem Fokus auf Spotifys *Discover Weekly*-Feature und der wachsenden Bedeutung von kontextsensitiven Empfehlungssystemen schließt das Kapitel abschließend einige der umfassenden Auswirkungen von *Datafication* bzgl. der Zukunft des Musikkonsumierens und -entdeckens ab.

Abstract

This chapter explores how data is collected and used to personalise the listening experience on contemporary streaming platforms. Focusing on Spotify's *Discover Weekly* feature and on the growing importance of context-aware recommendation systems, the chapter concludes by looking at some of the wider implications of *datafication* for the future of music consumption and discovery.

Schlüsselbegriffe

Datafizierung, Streaming, Spotify, Empfehlungen, Kontext

Keywords

datafication, streaming, Spotify, recommendation, context

© Springer Fachmedien Wiesbaden GmbH, ein Teil von Springer Nature 2019
M. Ahlers et al. (Hrsg.), *Big Data und Musik*, Jahrbuch für Musikwirtschafts- und Musikkulturforschung, https://doi.org/10.1007/978-3-658-21220-9_2

2.1   Introduction

Since the invention of the phonograph in 1877, the individual act of listening to recorded music has been largely shrouded in mist, hidden from the prying eyes of marketers and the music industry. What people listened to, how often they listened to it, when and where it was listened to, were always at best a guess.[1] Even after Nielsen began employing the SoundScan media measurement system in 1992, the music-data feedback loop did not extend much beyond the record store checkout counter. What became of an album was unknown once it left the record shop. Perhaps it became the soundtrack for a teenage summer. Or maybe it was purchased as an ill-advised gift, never to be listened to again. The fog that blanketed the music radio audience was almost as impenetrable. Diary or survey-based measurement systems rely on the often faulty memories and perceptions of listeners. Automated wearable devices such as Nielsen's Portable People Meter attempted to solve these problems, but in the process generated new controversies about their reliability (Boudway 2016). "[R]adio ratings," (Passoth et al. 2014, p. 279) conclude, "have always been artificial and problematic."

As music listening has moved online, the gap between what Philip Napoli (2003) terms the *measured* listening audience and the *actual* listening audience has appeared to shrink, if not disappear entirely. Online listening generates a data trail that provides detailed insight into individual listeners and listening practices (Baym 2013). This *datafication of listening* (Prey 2015) has accelerated with the mainstreaming of music streaming platforms. However, data never merely reflects reality; it always constructs that which it measures at the same time. This chapter will explore the *what* and *how* of datafication on music streaming platforms, and some potential implications.

2.2   Music Streaming and Recommendation

According to the Recording Industry Association of America, revenues from streaming overtook revenue from CDs or digital downloads for the first time in 2015 (Friedlander 2016). Taken together, on-demand music streaming services such as Spotify, Apple Music and Deezer, and personalised online radio services

---

[1]   Certain aggregate listening experiences have generated real-time data in the past. For example, in the heyday of the jukebox, the music tastes of precise locales could be determined thanks to mechanised play meters that were built into the boxes (Harvey 2014).

like Pandora Internet Radio, are the fastest-growing sector of the global music industry and represent the future of music distribution and consumption in a post-download era (IFPI 2015).

What truly distinguishes these services from previous forms of music consumption, however, is the data feedback loop they generate in real time. On contemporary music streaming services all listening time is data-generating time. Music streaming services are able to collect and store data on listeners in a vast array of different ways. Spotify, for example, first collects information upon registration for the service.[2] This information may include one's username, password, email address, date of birth, gender, address, postal/zip code, and country. If the user chooses to register for Spotify through a third party such as Facebook, Spotify gains access to the user's Facebook profile and information such as networks, names and profile pictures of contacts. Once a new user begins listening to music, Spotify records all interactions with content such as songs and playlists (favorites, skips, repeats, etc.) and interactions with any other services offered or linked to Spotify. For instance, if the user integrates their Spotify account with Facebook, Spotify gains access to their publicly available activity on that platform. Technical data is also collected through numerous methods, such as cookies, unique device IDs, and motion or orientation-generated mobile sensor data. A Spotify user may also give the service permission to access their personal photos and specific location through their mobile device's GPS or Bluetooth.

These are just some of the ways that Spotify is able to collect data on its listeners, as described in more detail in Spotify's most recent privacy policy (Spotify Privacy Policy 2016). These methods of data collection and storage are much the same across all streaming services (Prey 2015). Aside from facilitating the basic technical operations of these services, the harvesting and analysis of vast troves of listener data permits the mass customization and personalisation of the listening experience. As stated in Spotify's most recent privacy policy, Spotify requires such data:

> [...] to provide, *personalise*, and improve your experience with the Service and products, services, and advertising (including for third party products and services) made available on or outside the Service (including on other sites that you visit), for example by providing *customised, personalised, or localised* content, recommendations, features, and advertising on or outside of the Service. (ibid., emphasis added)

---

2   Information compiled in the following paragraph is taken from Spotify's most recent privacy policy for Canadian users; effective as of November 1, 2016 and available at https://www.spotify.com/ca-en/legal/privacy-policy/

Clearly, the emphasis in the above explanation is on 'personalisation'. Most of the leading streaming platforms have libraries of over 30 million tracks – more music than anyone could listen to in a lifetime. Unable to build a competitive advantage through the sheer size of their catalogues, these platforms are each attempting to perfect the art of personalisation and prediction: giving listeners exactly what they want, and what they don't yet know they want. The assumption is that the more accurately a streaming service is able to zero in on the tastes of the individual listener, the more time the listener will spend on a service, and the higher the likelihood that they will convert to a paid subscription package.

Today, all the leading music streaming platforms have developed their own recommendation systems. In a highly competitive, and cut-throat market, whoever wins the recommendation battle could win the streaming music wars (IFPI 2015). This represents a sea change in how the music industry operates. With listeners drowning in choice, "[w]hat used to be a question of persuasion", writes Eric Harvey (2014), "has become a problem of prediction."

In what follows I will provide a rough sketch of some of the ways that streaming services attempt to solve this *problem of prediction*. I will begin by describing one of Spotify's most prominent recommendation systems: Discover Weekly. I will then move to a discussion of the growing importance of context-aware recommendation systems. This chapter will conclude with a brief discussion of some of the wider implications of datafication for the future of music discovery and consumption.

2.3   Spotify's *Discover Weekly*

With over 140 million active users, Spotify is the global leader in music streaming. Subscribers to Spotify will likely be familiar with *Discover Weekly*, a personally tailored playlist of 30 new tracks that is delivered to each subscriber every Monday morning. Since it was introduced in July 2015, Discover Weekly has been one of Spotify's most successful products. Over 40 million listeners have turned to Discover Weekly for personalized playlists, streaming 5 billion tracks in the process (Spotify Press 2016). To understand how Discover Weekly personalizes music, we need to first understand how Spotify *maps* the vast world of online music, and from this, creates a *taste profile* for each individual listener.

Spotify improved its music data analytics capabilities significantly when it purchased The Echo Nest, a Boston-based data analytics start-up, in 2014. The Echo Nest treats music taste correlation as a scientific problem that can be solved by huge data sets. The Echo Nest accomplishes this seemingly Sisyphean task by turning both music, and conversations about music, into quantifiable data. Utilizing acoustic analysis software to process and classify music according to multiple aural factors – from its pitch to its tempo to its danceability – their system "ingests and analyzes the mp3, working to understand every single event in the song, such as a note in a guitar solo or the way in which two notes are connected" (as cited in Darer 2012). As The Echo Nest co-founder and CTO Brian Whitman explained: "[t] he average song has about 2000 of these 'events' for the system to analyze. It then makes connections between that song and other songs with similar progressions or structures" (ibid).

At the same time, The Echo Nest conducts semantic analysis of online conversations about music that take place every day, all over the world – millions of blog posts, music reviews, tweets and social media discussions. They do this by compiling keywords found in descriptions of the music and its creators and then linking them to other artists and songs that have been described with similar keywords and phrases (The Echo Nest 2014). This data is used to determine song similarities on a more cultural level. For example, while a Christian rock band might sound similar to an indie rock band, fans of the two inhabit different discursive spheres.

Once the world of music has been mapped, the task then becomes to figure out where each individual listener fits on this map, and their individual movements through music space. To this end, The Echo Nest developed a preference analytics and visualization tool called the *Taste Profile*. Taste Profiles are organized into music segments. Such segments are categorized in numerous ways: for example, artist- and genre-based segments (ie. listeners who like Beyonce but also like punk music). Other segments are built from listener behavior (ie. listeners who prefer diversity and discovery). Every interaction a listener has with a musical item – including the listener's music tastes (selected artists and songs) and music behavior (favorites, ratings, skips, and bans) – is captured and recorded in real-time (ibid.). The Taste Profile is thus a dynamic record of one's musical identity and "the foundation of personalization at Spotify", according to Ajay Kalia, who oversees the project at the company (Heath 2015).

Spotify's premier recommendation service *Discover Weekly* is built atop your Taste Profile, but it is a hybrid recommender system; combining content-based filtering of the Taste Profile with its own take on collaborative filtering (ie. listeners who bought X also bought Y). Discover Weekly first combs through Spotify's massive collection of playlists to find lists that include the songs and artists you love. Next, it identifies the songs on those playlists that you have not heard. Finally, it filters those songs through your Taste Profile, in order to only select songs that match the particular type of music fan that you are.

Thus, while Spotify builds a unique music identity profile for each listener, Discover Weekly also relies heavily on other people's tastes. In a press release announcing the service, Spotify explains; "Discover Weekly combines both your personal taste in music with what others are playlisting and listening to around the songs that you listen to" (Spotify Press 2015). This methodology allows Spotify to circumvent inherent problems associated with collaborative filtering. One problem with collaborative filtering is that it does not take into account any knowledge about the music itself; it only cares about the usage patterns around it. As Brian Whitman of The Echo Nest puts it: "A Beatles album on Amazon will simply show that listeners also bought other Beatles albums, while the closed loop of popularity bias makes it nigh impossible for new music to enter the system" (as cited in Vanderbilt 2014). To solve this problem, Spotify's Discover Weekly correlates knowledge about listeners with insight into music content.

However, Spotify and its music streaming competitors also recognize that knowing a listener's overall taste in music is less important than knowing what that listener actually wants to hear at a particular moment in time. "[A] person's preference will vary by the type of music, by their current activity, by the time of day, and so on," says Spotify's Ajay Kalia. "Our goal then is to come up with a nuanced understanding of each portion of your taste" (as cited in Heath 2015). In short, Spotify understands its listeners as multiplicities, rather than fixed and singular individuals. "We believe that it's important to recognize that a single music listener is usually many listeners" says Kalia (as cited in Heath 2015). As a result, like other online platforms, Spotify is increasingly focusing on context in an attempt to serve better recommendations.

2.4   The Contextual Turn

Many studies have demonstrated that listeners gravitate to music that matches their current context (Kim & Belkin 2002; Lee & Downie 2004; Krause et al. 2015; Hagen 2015). For example, while commuting, people tend to listen to music that provides them with a safe haven. Kaminskas and Ricci (2012) have identified several different types of contexts that appear to be particularly important to listeners, including "environment-related context (location, time, weather), user-related context (activity, demographic information, emotional state of the user) and multimedia context (text or pictures the user is currently reading or looking at)" (Pichl et al. 2017).

In order to recommend music that matches these contexts, streaming platforms need to collect and aggregate data points on everything from a listener's location, to the content they are consuming, to their current emotional state. This is made possible by the proliferation of mobile devices such as the smartphone, which permits the collection of data points like location, motion, time of day, and nearby contacts. Increasingly, wearable 'smart' devices will provide continuous contextual signals that recommendation systems can draw on.[3]

Significant research is being devoted to developing context-sensitive algorithms (Pichl and Zangerle 2015). What has been called "the contextual turn" (Pagano et al. 2016, p. 1) in recommender systems can be described as a move away from the 'Immutable Preference paradigm' (ImP). ImP assumed that the user was a fixed individual, whose "goals, needs, and tastes do not develop" and in turn, "that the set of items to be recommended remains relatively static" (ibid.). As Pagano et al. (2016 p. 1) write, a focus on context "overthrows the assumption that personalization in recommender systems involves recommendation for specific individuals." Instead, a context-based recommender system, "personalizes to users' context states" (ibid.) rather than to individual users.

At its extreme, context-based recommendation systems take the position that one equals one's context: "people have more in common with other people in the same situation, or with the same goals, than they do with past versions of themselves" (Pagano et al. 2016, p. 1). From this perspective, a music listener who is about to go for an early morning jog, has more in common with another jogger than with their own music preference 15 minutes earlier, when they were just waking up.

For Spotify, knowing more about the listener's environment helps the service better recommend music for the *moment*. "We're not in the music space – we're in the moment space," Spotify's CEO told the *The New Yorker* in an interview (Seabrook 2014). If Spotify, for example, knows that you typically run on weekdays at 7 AM, it will start recommending running playlists like *Running Power* at that time. What is more, in 2015 Spotify announced that it was introducing an adaptive running feature. The feature uses the accelerometer built into your phone to track motion. Your running tempo is converted into beats per minute, which, in combination with your previous listening history, determines the songs that will be selected for your personal jogging playlist.[4]

In a presentation at the 2015 SXSW festival, Paul Lamere (2015) of The Echo Nest/ Spotify argued that context is the new genre. He demonstrated that while 17 of the

---

3   Spotify has indicated that they are interested in developing ways to monitor heart rates and sleeping patterns of listeners so as to more accurately recommend music that corresponds to bodily states (Smith 2014).

4   Spotify has also introduced *Running Originals*: modular tracks that dynamically adapt to your running tempo (see https://www.spotify.com/us/running/)

top 100 Spotify playlist names are genre-related, 41 of the top 100 playlist names are context-related. A glance at Spotify's top playlists today reveals an abundance of context-descriptors like *Party*, *Roadtrip* and *Workout* – to name but a few. *Context states* need not only describe activities, though. They can also capture listeners' moods. According to the music data analytics startup *Entertainment Intelligence*, listeners are increasingly consuming music by mood instead of genre (G. Delaney, personal communication, May 22, 2017). Spotify even organizes one of its playlist categories under the title *Genres & Moods*, wherein listeners can choose between traditional genre categories like *Jazz* and *Soul* or mood-based playlists like *Chill* and *Relax & Unwind*. Paul Firth, head of Digital Music UK for Spotify's competitor Amazon Music, argues that mood categorization represents a much more natural way of thinking about music; one that is more representative of how people speak about music (Chacksfield 2016). Firth is basing this assessment on how Amazon Music listeners request music through Alexa – the voice assistant for Amazon Echo's smart speaker. As Firth explains:

> The way people want to find music through Alexa is how you would speak to someone else about music. And that's very different from how you search for music through a search button on a streaming service – people speak very naturally about music. (as cited in Chacksfield 2016)

Verbal requests for *happy music* or *something a bit sad* initially presented the streaming service with a problem. How could Amazon's recommendation system distinguish between a specific request for Pharrell Williams' 2014 hit *Happy*, and a more general desire for upbeat, cheerful tunes? In order to facilitate Amazon's music library for mood-based recommendations, Amazon had to tag every song in their catalogue with a specific mood. The first 5,000 were done manually, after which machine learning was utilized for the remaining 40 million tracks (ibid.). Adding all this metadata presents streaming platforms with one of the most significant challenges in preparation for the hands-free listening experience.

When Paul Lamere was director of developer platforms at The Echo Nest he enthusiastically pursued what he called the Zero UI Project. "The ideal music player has zero buttons," he said in an interview. "When you get in your car, it automatically starts playing NPR. When you come home, it knows if your wife is home: if she is, it plays jazz on the stereo, and if not, it puts on death metal" (as cited in Brownlee 2014). The goal, as he describes it, is to create a music player that knows precisely what music to play for any listener given their current context. The challenge, however, is to glean enough information from the listener, without them even needing to actively tell the service what they want to hear. Implicit signals such as "[e]very time a listener adjusts the volume on the player, every time they skip a song, every time they search for an artist, or whenever they abandon a listening session" (Lamere 2014), must therefore be enough to reveal the listener's music taste.

The Echo Nest cofounder Brian Whitman suggests that the future of listener understanding and segmentation will get deeper into how, when and where people actually interact with music. As he noted at a talk at Microsoft, "not just what they skip, ban and recommend, but when? Did they just break up with their girlfriend? " (as cited in Vanderbilt 2014). An article in *Fast Company* went even further, musing that "the possibilities are limitless":

> [...] Spotify could communicate with wearable devices such as the *iWatch*...to take your pulse and adjust the BPMs of your playlist to match when it detects you're at the gym... the zero UI music player of the future might stalk you on Facebook or Twitter to see what your mood is, and adjust the music it plays you accordingly. (Brownlee 2014)

2.5   Knowing Me, Knowing You

With online music streaming all listening time has become available for data mining and analysis. Detailed listening practices can now be collected and correlated with other sources of personal data. Every signal feeds into algorithms that work toward building a profile. Artists and tracks are matched with particular listener profiles. Music, as well as listeners, are being classified and categorized.

However, this is not the type of categorization that characterized broadcast media audience research. What Cheney-Lippold (2011, p. 176) terms *cybernetic categorization* captures how a category's meaning can now be realigned according to contextual cues. This indicates a move from blunt genre-based categories like *metalhead* to finely grained listener profiles like *suburbanite-with-teenagers-who-likes-Beyonce-but-also-likes-obscure-80s-metal-when-alone-in-the-car*.

However, an important question must be asked: when determining context, which data points will count and which data points will be discounted? In the example above of the Beyonce/Metal-loving suburbanite, should the weather or the season influence the music recommended? What about the listener's mood; the car she is driving; where she is going; what she had for breakfast...? Everyday life can be sliced and diced into an innumerable number of different contexts. What data points will be used to build listening context?

Furthermore, which contexts will playlists be built around? Context may be king but which contexts will rule on music streaming platforms? In October, 2016, Spotify introduced *Branded Moments*. Through this feature, Spotify promised its advertisers to leverage "our unique data and insights" in order to "identify – in real-time – what a listener is doing, and give brands an opportunity to *own that moment*" (emphasis added). Initially, it appears that these branded moments will be organized around six contexts: *chill time, workout, party, dinner, focus* and *sleep*. Bacardi, Gatorade and Bose are among the big brands making up the *select launch partners* for *Branded Moments*: Bacardi on *Party*, Gatorade on *Workout*, and Bose on *Chill*. Interestingly, Spotify states that these contexts have been chosen "so brands have the opportunity to reach listeners in *all* aspects of their day" (Spotify For Brands 2016) (emphasis added).

It is not surprising that these are popular contexts in which to listen to music. However, as Seaver (2015, p. 1106) points out "[a]s corporations turn their data mining attention to context, they have the power to impose and normalize certain modes of contextualization at the expense of others". They will also seek to define these contexts. In turn, we could thus ask: how is context not just representing, but actually constructing the individual music listener?

Of course music listeners are never passive products of the categories and profiles generated about them. From the earliest days of music recommender systems, listeners have tried to trick or *hack* their favorite services in an attempt to generate better recommendations. For instance, earlier research on how listeners used recommendation engines demonstrated that MusicFX users "changed their music preferences to make sure that music they liked a lot was more likely to play than music they could merely tolerate" (Konstan & Riedl 2012, p. 114). More recently, Anja Nylund Hagen's (2015) qualitative research on streaming platform users reveals how playlist curation provides listeners with a sense of control over their listening practices. Listeners are increasingly aware that the recommendations that surface on streaming platforms are a result of their every action being monitored and assessed. It is still an open question, though, as to whether – or to what degree – such knowledge might affect listening behaviour itself.[5]

At the moment, the data insights streaming platforms glean from their listeners are utilized to more accurately recommend music to listeners. However, real-time data feedback allows for highly detailed A/B testing of songs. It also extends and amplifies the modular potential of popular music, allowing songs to be rearranged, repackaged, and reformatted to fit the perceived tastes of particular listener profiles. The question that seems to naturally flow from this is: how long until music is tailor-made to match listener profiles? What is more, following Netflix's lead, will

---

5   For example, see the Spotify Community discussion at https://community.spotify.com/
    t5/Desktop-Linux-Windows-Web-Player/Discover-Weekly-Is-there-anyway-of-telling-
    Spotify-not-to-track/td-p/1347197

music streaming services leverage their data insights to circumvent record labels and produce their own original music content?[6]

As scholars have recognized the challenge of big data is not in collecting it, but in "figuring out how to make sense of it" (McCosker & Wilken 2014). There is so much data, that the problem that now confronts everyone in the industry – from the independent artist, to the streaming platform, to the major label executive – is how to understand and effectively operationalize all this data. How streaming platforms deal with this data deluge – how they decide what data to value and what to discard – will shape the future of music consumption and discovery.

Bibliography

Baym, N. K. (2013). Data not seen: The uses and shortcomings of social media metrics. *First Monday 18*, (10).

Boudway, I. (2016, June 14). The Queen of FM Fights for Her Throne. https://www.bloomberg.com/features/2016-delilah/. Retrieved June 12, 2017.

Brownlee, J. (2014, February 5). The next big thing in music? Apps that read your mind. http://www.fastcodesign.com/3025991/the-next-big-thing-in-music-apps-that-read-your-mind. Retrieved April 1, 2015.

Chacksfield, M. (2016, November 23). How the music streaming giants are helping you find your next favorite song. http://www.techradar.com/news/how-the-music-streaming-giants-are-helping-you-find-your-next-favorite-song. Retrieved June 16, 2017.

Cheney-Lippold, J. (2011). A new algorithmic identity soft biopolitics and the modulation of control. *Theory, Culture and Society, 28 (6),* 164-181.

Constine, J. (2017, March 18). How Spotify is finally gaining leverage over record labels. https://techcrunch.com/2017/03/18/dictate-top-40/. Retrieved July 10, 2017.

Darer, M. (2012, September 21). The Echo Nest: Redefining The Internet music experience. http://dyn.com/blog/dyn-dns-client-the-echo-nest-internet-music-streaming-spotify-pandora-online/. Retrieved May 19, 2015.

Friedlander, J. (2016) News and Notes on 2015 RIAA Shipment and Revenue Statistics. Available at: http://www.riaa.com/wp-content/uploads/2016/03/RIAA-2015-Year-End-shipments-memo.pdf. Retrieved October 10, 2016.

---

6   There has been some speculation amongst music industry experts and insiders that Spotify is moving towards negotiating record label-style deals with artists (Constine 2017) in order to become a "next generation 'label'" (Mulligan 2016). What is more, in August 2016, music industry journalist and commentator Tim Ingham revealed that Spotify was already producing its own content in order to fill out playlists and reduce its royalty payments to record labels (see Ingham 2016).

Hagen, A. N. (2015). The playlist experience: Personal playlists in music streaming services. *Popular Music and Society, 38 (5),* 625-645.

Harvey, E. (2014, April 16). Cover story: Station to station: The past, present, and future of streaming music. http://pitchfork.com/features/cover-story/reader/streaming/. Retrieved March 14, 2015.

Heath, A. (2015, Sept. 14) Spotify has a secret 'taste profile' on everyone, and they showed me mine. In *Business Insider.* http://www.businessinsider.com/how-spotify-taste-profiles-work-2015-9?international=trueandr=USandIR=T.

IFPI. (2015). Digital Music Report. http://www.ifpi.org/downloads/Digital-Music-Report-2015. pdf. Retrieved February 2, 2016.

Ingham, T. (2016, August 31). Spotify is making its own records… and putting them on playlists. https://www.musicbusinessworldwide.com/spotify-is-creating-its-own-recordings-and-putting-them-on-playlists/. Retrieved July 10, 2017.

Kaminskas, M., & Ricci, F. (2012). Contextual music information retrieval and recommendation: State of the art and challenges. *Computer Science Review 6, 2,* 89-119.

Kim, J.-Y., & Belkin, N. J. (2002). Categories of Music Description and Search Terms and Phrases Used by Non-Music Experts. *ISMIR 2,* 209-214.

Konstan, J. A., & Riedl, J. (2012). Recommender systems: from algorithms to user experience. *User Modeling and User-Adapted Interaction 22 (1-2),* 101-123.

Krause, A. E., North, A. C., & Hewitt, L. Y. (2015). Music-listening in everyday life: Devices and choice. *Psychology of music 43 (2),* 155-170.

Lamere, P. (2014, January 14). The zero button music player. *Music Machinery.* http://musicmachinery.com/tag/zero-ui/. Retrieved April 1, 2015.

Lamere, P. (2015, March 16). How We Listen to Music – SXSW 2015. https://www.slideshare. net/plamere/how-we-listen-to-music-sxsw-2015. Retrieved June 19, 2017.

Lee, J. H., & Downie, J. S. (2004). Survey of music information needs, uses, and seeking behaviours: Preliminary Findings. *ISMIR 4.* Citeseer, 5th.

McCosker, A., & Wilken, R. (2014). Rethinking 'big data'as visual knowledge: the sublime and the diagrammatic in data visualisation. *Visual Studies, 29 (2),* 155-164.

Mulligan, M. (2016, October 21). How Spotify Can Become A Next Generation. https:// musicindustryblog.wordpress.com/2016/10/21/how-spotify-can-become-a-next-generation-label/. Retrieved July 10, 2017.

Napoli, P. M. (2003). *Audience economics. Media institutions and the audience.* New York: Columbia University Press.

Pagano, R., Cremonesi, P., Larson, M., Hidasi, B., Tikk, D., Karatzoglou, A., & Quadrana, M. (2016, September). The Contextual Turn: from Context-Aware to Context-Driven Recommender Systems. In *Proceedings of the 10th ACM Conference on Recommender Systems* (pp. 249-252). ACM.

Passoth, J. H., Sutter, T., & Wehner, J. (2014). The Quantified Listener: Reshaping Providers and Audiences with Calculated Measurements. *Mediatized worlds,* 271-287.

Pichl, M., & Zangerle, E. (2015, November). Towards a Context-Aware Music Recommendation Approach: What is Hidden in the Playlist Name? In *2015 IEEE International Conference on Data Mining Workshop* (ICDMW) (pp. 1360-1365). IEEE.

Pichl, M., Zangerle, E., & Specht, G. (2017, June). Improving Context-Aware Music Recommender Systems: Beyond the Pre-filtering Approach. In *Proceedings of the 2017 ACM on International Conference on Multimedia Retrieval* (pp. 201-208). ACM.

Prey, R. (2015). *"Now Playing. You": Big Data and the Production of Music Streaming Space* (Doctoral dissertation, Simon Fraser University).

Prey, R. (2016). Musica Analytica: The Datafication of Listening. In *Networked Music Cultures* (pp. 31-48). Palgrave Macmillan UK.

Seabrook, J. (2014, November 24). Spotify: Friend or Foe? http://www.newyorker.com/magazine/2014/11/24/revenue-streams. Retrieved June 16, 2017.

Seaver, N. (2015). The nice thing about context is that everyone has it. *Media, Culture and Society, 37 (7)*, 1101-1109.

Smith, C. (2014, Jan. 18) Spotify hints it could monitor your heart to give you the right beat. http://www.techradar.com/news/internet/spotify-hints-it-could-monitor-your-heart-to-give-you-the-right-beat-1216457. Retrieved December 29, 2014.

Spotify For Brands (2016) Introducing Branded Moments. https://brandsnews.spotify.com/us/2016/10/14/introducing-branded-moments/. Retrieved October 21, 2016.

Spotify Press (2016) Discover Weekly reaches nearly 5 billion tracks streamed since launch. https://press.spotify.com/nl/2016/05/25/discover-weekly-reaches-nearly-5-billion-tracks-streamed-since-launch/. Retrieved October 21, 2016.

Spotify Privacy Policy. (2016, November 1). https://www.spotify.com/ca-en/legal/privacy-policy/#s4. Retrieved June 15, 2017.

The Echo Nest. (2014, January 27). Music audience understanding. http://corpcdn.echonest.com.s3.amazonaws.com/filer_private/2014/01/27/audience_understanding_finalx.pdf. Retrieved June 20, 2017.

Vanderbilt, T. (2014, February 17). Echo Nest knows your music, your voting choice (Wired UK). http://www.wired.co.uk/magazine/archive/2014/02/features/echo-nest/viewall. Retrieved May 19, 2015.

Music Data Mining und das Urheberrecht

3

Fabian Rack

Zusammenfassung

Der Beitrag untersucht die rechtlichen Anforderungen an das Music Data Mining (MDM). Darunter ist die computergestützte Analyse von Material (Werkkataloge, Noten, Liederblätter etc.) aus der Musik zu verstehen. Sie setzt sich das Ziel, aus einer Vielzahl an Daten Zusammenhänge und Muster zu erkennen. Mögliche Einsatzgebiete sind Music Recommendation, Audio Identification, Playlist Generation oder auch die Hit Song Science – um nur wenige zu nennen. MDM wirft rechtliche Fragen auf: Auf verschiedenen Stufen des Minings werden Kopien von urheberrechtlich geschützter Musik angefertigt. Und obwohl der Erkenntnisgewinn aus geschütztem Material ein urheberrechtlich freier Vorgang ist, muss für urheberrechtlich relevante Verwertungshandlungen eine Lizenz eingeholt werden. Etwas anderes gilt nur, wenn Ausnahmen oder Schranken diese Verwertung zulassen.

Eine spezifische Schranke für Text und Data-Mining hat der deutsche Gesetzgeber erst kürzlich eingeführt. Hiervon ausgenommen ist aber die kommerzielle Forschung. Vor allem dort bleiben Rechtsfragen bestehen.

Der Beitrag untersucht, inwieweit MDM überhaupt urheberrechtlich relevant ist und ob die neuen Schrankenbestimmungen den Bedürfnissen der Forschung und der Musikbranche gerecht werden. Außerdem nennt der Beitrag einige praktische Hürden für die Wissenschaft, wie Zugangsfragen zu Material und internationalen Forschungssachverhalten.

Der Beitrag berücksichtigt den Stand der juristischen Diskussion bis zum 13. August 2017.

© Springer Fachmedien Wiesbaden GmbH, ein Teil von Springer Nature 2019
M. Ahlers et al. (Hrsg.), *Big Data und Musik*, Jahrbuch für Musikwirtschafts- und Musikkulturforschung, https://doi.org/10.1007/978-3-658-21220-9_3

Abstract

This article examines the legal requirements of Music Data Mining (MDM). This term describes the computer-based analysis of musical material with the aim of tracing connections and patterns of large data sets. MDM has a wide range of possible uses including music recommendation, audio identification, playlist generation and hit song science – to name but a few.

However, MDM is legally not unproblematic. In particular, copyright issues emerge. Copies of copyright protected works are being reproduced at a number of stages of the mining process. Although gaining insights into copyright protected material should be considered as free use, reproduction always has to be licensed – unless exceptions or limitations to copyright law apply. In Germany, a specific copyright limitation for the purpose of text and data mining has recently been introduced. However, this limitation does not cover commercial research. Accordingly, legal issues remain.

The article examines the legal requirements of MDM and whether the new exceptions meet the requirements of researchers, musicians and the music industry. The article also describes some practical obstacles relating to access to material and to the international conduct of science.

Schlüsselbegriffe

Music Data Mining, Text and Data Mining, UrhWissG, Urheberrecht, urheberrechtliche Schranken, Musikrecht, Musikwissenschaft, Music Recommendation, Playlisting, Hitsong science, Music Information Retrieval (MIR)

Keywords

Music Data Mining, Text and Data Mining, Copyright Law, Music Recommendation, Playlisting, Hitsong science, Music Information Retrieval (MIR)

3.1 Einleitung

Was macht eine erfolgreiche Hookline aus? Welche Produktionen sind massen-, welche eher nischentauglich? Haben sich Genre-Umbrüche und musikalische Revolutionen angebahnt? Gibt es unentdeckte Muster der Jazzimprovisation?

Münden Harmonie, Tongeschlecht und Sound in einen Textduktus (Moll gleich trauriger Text)? Wer hier mehr weiß, kennt Musikgeschichte und -kultur besser, kann erfolgreicher komponieren und Kaufverhalten prognostizieren, besserer A&R sein, Empfehlungssysteme für Streamingdienste optimieren – in der Liste verheißungsvoller Versprechungen ist wohl für jeden Akteur und jede Akteurin in der Musikwertschöpfungskette etwas dabei. Nun sind all diese Fragen nicht neu: Gesetzmäßigkeiten der Musik zu untersuchen, ist eine Aufgabe der Musikwissenschaft. Relativ jung aber ist die Methode, computergestützt und automatisiert in großen Datenbergen zu suchen. Hier kommt das Schlagwort Big Data ins Spiel. Eine Unterdisziplin ist das Data Mining, bei dem ein Algorithmus das Material – hier ist es Musik – massenhaft und automatisiert untersucht. Mit dieser Methode eröffnen sich die Schnittmengen zwischen Musik, IT, der Informationsgesellschaft, sowie der Musikwirtschaft und -kultur.

Doch wie darf ich als Forschender Musik nutzen? Wo und wie darf ich sie beziehen? Darf ich sie kopieren? Darf ich sie analysieren, und wie das Analysierte verwerten?

3.1.1 Begriffsdefinition Data Mining

Data Mining meint allgemein den analytischen Prozess der Gewinnung von neuem und potentiell nützlichem Wissen (Hippner & Rentzmann 2006, S. 287). Als Bestandteil der Knowledge Discovery bezeichnet das Text- und Data Mining die systematische Auswertung meist großer Datenbestände, um daraus systematisch Gesetzmäßigkeiten – Muster oder auch Ausbrüche – zu destillieren. Man kann also vom *Schürfen von Informationen* sprechen.

Als eine Ausprägung des Data Minings kann das verstärkt seit der Jahrtausendwende betriebene Music Data Mining gezählt werden. Hiermit ist es möglich, Zehntausende von Kompositionen auf einmal auf Muster und Zusammenhänge zu untersuchen. Durch reines Hören und Notenlesen durch Menschen wäre dies kaum zu bewältigen – Music Data Mining könnte die Erkenntnissuche auf ein neues Niveau heben. Um die genannten Fragen zu beantworten, untersucht das Music Data Mining Variablen, Features und Parameter der Musik. In der Musik sind dies z. B. Pitch, Intensität (nach Amplituden), Klangfarben, Tempo, Instrumentierung, Akustik der Aufnahmen, Rhythmus, Melodien als horizontale, Harmonien als vertikale Tonfolgen (Li & Li 2011, S. 6). Sie lassen sich aus einer Komposition oder dem Sound einer solchen extrahieren.

Tab. 3.1   Möglichkeiten des Music Data Minings (nicht abschließend)

Einsatzfeld	Akteure	Beschreibung	Rechtliche Implikation
Playlisting (Playlist Generation), Empfehlungssysteme (Music Recommendation)	Distributoren, v. a. Download-Shops und Streamingdienste	Verbesserung von Empfehlungssytemen und der Erstellung von Playlists unter der Analyse von Musik, Nutzungsdaten, Rezensionen und Musikmetadaten unter beliebiger Kombinierung dieser Daten	Lizenzbedürftiger Umgang mit urheberrechtlich geschütztem Material und/oder personenbezogenen Nutzungsdaten
Hit Song Science	Musikschaffende, Musikwirtschaft	Herausbilden der Merkmale, die Songs zum kommerziellen Erfolg verhelfen	
„Klingt wie"-Suche, Plagiatserkennung	Distributoren, Rechteinhaber, Musikwirtschaft allgemein	Computergestütztes Erkennen von Gemeinsamkeiten, wohl in erster Linie auf der Grundlage von Melodieerkennung, zur Plagiatserkennung etwa Müllensiefen (2011)	Lizenzbedürftiger Umgang mit Musikwerken
Improvisationslehre	Wissenschaft	Ergründen von Improvisationen mittels Melodieanalyse v. a. im Jazzbereich, Voraussetzung ist oft die Transkription	Urheberrechtlich relevanter Umgang mit geschützten Melodien, etwa beim Transkribieren
Musikgeschichte	Wissenschaft	Erkennen von Entwicklungen, Mustern und Zusammenhängen innerhalb einzelner oder unter mehreren Epochen	Gemeinfreiheit, Umgang mit leistungsschutzrechtlich geschütztem Notenmaterial

Als Beispiel sei die schillernd als Hit Song Science/Hit Song Prediction bezeichnete Disziplin genannt. Über sie liest man etwa, dass diese Variablen/Features aus einer Vielzahl von musik- und textimmanenten Merkmalen bestehen und ein komplexes Netzwerk aufspannen, das sich „in Form unterschiedlicher Hitmatrizen niederschlägt" (Riedemann 2012, S. 53). Dafür werden zum Beispiel Hauptgesangsmelodien von Popsongs auf ihre Unterschiede und Gemeinsamkeiten hin untersucht (z. B. bei Frieler et al. 2015, S. 41-54). Die Vorstellung eines Hitsongrezepts mit Erfolgsgarantie ist nun entweder unheimlich oder verheißungsvoll. Wer argwöhnt, es stehe womöglich eine nie dagewesene Welle popmusikalischen Einheitsbreis an, lasse sich von Riedemann (2012) beruhigen: Ein Wissensvorsprung aus neuen Erkenntnissen ginge „nicht mit einer ästhetischen Nivellierung populärer Musik und kreativer Prozesse einher, im Gegenteil – durch die Kenntnis alternativer Gestaltungsmittel und auch der Möglichkeit des bewussten Bruchs mit formatspezifischen Konventionen verbreitet sich das kreative Ausdrucksspektrum" (ebd., S. 54).

Um Wissen aus Musik zu gewinnen, will nicht nur der sie analysierende Algorithmus geschrieben sein – es muss überhaupt erst einmal Material vorliegen, das analysiert werden kann. Das Material bezeichnen wir in seiner Rohfassung (weil zunächst nicht strukturiert, ggf. nicht einmal digitalisiert) als Ursprungsmaterial. Dieses muss für den eigentlichen Analyseprozess in Form gebracht werden. Musik wird dafür zum Beispiel transkribiert, schon bestehende Transkriptionen werden in andere Formate umgewandelt (MIDI, MusicXML etc.), Audiofiles werden visualisiert oder anderweitig umgewandelt. Teils werden auch nur Ausschnitte aus Stücken verwendet. Ist dann alles gesammelt und ins passende Format gebracht, ist aus dem Ursprungsmaterial ein Korpus geworden, das der Analyse zugeführt werden kann.

3.1.2 Rechtliche Fragen beim Mining

Was hat das Music Data Mining nun mit dem Recht zu tun? Zunächst ist das Ursprungsmaterial regelmäßig urheberrechtlich geschützt. Das heißt, dass zum Beispiel für das Anfertigen einer Kopie eine Erlaubnis (Lizenz) eingeholt werden und regelmäßig auch eine Vergütung an die Rechteinhaber_in fließen muss – außer, eine gesetzliche Ausnahme- oder Schrankenbestimmung erlaubt die Nutzung.

Das Thema Data-Mining spezifisch für den Musikbereich zu behandeln, bietet sich aus mehreren Gründen an. Zunächst unterscheidet sich das Music Mining zum Mining in Wissenschaftspublikationen, weil hier ja oft schon für eine Benutzung zu wissenschaftlichen Zwecken entsprechende Rechte erworben bzw. diese Publikationen mit öffentlichen Geldern finanziert wurden; entsprechendes gilt für Forschungsdaten. Im Umgang mit Material aus dem kreativen Bereich ist das meist nicht der Fall. Zweitens enthält das Urheberrecht einige Sondervorschriften für den Bereich der Musik (etwa den Schutz von Noten). Auch hier ist es gewissermaßen kunstspezifisch, dass beim Mining von Forschungsdaten oft gar keine geschützten Werke vorliegen (vgl. Hillegeist 2012, S. 5-22), im Musikbereich hingegen sehr oft. Drittens ist auch der Zugang zur Musik gattungsspezifisch. Je nach Kunstgattung variieren Zugangshürden und Märkte und damit auch die rechtlichen Implikationen. Ein weiterer Aspekt: Das Material wird im Vorfeld oft unter großem Aufwand strukturiert und angereichert. Daher stellt sich auch die Frage nach dem Entstehen neuer Schutzrechte im Rahmen dieser Forschungsarbeit.

Seit dem 1. März 2018 gilt eine umfassende Reform der urheberrechtlichen Schranken. Der Deutsche Bundestag beschloss im Jahr 2017 mit dem Urheber-rechts-Wissensgesellschafts-Gesetz (UrhWissG) einen neuen Regelungsrahmen für die Nutzung urheberrechtlich geschützten Materials in der Wissenschaft und für Gedächtnisinstitutionen. Durch das UrhWissG zieht in Deutschland erstmals eine Schranke ins Urheberrechtsgesetz (UrhG) ein, die spezifisch den Bereich Text- und Data-Mining urheberrechtlich erfasst (§ 60d UrhG). Die Neuregelung gibt einmal mehr Anlass, zu prüfen, ob die Rechtslage der Praxis der musikwissenschaftlichen Forschung gerecht wird.

Bei der Analyse des Verhaltens von Nutzer_innen von Musikdiensten stellen sich zudem datenschutzrechtliche Fragen. Der vorliegende Beitrag spricht Datenschutzrecht an entsprechender Stelle an, behandelt es aber nicht erschöpfend.

3.1.3 Gliederung

Der Beitrag beleuchtet zunächst, welchen rechtlichen Schutz Ursprungsmaterial in der Musik genießt (3.2). Der nachfolgende Abschnitt klärt, für welche Handlungen im Umgang mit dem Material eine Lizenz eingeholt werden muss – und wann Schrankenbestimmungen des Urheberrechts greifen, unter ihnen die neue Text- und Data-Mining-Schranke (3.3). Dem schließt sich die Darstellung der Phasen des Data Minings im Einzelnen an: vom Erwerb des Materials über das Herausbilden von Korpora, über die Analyse zur Verwertung derselben (3.4). Den Schluss bilden die aktuellen Pläne der EU-Gesetzgebung (3.5).

3.2 Musik als Ursprungsmaterial

Ursprungsmaterial genießt in unterschiedlicher Weise rechtlichen Schutz – als Komposition, Text, Aufnahme und auch als Meta- oder Nutzungsdaten. Der urheberrechtliche Schutz von Werken ist zeitlich begrenzt: Er erlischt 70 Jahre nach dem Tod der Urheber_in, § 64 UrhG.[1] Man spricht dann von gemeinfreien

---

1 Wichtig ist die richtige Fristberechnung gemäß § 69 UrhG. Bei mehreren Urhebern ist der Tod des längstlebenden Miturhebers maßgeblich, § 65 Abs. 1 UrhG. Eine Sonder-regelung trifft § 65 Abs. 3 UrhG für „Musikkompositionen mit Text": Maßgeblich ist der Todeszeitpunkt des längstlebenden Komponisten oder Texters, sofern Komposition und Text „eigens für die betreffende Musikkomposition mit Text geschaffen wurden".

Werken; sie können ohne Einschränkung genutzt werden. Bei der Untersuchung *alter* Kompositionen ist die Gemeinfreiheit also ein entscheidender Unterschied zum überwiegenden Teil zeitgenössischer Musik.

3.2.1 Kompositionen bzw. Werk der Tonkunst

Die meisten Kompositionen sind urheberrechtlich als Werke der Musik (bzw. Werke der Tonkunst) geschützt (§ 2 Abs. 1 Nr. 2 UrhG). Voraussetzung für die Schutzfähigkeit einer Komposition ist immer eine persönliche geistige Schöpfung, § 2 Abs. 2 UrhG. Als Kriterium der Schutzfähigkeit ragt das Erfordernis von Individualität heraus.[2] Dabei geht es um die Frage, ob sich eine Komposition von musikalischen Standards abhebt, indem sie charakteristisch ist und kein bloßes musikalisches Handwerk. Man spricht hier vom Erreichen einer Schöpfungshöhe, die nach der individuellen ästhetischen Ausdruckskraft bemessen wird (BGH MMR 2015, S. 824, 826 – *Goldrapper*). Da ihre Voraussetzungen gering sind, sind schon einfache Tonfolgen geschützt – man spricht vom Grundsatz der *kleinen Münze*. Der Umfang unterschiedlicher Töne kann ein Indiz für die Schöpfungshöhe sein. Pauschale Aussagen (*ab sieben Tönen*) tragen aber nicht, weil auch sieben aufeinanderfolgende Töne zum freien musikalischen Formenschatz gehören können. Es kommt also immer auf den konkreten Einzelfall an.

Warum wird die Schöpfungshöhe hier angesprochen – wo doch ohnehin beinahe jedes Musikwerk über die kleine Münze geschützt ist? Die Antwort liegt in der Methode des Data Minings: Musik wird hier oft in Fragmente zerlegt und gekürzt. Die Nutzung dieser Fragmente ist nur dann urheberrechtlich relevant, wenn jeweils die Individualität gegeben ist, die Fragmente also die geistige Schöpfung der Urheber_In zum Ausdruck bringen (vgl. EuGH GRUR 2009, 1041 – *Infopaq*, Rz. 38f.). Wann ist also ein Fragment so individuell, dass es Werkschutz genießt? Auch hier kann es keine pauschale Aussage zu einer allgemeinen Mindestlänge geben. Da jedenfalls in der Hit Song Science gerade das ästhetisch besonders Prägende der Musik untersucht wird (etwa Hooklines in einem Refrain oder Fragmente daraus), wird man tendenziell von der Schutzfähigkeit dieses Prägenden ausgehen können. Werden also Hooklines herausgelöst, sind sie für sich gesehen als Werkfragmente schutzfähig.

---

2 Weitere drei Voraussetzungen für Werkschutz: Werke müssen auf menschlicher Tätigkeit beruhen, einen geistigen Gehalt haben und wahrnehmbar sein; im Einzelnen etwa die Darstellung Dreier, Schulze, & Schulze § 2 Rn. 6ff.; zur Wahrnehmbarkeit später bei der Vervielfältigung unter 3.1.

Schon schwieriger wird es bei Melodiepattern, also Sequenzen, die etwa in einem Stück mehr als einmal auftauchen.[3] Der Begriff des Melodiepattern trägt ja nicht zwingend die Individualität in sich, trifft keine Aussage zur Ästhetik; solche Sequenzen können also durchaus auch *nicht prägend* sein. Zudem tauchen sie darüber hinaus auch in anderen Stücken oder Epochen auf. Schutzfähig ist allerdings wiederum die individuelle Kombination nicht schutzfähiger Melodiepattern (vgl. OLG München ZUM 1992, S. 202 – *Phlegma Madness Part I* und umfassend Döhl 2011).

Eine Melodie kann verstanden werden als eine relative Tonfolge (oder eine Folge von Intervallen), die in sich abgeschlossen rhythmisiert und wiedererkennbar ist und die dem Werk eine charakteristische Prägung verleiht (so in einer ausführlichen Untersuchung Canaris 2012, S. 71). Nur Melodien als schutzfähigen Teil einer Komposition zu sehen, greift zu kurz. Nach der Rechtsprechung kann den Schutz auch das Arrangement, das Zusammenspiel von Instrumentierung, Melodik, Rhythmik, Tempo, Harmonik und Klangeffekten begründen (LG München I ZUM-RD 2009, S. 101ff. – *Still Got The Blues*). Es kommt auf den ästhetischen Gesamteindruck an (Döhl 2011 m. w. N.). Formale Gestaltungselemente, die auf Lehren von Harmonik, Rhythmik und Melodie beruhen, sind aber in der Regel nicht schutzfähig (u. a. BGH GRUR 1991, S. 533 – *Brown Girl II*). Dazu zählen einfache Akkordfolgen wie ein Bluesschema oder eine typische Latin-Harmonie. Werden die gemeinfreien Harmonien aus einer Komposition extrahiert bzw. isoliert (zum Beispiel die Akkordabfolge A/D/A/E), kann in diesem Extrakt auch kein schutzfähiger Teil liegen. Wer also das Four-Chord-Song-Phänomen in den Top 100s der letzten Jahrzehnte untersucht und hierfür nur die Refrain-Akkorde herausgreift und auswertet, kann also durchaus überwiegend im gemeinfreien Bereich liegen.

3.2.2 Texte

Für Liedtexte gilt das zur Schöpfungshöhe bereits Gesagte entsprechend. Während sich die Komposition vom musikalischen Standard abheben muss, äußert sich beim Text die persönliche geistige Schöpfung im individuellen sprachlichen Ausdruck. Auch hier gilt die *kleine Münze*, und mit ihr sind bereits wenige Zeilen von Liedtexten geschützt, einzelne Wörter dagegen nicht. Jedenfalls ist nach der Rechtsprechung des Europäischen Gerichtshofs Schutzfähigkeit auch schon bei elf Wörtern möglich, sofern die Formulierung ausreichend individuell ist (EuGH GRUR 2009, S. 1041 – *Infopaq*, Rz. 45). Kriterien sind Auswahl, Anordnung und Kombination der Wörter. In früheren Gerichtsurteilen wurde die Schutzfähigkeit

---

3   Zum Mining in Melodiepattern etwa die Forschung von Jia-Lien Hsu et al. 2001, S. 311.

einzelner Zeilen aber durchaus auch verneint (z. B. kein Schutz des Textfragments *Tausend Mal berührt, Tausend Mal ist nix passiert,* LG Frankfurt/Main GRUR 1996, 125 – *Tausendmal berührt,* bejaht aber für Karl Valentins Zitat „Mögen hätte ich schon wollen, aber dürfen hätte ich mich nicht getraut", LG München I GRUR-RR 2011, S. 447f.; verneint wiederum für den Satz „Wenn das Haus nasse Füße hat", OLG Köln K&R 2016, S. 423). Insgesamt wird es bei kurzen Texten auf eine individuelle Ausdrucksform ankommen: Viel Wortakrobatik (diesen Begriff bemüht das LG München I GRUR-RR 2011, S. 447f.) oder eine stärkere Aussagekraft kompensieren einen geringen Umfang und umgekehrt.

3.2.3 Aufnahmen

Unabhängig von Komposition und Text können Aufnahmen geschützt sein: einmal über die Interpretation durch Musiker_innen als ausübende Künstler_innen (§§ 73-84 UrhG)[4] sowie über die Tonträgerherstellerrechte (§§ 85f. UrhG)[5]. Man spricht hier von Leistungsschutzrechten. Da hier oft viele Akteure beteiligt sind, hängt an Tonaufnahmen oft ein ganzes Bündel von Rechten. Diese Rechte haben in der Regel eine Schutzdauer von 70 Jahren. Auch gemeinfreie Kompositionen können in Form von Darbietungen geschützt sein, die noch im Rahmen der Schutzfristen liegen (relevant oft im Klassikbereich). Anders als beim Schutz von Komposition und Text als Werken kommt es beim Schutz von Aufnahmen nicht auf die Schöpfungshöhe an. Werden Sequenzen von Tonaufnahmen kopiert, ist das meist nur mit Lizenz legal. Nach geltender Rechtslage sind bereits kleine Schnipsel und Tonfetzen geschützt.

3.2.4 Noten

In welcher Form Werke zum Ausdruck kommen oder auf welchem Medium sie verkörpert sind, ist grundsätzlich egal: Noten, Schallplatten, eine Kopie auf der Festplatte, eine CD. Es existieren aber einige spezifische Regelungen zum jeweiligen

---

4   Nach § 73 UrhG ist ausübende Künstler_in, wer ein Werk oder eine Ausdrucksform der Volkskunst aufführt, singt, spielt oder auf eine andere Weise darbietet oder an einer solchen Darbietung künstlerisch mitwirkt. Ausübende Künstler_innen bestimmen unter anderem über Vervielfältigung und öffentliche Wiedergabe ihrer Darbietungen (§§ 77 Abs. 2 S. 1 und 78 Abs. 1 UrhG).

5   Hersteller von Tonträgern erbringen in der Regel die technisch-wirtschaftliche Leistung der Aufzeichnungen Vermarktung von Werken auf Tonträgern.

Medium – so auch zu Noten. Auch wenn der Werkschutz erloschen ist, kann es einen Leistungsschutz an Noten geben. Die Rede ist von wissenschaftlichen Ausgaben, die durch § 70 UrhG 25 Jahre lang geschützt werden. Dafür müssen die Ausgaben das Ergebnis wissenschaftlich sichtender Tätigkeit darstellen und sich wesentlich von den bisher bekannten Ausgaben unterscheiden. Geschützt ist hier der Aufwand, den Verlage über ihre Editionsarbeit erbringen (zum Schutz wissenschaftlicher Ausgaben allgemein Wandkte, Kauert & Wandtke, S. 387ff.). Der Schutz von Musiknoten geht besonders weit, denn das Urheberrecht verbietet die Kopie von Noten – auch im Rahmen der durch Schranken privilegierten Nutzungssachverhalte; erlaubt ist allein das Abschreiben (§ 53 Abs. 4 UrhG). Das Gesetz will damit verhindern, dass Notenmaterial nur einmal als Basis für Kopien erworben wird (siehe die Gesetzesbegründung, BT-Drs. 10/837, S. 17). Für das Music Data-Mining gilt, wie sich zeigen wird, dieses umfassende Kopieverbot aber nicht (mehr).

3.2.5 Metadaten und Nutzungsdaten

Metadaten über Musik liegen z. B. in Form von ID3-Tags bei MP3-Dateien vor und sind in der Regel nicht urheberrechtlich geschützt. Zu denken ist hier an den Schutz ganzer ID3-Datenbanken. Solche Musikdatenbanken sind in der Regel nach vorgegebenen Kriterien sortiert, worin keine geistige Schöpfung liegt und ein Schutz als Datenbankwerk ausscheidet. Datenbankschutz kann aber über §§ 87ff. UrhG greifen, wonach die Entnahme der ganzen Datenbank oder Teilen davon der Zustimmung der Rechteinhaber bedarf. Dieser Schutz setzt aber voraus, dass der Hersteller der Datenbank eine wesentliche Investition für das Sammeln der Daten und zum Aufbau der Datenbank getätigt hat (allgemein hierzu etwa Wandtke & Kauert, S. 383-387).

Weiter als Ursprungsmaterial denkbar sind Daten aus sozialen Netzwerken oder Musikdiensten über Verhalten und Vorlieben von Nutzer_innen. Ein Dienst wie Spotify dürfte mittlerweile auf einen großen Bestand an Nutzungsdaten zurückgreifen und diese auch nutzen, um Empfehlungssysteme zu optimieren. Hier ist denkbar, dass über das methodische Anordnen ein Datenbankrecht entsteht, das die Musikdienste vor Entnahme wesentlicher Teile daraus schützt. Allerdings wird die Entnahme wohl schon deshalb kaum möglich sein, weil solche Datenbanken verschlossen gehalten werden, zumal die enthaltenen Nutzungsdaten möglicherweise personenbezogen sind. Überhaupt erlaubt das Datenschutzrecht die Verarbeitung dann nur mit gesetzlicher Erlaubnis oder entsprechender Einwilligung – solange die Daten nicht anonymisiert sind (Näheres zum Datenschutz beim Data-Mining bei Spindler 2016, S. 1112, 1116.).

3.2.6 Zwischenergebnis

Die Anforderungen an den Schutz musikalischer Kompositionen und Texte sind gering. Sofern es um das Mining im Prägenden geht, wird man es meist mit geschützten Gegenständen zu tun haben. Auch Werkfragmente verlieren durch die Kürzung ihren Schutz meist nicht. Das unterscheidet das Mining im kreativen Bereich von dem in Primärforschungsdaten, weil diese oft nicht schutzfähig sind. Jedes Fragment rechtssicher in seiner Schutzfähigkeit einzustufen, ist aber bei großen Massen an Material nicht zu bewältigen. Das wird eher möglich sein, wenn das Material wegen Zeitablaufs gemeinfrei geworden ist.

3.3 Verwertungsrechte und Schranken beim Music Data Mining

3.3.1 Kopien beim Mining und der Interessenausgleich: Eigentum gegen Erkenntnisgewinn?

Bevor wir die einzelnen urheberrechtlich relevanten Handlungen beim Music Data Mining untersuchen, lohnt es sich, ein paar grundsätzliche Überlegungen zum Urheberrecht anzustellen. Denn das Music Data Mining berührt ein echtes Evergreen-Spannungsfeld des internationalen Güterrechts Eigentum: den Schutz des Urheberrechts gegen die Freiheit von Information, Idee und Inhalt, also der Information, die im geschützten Gut steckt oder eben der Erkenntnis, die sich aus ihr gewinnen lässt. Was aus einem Musikstück an Erkenntnis gezogen werden kann, ist Teil der Gemeinfreiheit. Was gemeinfrei ist, darf frei genutzt werden.

Doch deckt das Recht diesen Grundsatz auch für den Sachverhalt des Data Minings ab? Im Urheberrecht gilt ein wichtiger Grundsatz: Das Benutzen von Werken soll immer legal sein: Wer Bücher liest, Computerprogramme nutzt, Schallplatten hört, Kunstwerke oder Filme betrachtet, verhält sich damit im Ergebnis urheberrechtlich irrelevant (Dreier et al. § 15 Rn. 20 m. w. N.) – man spricht vom Werkgenuss.

Man könnte nun das Data-Mining dem Werkgenuss gleichsetzen und meinen, die Analyse von Musik sei keine typische Verwertungshandlung, für die Werkschaffende vergütet werden müssen. Denn es geht beim Mining schließlich darum, gemeinfreie Informationen zu erlangen, die sich lediglich in einer rechtlich geschützten Hülle befinden (so formuliert Raue 2017, S. 11, 13.). Vielfach wird daher argumentiert, das Mining berühre keine Interessen, die das Urheberrecht schützt (vgl. de la Durantaye 2014, S. 240; Schack 2016, S. 266, 269; vgl. auch Cocoru & Boehm 2016, S. 8).

Tatsächlich ist das Urheberrecht aber im Ausgangspunkt strenger. Wer Musikwerke in den Computer einspeist, Formate umwandelt, Material archiviert, fertigt dabei regelmäßig Vervielfältigungsstücke an. Unter einer solchen Vervielfältigung (§ 16 UrhG, Art. 2 InfoSoc-Richtlinie) versteht man eine körperliche Festlegung des Musikwerks, die geeignet ist, das Werk den menschlichen Sinnen auf irgendeine Weise unmittelbar oder mittelbar wahrnehmbar zu machen (Begründung des Regierungsentwurfs zum Urheberrechtsgesetz aus dem Jahr 1962, BT-Drs. IV/270, S. 47; unkörperlich ist zum Beispiel das Abspielen vom Notenblatt). Es ist gleich, in welcher Form Vervielfältigungsstücke kommen: Tonaufnahmen auf einem Datenträger, Transkriptionen auf Papier oder Steuerinformationen (als MusicXML- oder MIDI-Datei auf dem Server). Wurden Tonaufnahmen zum Beispiel als Wellenform in Bildform visualisiert und ist diese Wellenform abspielbar oder kann eine Software sie in Noten transkribieren, liegt (mittelbare) Wahrnehmbarkeit vor. Dann wäre auch das Speichern dieses Bildes eine Vervielfältigung des Musikwerks.

Der Sinn des Vervielfältigungsrechts liegt an sich vor allem in der Kontrolle des durch Kopien vergrößerten Kreises von Personen, die die Werke wahrnehmen (hören) können (Dreier et al. § 16 Rn. 1). Im Unterschied zu der üblichen Verwertung von Musik (Verkauf, Aufführung, öffentliche Wiedergabe) mag das Mining diesen Zweck womöglich gar nicht berühren. Allerdings ist der Zweck von Kopien – hier der computergestützte Erkenntnisgewinn – zunächst einmal irrelevant. Das Vervielfältigungsrecht ist nach seiner Definition für Wertungen nicht offen, sondern starr. Das Argument, es handele sich nur um Vorbereitungshandlungen, um später Informationen aus einem Werk zu erlangen, ändert daran nichts (OGH Österreich MMR 1999, S. 352-355 – *Radio Melody III* m. Anm. *Haller*). Der Zweck einer Vervielfältigung wird erst im nächsten Prüfschritt – den Schranken – relevant.

Sobald die Geeignetheit zur Wahrnehmbarmachung im Laufe des Miningprozesses verloren geht, kann man auch nicht mehr von einer Vervielfältigung sprechen: Möglicherweise handelt es sich dann nur noch um ungeordnete numerische Daten. Es kommt immer darauf an, ob das Fragment irgendwie abgespielt oder betrachtet werden kann (vgl. Solmecke & Bärenfänger 2011, S. 567, 569). Eine Kopie ist jedenfalls angefertigt, wenn prägende Merkmale eines Werkes übernommen werden (Wandtke & Wöhrn, S. 144 m. w. N.) bzw. sich die Fragmente zu einem schutzfähigen Ganzen verbinden lassen (EuGH ZUM 2011, S. 803 Rz. 157, 159 – *Football Association Premier League*). Das bedeutet, dass auch das Verdichten oder Vereinfachen einer Melodie oder anderer schutzfähiger Teile auf bestimmte Charakteristika des Werks solange Vervielfältigungen sind, bis wiederum die Schöpfungshöhe unterschritten ist.

3.3.2 Urheberrechtliche Schranken

Um legale Kopien anzufertigen, kann man sich auch ohne Lizenz auf Ausnahme- oder Schrankenbestimmungen berufen. Gedanklich stehen diese Bestimmungen als zweiter Prüfschritt, nachdem festgestellt ist, dass eine urheberrechtlich relevante Verwertungshandlung vorgenommen wurde. Was von Schranken gedeckt ist, können Rechteinhaber grundsätzlich auch nicht verbieten.[6]

Urheberrechtliche Schranken sind durch ihre Detailregelungen oft sehr komplex; ihre Anwendungsfälle sind oft eng. Damit geht ein Risiko zu Lasten derjenigen einher, die in den Genuss der Schranken kommen möchten. Schließlich muss jede Person, die sich auf eine Ausnahmebestimmung beruft, die Voraussetzungen im Streitfall nachweisen: Wenn in einem Gerichtsprozess feststeht, dass ein Label Kopien angefertigt hat, um Mining zu betreiben, muss es den Nachweis erbringen, dass die rechtlichen Voraussetzungen für das Vorliegen einer Schrankenbestimmung vorlagen.

Bislang konnte man die Zulässigkeit von Kopien zum Zweck des Data Minings im Forschungskontext unter der Schranke zum wissenschaftlichen Gebrauch diskutieren: Nach früherem Urheberrecht durften unter bestimmten – im Detail schwierigen – Voraussetzungen einzelne Vervielfältigungsstücke zum eigenen wissenschaftlichen angefertigt werden (§ 53 Abs. 2 S. 1 Nr. 1 UrhG alte Fassung). Durch das UrhWissG wurde diese Wissenschaftsschranke in einen neuen § 60c UrhG überführt und vereinfacht. Und da die neue Schranke zum Text- und Data-Mining (§ 60d UrhG) die speziellere Regelung ist, kann bzw. muss man die Wissenschaftsschranke von nun an in diesem Kontext außer Acht lassen.

3.3.2.1 Text und Data Mining-Schranke, § 60d UrhG

Der neue § 60d UrhG ist seit dem 1. März 2018 in Kraft und erlaubt unter anderem Vervielfältigungen von urheberrechtlich geschütztem Material zum Zweck des Text- und Data-Minings für die wissenschaftliche Forschung. Zulässig sind zudem der Austausch der Korpora innerhalb eines Kreises von Forschenden und die Archivierung bei Gedächtnisinstitutionen zur Reproduzierbarkeit der Forschungsergebnisse. Kernstück des § 60d UrhG ist dessen Absatz 1, in dem es heißt:

---

6 Das ist Ausfluss der Sozialbindung des verfassungsrechtlichen Eigentumsrechts, Art. 14 Abs. 1 und 2 GG: Urheberrechte werden (neben dem Persönlichkeitsrecht) über das Eigentumsrecht geschützt; die Sozialbindung des Eigentums setzt dem Schutz aber Grenzen. Diese Grenzen sind mit den Schranken gesetzlich geregelt.

§ 60d

Text und Data Mining

(1) Um eine Vielzahl von Werken (Ursprungsmaterial) für die wissenschaftliche
Forschung automatisiert auszuwerten, ist es zulässig,

1. das Ursprungsmaterial auch automatisiert und systematisch zu vervielfältigen,
um daraus insbesondere durch Normalisierung, Strukturierung und Kategorisierung ein auszuwertendes Korpus zu erstellen, und

2. das Korpus einem bestimmt abgegrenzten Kreis von Personen für die gemeinsame wissenschaftliche Forschung sowie einzelnen Dritten zur Überprüfung der
Qualität wissenschaftlicher Forschung öffentlich zugänglich zu machen.

Der Nutzer darf hierbei nur nicht kommerzielle Zwecke verfolgen.

Der Gesetzgeber wollte mit der Schranke zum Text- und Data-Mining der Forderung
aus der Wissenschaft nach Rechtssicherheit befriedigen. Im rechtspolitischen Diskurs
schlug der Einführung der Schranke allerdings eine ganz grundsätzliche Kritik
entgegen, die auch an den oben angeführten Interessenausgleich (geschützte Form
gegen freie Erkenntnis) anknüpft. Das Vervielfältigungsrecht werde mit Einführung
der Schranke noch weiter ausgelegt als ohnehin schon (Steinbrecher im Editorial
der Multimedia und Recht 1/2017, MMR 2017, S. 1f.); der Anwendungsbereich des
Urheberrechts werde weiter ausgedehnt.[7] Für die reine Analyse von Werken verfängt
das durchaus, weil Informationsgewinn urheberrechtlich frei sein sollte (s. o.). Wie
dieser Beitrag allerdings zeigt, erfordert das Music Data-Mining oft umfangreiche
Aufbereitungsarbeit, bei der es regelmäßig zu Vervielfältigungen kommt, bei denen man auch nach bisherigem Recht kaum umhinkam, die urheberrechtlichen
Ausschließlichkeitsrechte als berührt anzusehen. Dieser Aufbereitungsarbeit widmet sich der neue § 60d Abs. 1 S. 1 Nr. 1 UrhG, der manuelle und automatisierte
Vervielfältigungen erlaubt. Der Begriff *Werke* im Sinne der Schranke erfasst auch
von Leistungsschutzrechten erfasste Schutzgegenstände, also auch Aufnahmen, die
durch Tonträgerrechte oder Rechte ausübende Künstler_innen geschützt sind (vgl.
die Begründung, BT-Drucks. 18/12329, S. 40). Insbesondere die Kopie von Noten
wird man nun als zulässig einstufen können – zumal der Schutzzweck des strengen
Kopierverbots, dass Noten nicht nur als Basismaterial für Kopien erworben werden
sollen (s. o.), hier nicht einschlägig ist. Schließlich erfasst die Schranke nach § 60d

---

7   So die Kritik von Dobusch zum Richtlinienentwurf der EU-Kommission. https://netz-
    politik.org/2016/geleakter-entwurf-der-eu-urheberrechtsrichtlinie-viele-versaeumnis-
    se-dafuer-20-jahre-leistungsschutzrecht/. Zugegriffen: 17. April 2017.

Abs. 2 UrhG die Nutzung von Datenbankwerken und Datenbanken, was hier aber nicht näher behandelt werden soll.

Nach der neuen Regelung ist wohl rechtmäßiger Zugang zum Material Voraussetzung – auch die neue Schranke erlaubt nicht das Umgehen von Kopierschutz. Über Abs. 3 des Entwurfs hat man nun auch an die Reproduzierbarkeit gedacht, da – wenn auch in engem rechtlichen Rahmen – das Material zu diesem Zweck in Archive überführt werden darf. Weiter ist es erlaubt, die Korpora einem „bestimmt abgegrenzten Kreis von Personen für die gemeinsame wissenschaftliche Forschung" zugänglich zu machen (§ 60d Abs. 1 S. 1 Nr. 2 UrhG). Dies wird allerdings nur relevant, sofern im Rahmen dieser Projekte überhaupt von einer Öffentlichkeit die Rede sein kann. Da der Öffentlichkeitsbegriff im Urheberrecht nicht zuletzt vom Europäischen Gerichtshof einem jeweils im Einzelfall zu beurteilenden Zusammenspiel verschiedener Kriterien unterliegt und manchmal überraschend weit oder umgekehrt sehr eng ausgelegt und damit teils schwer zu handhaben ist (vgl. Dreier et al. § 15 Rn. 40a), ist diese Regelung zu begrüßen. Der erfasste Kreis von Personen darf wiederum Kopien der zugänglich gemachten Werke anfertigen – ebenfalls nach den Voraussetzungen des § 60d Abs. 1 S. 1 Nr. 1 UrhG. Die Erlaubnis, Korpora einzelnen Dritten zugänglich zu machen, stellt auf wissenschaftliche Reviewprozesse ab. Allerdings gilt dies nur für die Korpora, nicht für das Ursprungsmaterial.

Die eigentliche Analysephase des Minings, also den Prozess des Auswertens, stuft die Begründung des Gesetzentwurfs als urheberrechtlich nicht relevant ein (BT-Drucks. 18/12329, S. 40).

Das Material – die ursprünglichen Werke sowie die erstellten Korpora – müssen „nach Abschluss der Forschungsarbeiten" gelöscht werden und die Zugänglichmachung im Team von Forschenden muss beendet werden (§ 60d Abs. 3, S. 1). Das kann nicht für ggf. ursprünglich etwa käuflich erworbene Werkkopien gelten. Wurde beispielsweise ein großer Katalog bei iTunes gekauft, muss dieser nicht gelöscht werden – wohl aber die Vervielfältigungen des Materials, zu denen es bei dessen Aufbereitung gekommen ist, sowie die ausgearbeiteten Korpora. Wer das in der Praxis kontrollieren möchte und kann, sei einmal dahingestellt. Ursprungsmaterial und Korpora dürfen immerhin an Bibliotheken und Archive übermittelt werden, damit Forschungsergebnisse später reproduzierbar sind.

Der Anwendungsbereich der Schranke ist eingeengt auf den nicht-kommerziellen Bereich. Zwar sind damit nicht prinzipiell private Institutionen ausgeschlossen. Wie auch schon bisher dürften aber – im Zweifel – auch Freiberufler_innen erfasst sein, die Mining für etwa eigene Produktionen betreiben möchten. Unter kommerzielle Zwecke fallen kommerzielle Forschungseinrichtungen der Privatwirtschaft (so zum Begriff der nicht-kommerziellen Zwecke nach alter Rechtslage Wandtke et al. § 53 Rn. 27). Für ein Plattenlabel, das Mining betreiben will, um für den Markt Hit-songs zu produzieren, gilt die Schranke daher nicht. Ist man hier betroffen, bedarf es einer Lizenz zum Mining. Ohne entsprechende Verhandlungsposition auf der Seite der Forschenden ist der Weg zum Music Data Mining im schlimmsten Fall versperrt – zumal, wenn es nur schwer möglich ist, entsprechende Rechte zu klären. Schließlich werden Nutzungen nach der neuen Text und Data Mining-Schranke § 60h Abs. 1 UrhG vergütet.[8]

3.3.2.2 Ausnahme für flüchtige Kopien, § 44a UrhG

Neben der Text- und Data-Mining-Schranke ist an eine weitere Regelung zu denken, die technisch bedingte flüchtige Kopien erlaubt. Das Urheberrecht geht nämlich so weit, dass selbst die vorübergehende Festlegung eines Werkes im Arbeitsspeicher des Computers eine Vervielfältigung ist (Kroitzsch & Götting, BeckOK UrhR § 16 UrhG, Rn. 5 m. w. N.). Derlei Kopien sind aber oft über die Ausnahme der sogenannten vorübergehenden Vervielfältigung erlaubt (§ 44a UrhG, Art. 5 Abs. 1 InfoSoc-RL). Die Ausnahme stellt flüchtige oder begleitende Kopien von Lizenzen frei, wenn diese Kopien für Übermittlungen oder für die rechtmäßige Werknutzung erforderlich sind; die Kopien dürfen keine eigenständige wirtschaftliche Bedeutung haben. Vor allem wird ihre Anwendung beim Streaming diskutiert; ebenso auch beim Anzeigen von Webseiten, wobei kurzfristig Kopien im Cache/Arbeitsspeicher stattfinden. Solche Vorgänge will der Gesetzgeber aus dem Urheberrecht ausnehmen.

Beim Data-Mining werden allerdings beinahe alle Kopien, die zum Zweck des Minings erstellt werden, von dieser Ausnahme nicht erfasst sein. Denn es wird hier schon am Erfordernis der Flüchtigkeit fehlen. Das gilt auch, wenn die Kopien nach der Analyse gelöscht werden, weil von zeitlich beschränkten Kopien keine Rede mehr sein kann (vgl. Spindler 2016, S. 1112, 1114f.). Mining-Kopien kann man über die gesamten Vor- und Nachstufen zur Analyse nutzen und damit nicht auf diese Schranke stützen. Anders bei der Analyse selbst: Dort technisch bedingt entstehende, flüchtige Kopien sind regelmäßig von der Ausnahme gedeckt – so es überhaupt zu Vervielfältigungen kommt (der Gesetzentwurf geht nicht davon aus).

3.3.2.3 Regelungsrahmen, Dreistufentest

Schranken sind in der EU konkret in den einzelnen nationalen Urheberrechtsgesetzen geregelt. Den Rahmen für diese gesetzlichen Regelungen geben aber das internationale und das EU-Recht vor (insb. Art. 5 der InfoSoc-RL). Dieser Rahmen

---

8   Zur Diskussion um die Vergütung ist die UrhWissG-Stellungnahme des Max-Planck-Instituts für Innovation und Wettbewerb lesenswert, dort die S. 4f., abrufbar unter http://www.ip.mpg.de/fileadmin/ipmpg/content/stellungnahmen/Stellungnahme_UrhWissG_und_E-Lending_2017-02-28-korr_def.pdf. Zugegriffen: 07. August 2017.

wird durch nationale Gesetze ausgefüllt bzw. konkretisiert. Das ist wichtig, da die nationalen Regelungen immer gemeinsam mit den Bestimmungen der Richtlinie gelesen und ausgelegt werden müssen. Kommt eine Schranke zur Anwendung, so muss diese einen auf den konkreten Sachverhalt bezogenen Test bestehen. Die Rede ist vom sogenannten Dreistufentest (Art. 5 Abs. 5 InfoSoc-RL).[9] Danach dürfen Schranken erstens nur in bestimmten Sonderfällen angewandt werden, zweitens die Verwertung des Werks oder des sonstigen Schutzgegenstands weder beeinträchtigen noch drittens die berechtigten Interessen des Rechtsinhabers ungebührlich verletzen. Diesen Kriterien muss die Anwendung einer Schrankenbestimmung im jeweiligen Einzelfall standhalten; andernfalls ist die Schranke – als Rückausnahme – nicht anwendbar. Hier ist durchaus Raum für die oben dargestellten Wertungskriterien (Schürfen in rechtlich geschütztem Material mit dem alleinigen Ziel des Erkenntnisgewinns, damit kein klassisches Verwertungsszenario). In der Regel sollte das Music Data Mining diesen Test bestehen.

3.3.3 Rechteeinräumung und Verwertungsgesellschaften

Für die genannten Verwertungshandlungen können in den meisten Fällen keine Rechte bei der GEMA oder GVL eingeholt werden, denn der Katalog der Rechte, die sie wahrnehmen, gibt eine Vervielfältigung für die Forschungsanalyse o. ä. wohl nicht her. Einzig zu denken ist hier an § 1 lit. h Abs. 2 des GEMA-Berechtigungsvertrages (Fassung April 2016). Dort ist das Recht geregelt, *Werke der Tonkunst (mit oder ohne Text) in Datenbanken, Dokumentationssysteme oder in Speicher ähnlicher Art einzubringen.* Diese Regel zielt aber auf Online-Musiknutzungen ab und passt nicht auf den Sachverhalt des Data-Minings.[10] Da der kommerzielle Bereich, wie dargestellt, nicht unter die Schranken fällt, sollte man darüber nachdenken, zur Vereinfachung der Rechteklärung die Verwertungsgesellschaften einzubeziehen, um die Rechtewahrnehmung für kommerzielle Akteure praktikabel zu machen.

---

9   Außerdem Art. 9 Abs. 2 RBÜ, Art. 10 WCT, Art. 13 TRIPS-Abkommen. Mehr zum Dreistufentest etwa bei Wandtke & Schunke, S. 282f.

10 Über § 31 Abs. 5 UrhG gilt, dass der Umfang solcher durch Urheber_innen eingeräumten Nutzungsrechte sich nach dem jeweiligen Vertragszweck richtet und im Zweifel eher eng ist, weshalb eine weite Interpretation der Klauseln im Berechtigungsvertrag nicht gestattet ist. Der Berechtigungsvertrag ist abrufbar unter https://www.gema.de/fileadmin/user_upload/Gema/Berechtigungsvertrag.pdf. Zugegriffen: 04. August 2017.

3.4   Phasen des Music Data Minings

Data Mining lässt sich in Phasen einteilen. Zunächst muss das Forschungsziel festgelegt werden (welche Erkenntnis erhofft man sich von der Analyse welcher Variablen/Features?), dann wird das Ursprungsmaterial beschafft. Dabei stellt sich die Frage, aus welchen Quellen man schöpfen kann und darf (3.4.1). In einem folgenden Schritt werden die Daten ggf. digitalisiert und in ein einheitliches maschinenlesbares Format gebracht. Oft werden die Daten umgewandelt oder mit Metainformation angereichert; jetzt liegt ein Korpus vor, das möglicherweise seinerseits rechtlichen Schutz genießt (3.4.2). Dieses Korpus wird mit Hilfe eines Algorithmus analysiert (3.4.3). Die gewonnenen Ergebnisse werden anschließend verwertet (Wie darf die Verwertung der Analyse aussehen? Ist meine Analyse geschützt?, 3.4.4).

3.4.1   Zugang, Erwerb, Digitalisierung

Beispiel 1: Ein Team von Forschenden möchte Muster kommerziell erfolgreicher und nicht-erfolgreicher Titel ausmachen. Hierzu wählt es 150 Hits und 150 Nicht-Hits aus und transkribiert die Melodie jedes einzelnen Songs manuell. Das Team beschränkt sich auf die eingängigsten Teile der Melodie bzw. die Refrains. Es erstellt dann MIDI-Dateien, die sie der Analyse zuführt (nach Frieler et al. 2015).

Abwandlung: Das Team lädt sich aus einer MIDI-Datenbank Musikdateien herunter. Die Datenbank liegt auf einem US-amerikanischen Server. Es findet sich keine Angabe, wo die Dateien herkommen.

Beispiel 2: Forscherin A scannt 50.000 Liederblätter ein. Ziel ist die Melodieanalyse und das Ausmachen von Melodiepatterns. Dafür werden die Noten in ein MusicXML-Format umgewandelt und somit maschinenlesbar gemacht. Im nächsten Schritt erfolgt die eigentliche Analyse (nach Burghardt et al. 2015).

Die Frage des (legalen) Zugangs zu Werken ist für Forschende im Bereich Big Data, für die der Leitgedanke *Daten sind alles* gilt, existenziell. Dabei kann aus verschiedenen Quellen geschöpft werden. Mit erfolgreichem Zugang soll gemeint sein, dass man am Ende über eine digitale Kopie auf dem Rechner verfügt – sofern die konkrete Mining-Methode die Kopie erforderlich macht.

Bei der Frage des Zugangs hilft die neue Text- und Data-Mining-Schranke nicht weiter, denn sie setzt Zugang vielmehr voraus. Auch ein Rückgriff auf die Wissenschaftsschranke (§ 60c UrhG) ist nicht möglich, weil § 60d UrhG das Mining abschließend regelt.

3.4.1.1 Kauf/Erwerb von Nutzungsrechten

Ein Zugangsrecht zu Popmusikdatenbanken oder Werksammlungen gibt es nicht. Musikaufnahmen können käuflich erworben werden, sowohl physisch (Schallplatte, CD) als auch non-physisch (Download). Beim Kauf einer CD geht das Sacheigentum an der CD auf den Käufer über. Die CD darf dann beliebig verkauft, verschenkt oder auch zerstört werden. Mit dem Eigentumserwerb geht aber nicht der Erwerb von Nutzungsrechten an der Musik einher. Erlaubt ist nur, was urheberrechtlich nicht relevant ist (siehe Werkgenuss). Das *Rippen* einer CD auf den Rechner ist eine Vervielfältigung. § 60d UrhG lässt diese Kopien zu, sofern sie zum Zweck des Data-Minings erfolgen. Dasselbe gilt für die Digitalisierung von anderen Trägern (Schallplatten, Kassetten etc.).

Unter anderen Vorzeichen steht der Erwerb von Musik in Download-Shops wie iTunes, wo die Reichweite der Nutzung oft per AGB reglementiert ist. Nicht selten werden hier Nutzungen verboten, die an sich über die dargestellten gesetzlichen Schranken erlaubt wären. Inwieweit ein Anbieter gesetzliche Schranken ausschließen darf, war bislang sowohl im Zusammenhang mit der Privatkopie als auch im Wissenschaftsbereich umstritten. Oft übernehmen die Anbieter Regelungen aus US-amerikanischem Recht, die deutschem oder europäischem Recht ggf. nicht standhalten. Allgemein gilt, dass diese Downloadstores urheberrechtliche Schranken nicht uneingeschränkt per Vertrag ändern oder ausschließen können: Verboten ist nämlich eine Regelung, die von wesentlichen Grundgedanken eines Gesetzes abweicht (§ 307 Abs. 2 Nr. 1 BGB). Das wird im Zusammenhang mit der vertraglichen Beschneidung urheberrechtlicher Schrankenbestimmungen dann etwa bei überragendem Allgemeininteresse angenommen (Dreier et al. Vor §§ 44a ff. Rn. 9 sowie Janisch & Lachenmann 2013, S. 213, 216f. m. w. N.). Bislang konnte man durchaus argumentieren, die Wissenschaftsfreiheit stelle ein solches Allgemeininteresse dar, das dem vertraglichen Ausschluss von Schrankenregelungen entgegensteht. Jedenfalls hat der Gesetzgeber im Wissenschaftskontext nun Klarheit geschaffen. So können sich Rechtsinhaber nach § 60g Abs. 1 UrhG nicht mehr auf Vereinbarungen berufen, die zum Nachteil der Nutzungsberechtigten der neuen Wissenschaftsschranken getroffen werden. Kopien von aus Downloadshops bezogenen Werken sind daher zulässig – auch wenn die Nutzungsbedingungen dieser Dienste sinngemäß nur den reinen Werkgenuss erlauben oder gar explizit das Data Mining oder vergleichbare Maßnahmen ausschließen.

Anders ist die Rechtslage allerdings, wenn nicht MP3-Downloads gekauft werden, sondern Forschende sich bei Abo-Streamingdiensten wie Spotify, Deezer, Apple Music oder Tidal bedienen wollen. Das *Rippen* für dauerhafte Offline-Kopien ist hier verboten, sofern dabei ein Kopierschutz der Dienste umgangen werden muss.[11] Ein Recht, den Kopierschutz selbst zu knacken, gibt es nicht – auch, wenn die Nutzung dann von der Schranke gedeckt wäre.[12] Das hat sich im Ergebnis auch mit der Neuregelung des § 60g UrhG nicht geändert.

3.4.1.2 Download aus offenen Quellen im Internet

Auch aus einer breiten Palette offen zugänglicher Quellen ohne Paywall im Internet kann Ursprungsmaterial bezogen werden. Gegen den illegalen Download aus Filesharingbörsen jedenfalls wird sich eine Forschungsinstitution nicht mit dem Argument verteidigen können, er sei zur Schrankennutzung erfolgt. Der Zugang muss rechtmäßig sein. Das ergibt sich schon aus dem Dreistufentest, da die berechtigten Interessen der Urheber_innen nicht verletzt werden dürfen, was bei illegalem Filesharing anzunehmen ist.

Denkbar ist weiter das Streamripping von Songs aus Portalen wie YouTube, Myvideo, vimeo, Clipfish oder Dailymotion über entsprechende Konvertierungsdienste. Auch YouTube verbietet es in den AGB, Inhalte herunterzuladen und anderweitig zu verwerten.[13] Allerdings besteht ohne Account bzw. Login gar kein Vertragsverhältnis zu YouTube – daher können auch die Regelungen nicht bindend sein. Hat man ein Vertragsverhältnis, müssten sich Forschende, die von § 60d UrhG privilegiert werden, hieran nicht halten (s. o.).Das gilt wiederum nicht, sofern der Download über Konvertierungsdienste eine Umgehung von Schutzmaßnahmen ist. Ob YouTube und die anderen genannten Dienste die dort hochgeladenen Inhalte ausreichend technisch schützen, wird in der Rechtswissenschaft derzeit eher verneint.[14]

Letztlich ist auch das Schöpfen aus Quellen mit freier Musik möglich. Freie Musik ist hier als solche Musik gemeint, die zwar urheberrechtlich geschützt sein

---

11 Die Umgehung technischer Schutzmaßnahmen ist verboten (§ 95a UrhG). Zwar existiert mit § 95b UrhG eine Regelung, die u. a. Forschenden einen Anspruch gegenüber Rechteinhabern gibt, ihnen die *notwendigen Mittel zur Verfügung zu stellen*, um von den Schrankenbestimmungen Gebrauch zu machen. Die Regelung gilt allerdings nicht bei Inhalten, die zum Online-Abruf bereitstehen (§ 95b Abs. 3 UrhG).

12 Das portugiesische Parlament hat ein Gesetz verabschiedet, nach dem der Kopierschutz geknackt werden darf, um Werke nach der Maßgabe einer Schranke zu nutzen, nachlesbar unter https://netzpolitik.org/2017/portugal-erlaubt-umgehung-von-kopierschutz-fuer-wissenschaft-bildung-und-privatkopie/. Zugegriffen: 13. August 2017.

13 Ziff. 11.2 der YouTube-AGB, abrufbar unter https://www.youtube.com/static?gl=DE&template=terms&hl=de. Zugegriffen: 13. August 2017.

14 Hierzu eingehend Janisch und Lachenmann, MMR 2013, S. 213, 217. YouTube selbst oder auch die Musikindustrie gehen gegen die Konvertierungsdienste vor, nicht aber gegen die Nutzer, die diese Dienste nutzen, siehe https://www.heise.de/newsticker/meldung/Musikindustrie-Verbaende-klagen-gegen-Streamripper-Youtube-mp3-3333105.html. Zugegriffen: 13. August 2017.

mag, aber unter einer freien Lizenz steht (meist Creative Commons-Lizenzen).[15] Die Relevanz solcher Dienste dürfte aber eher gering sein, denn die meiste zeitgenössische Musik steht nicht unter freier Lizenz zur Verfügung; schon aus diesem Grund ist fraglich, ob das Repertoire an freier Musik die Bandbreite heutiger Musik abbildet und damit zur massendatengestützten Empirie taugt. Im Klassikbereich könnten solche Dienste durchaus hilfreich sein; hier sind aber wieder ggf. Rechte an Noten bzw. an Aufnahmen zu beachten.

3.4.1.3 Bezug bei Archiven, Bibliotheken

Das Abfotografieren oder der Scan von Noten sind jeweils Vervielfältigungen. Gemeinfreie Noten und Liedblätter, an denen also weder Werkschutz noch Leistungsschutz besteht, dürfen frei vervielfältigt werden. Solch potenzielles Ursprungsmaterial schlummert in zahlreichen Archiven für Liedgut und Popmusik.[16] Das Urheberrecht regelt den Zugang zu diesen Werken nicht; urheberrechtliche Fragen setzen Zugang vielmehr voraus.

Öffentliche Archive sind gesetzlich in der Regel nicht verpflichtet, Zugang zu gewähren.[17] Dennoch bieten viele Archive Zugang im Rahmen ihrer Benutzungsordnungen und auch die Digitalisierung ihrer Bestände an – müssen aber dabei natürlich das Urheberrecht wahren.[18] Für umfangreiche Digitalisierungsvorhaben (z. B. dem Scan von hunderttausenden von Liedblättern mit gemeinfreiem Material) sollten vertragliche Vereinbarungen zwischen den Institutionen getroffen werden; beim Scanvorgang entstehen in der Regel keine neuen Rechte.

---

15 Dienste wie Jamendo, ccmusiccamp oder Musopen (für Klassik) bieten freie Musik an; eine Aufzählung findet sich bei *Grasse*, iRights vom 8.3.2016, abrufbar unter https://irights.info/artikel/die-besten-quellen-fuer-freie-musik-im-netz/27076. Zugriffen: 13. August 2017.

16 In Musikarchiven, so etwa beim Deutschen Musikarchiv der Deutschen Nationalbibliothek, wo auch Pflichtexemplare lagern, beim Deutschen Volksliedarchiv, dem Musikarchiv der Akademie der Künste usw.

17 Abzugrenzen ist hier zum Zugang zu amtlichen Informationen, den die Informationsfreiheitsgesetze (IFG) gewähren. Darunter fallen amtlichen Zwecken dienende Aufzeichnungen (§ 2 Nr. 1 IFG-Bund). Die Informationsfreiheitsgesetze dienen der Transparenz staatlicher Institutionen. Diese Zweckrichtung ist hier aber nicht eröffnet.

18 Ein weiterer Aspekt ist das Informationsweiterverwendungsrecht, das die kommerzielle Weiterverwendung von öffentlicher Information fördert (Informationsweiterverwendungsgesetz (IWG), PSI-Richtlinie). Es besagt, unter welchen Bedingungen etwa öffentliche Archive die Weiterverwendung gestatten müssen. Allerdings wird auch hier kein Zugangsrecht geschaffen; urheberrechtlich Geschütztes ist nicht vom Gesetz erfasst.

3.4.1.5 Transkribieren

Das händische Einspielen eines Musikwerks auf einem MIDI-Keyboard oder auch das (automatische) Transkribieren sind Vervielfältigungsarten, wenn dabei die Notation als MIDI-Datei (oder MusicXML) gespeichert wird. Hier gilt aber nicht das Kopierverbot für Noten.

Da im Beispiel 1 Hooklines transkribiert wurden, ist von deren Schutzfähigkeit und damit von der Vervielfältigung geschützter Werke auszugehen. Im urheberrechtlichen Sinn schreiben die Forschenden Noten ab. Diese Vervielfältigungen sind künftig erlaubt, gleich, ob sie manuell oder automatisiert erfolgen („auch automatisiert", § 60d Abs. 1 UrhG).

Indem in Beispiel 2 A einscannt, also digitalisiert, vervielfältigt sie. Die Umwandlung ins MusicXML-Format ist eine weitere Vervielfältigung. Im konkreten Fall waren die Werke gar nicht mehr urheberrechtlich geschützt. Neben dem Werkschutz musste A unter der alten Rechtslage beachten, dass das Kopieren von Noten nach § 53 Abs. 4 UrhG a. F. verboten war. Für die neue Text- und Data-Mining-Schranke gilt diese Einschränkung nicht mehr. Die Vervielfältigungen sind daher zulässig.

3.4.1.6 Tausch unter Forschenden

In der Forschenden-Community ist gerade bei kollaborativen Projekten der Datenaustausch wichtig. Der Austausch von Ursprungsmaterial (oder später Korpora) unter – mitunter internationalen – Teams von Forschenden ist ebenfalls oft urheberrechtlich relevant.

Weil die Anforderungen an den urheberrechtlichen Schutz in verschiedenen Ländern unterschiedlich ausfallen können und Schranken international nicht einheitlich geregelt sind, kann eine Vervielfältigung im Ausland rechtmäßig sein, während sie nach deutschem Recht einer Lizenz bedarf. Das Vervielfältigungsrecht[19] setzt jedenfalls beim Ort der Vervielfältigung an.[20] Stellt also ein Team von Forschenden aus den USA eine Sammlung von Korpora einem Team in Deutschland zum Download zur Verfügung, ist die Vervielfältigung nach deutschem Recht zu beurteilen. Macht das US-Team die Korpora aber so zugänglich, dass in Deutschland die Analyse direkt über den Zugang erfolgen kann, so ist aus Sicht des Teams in Deutschland der Zugriff auf diese Korpora unbedenklich – zumindest, solange nicht wieder in Deutschland eine Kopie angefertigt wird. Umgekehrt sind in Deutschland für einen ausländischen Auftraggeber angefertigte Vervielfältigungen auch nach

---

19 Die meisten Urheberrechtsordnungen unterschiedlicher Länder sehen ein Vervielfältigungsrecht vor (vorgegeben durch Art. 2 InfoSoc-RL und Art. 9 Abs. 1 der RBÜ).

20 Man spricht vom *Territorialitätsprinzip* und vom *Schutzlandprinzip*.

deutschem Recht zu beurteilen (BGH GRUR 2004, S. 421, 424 – *Tonträgerpiraterie durch CD-Export*).
In der Abwandlung von Beispiel 1 ist also ebenfalls von einer Vervielfältigung auszugehen, deren Zulässigkeit nach deutschem Recht zu beurteilen ist. Stellen sich schließlich Mitglieder in einem Team von Forschenden gegenseitig oder anderen Teams Material zur Verfügung, so kann dies eine öffentliche Zugänglichmachung darstellen (§ 19a UrhG). Im Rahmen der Text- und Data-Mining-Schranke sind diese Zugänglichmachungen nun erlaubt (§ 60d Abs. 1 S. 1 Nr. 2 UrhG, s. o.).

3.4.2 Aufbereitung zum Korpus: Umwandlung, Anreicherung

Beim Music Mining besteht häufig das Bedürfnis, das Material umzuwandeln, zuzuschneiden, anzureichern. Meist ist von Normalisierung, Strukturierung, Kategorisierung die Rede. Am Ende dieses Prozesses steht ein Korpus, das der Analyse zugeführt werden kann.

3.4.2.1 Formatumwandlung

Oft werden Werke in ein anderes Dateiformat überführt – gerade in solche, die für die automatisierte Analyse geeignet sind. Hier sei als offenes Format MusicXML genannt, das derzeit über 200 Programme verstehen können.[21] Im MusicXML-Format vorliegende Musik kann jederzeit in Standardnotation angezeigt oder etwa in Digital Audio Workstations im- oder exportiert werden.

Auch die Formatumwandlung ist als Vervielfältigung einzustufen. Teilweise wird hier auch eine urheberrechtliche Bearbeitung nach §§ 3, 23 UrhG diskutiert. Darunter wird eine Umgestaltung verstanden, bei der ein neues Werk entsteht und wesentliche Züge des Ausgangswerks (also des Ursprungsmaterials) erkennbar sind. In diesem Fall würde für die Bearbeiter_innen ggf. auch ein eigenes Urheberrecht entstehen.[22] Das reine Überführen in ein anderes Format stellt aber keine Bearbeitung dar, weil keine eigenschöpferische Umgestaltung vorliegt. Der Gesetzgeber hat diese Diskussion mit dem UrhWissG aufgegriffen. Er will klarstellen, dass Formatänderungen keine Bearbeitungen, sondern Vervielfältigungen sind: Ein neu angefügter Satz 3 in § 23 UrhG schließt „ausschließlich technisch bedingte Änderungen" im Rahmen des Data Minings (und daneben im Bibliotheksbereich)

---

21 Siehe https://www.musicxml.com/de/software/. Zugegriffen: 13. August 2017.

22 Die Veröffentlichung einer Bearbeitung ist aber nur mit Einwilligung des Urhebers des Ausgangswerks zulässig, § 23 S. 1 UrhG.

vom Anwendungsbereich der urheberrechtlichen Bearbeitung aus. Nicht einleuch-
ten will insoweit, dass – so könnte man das Gesetz verstehen – die Einstufung
als Bearbeitung bei ebenso rein technischen Formatumwandlungen in anderen
Nutzungsszenarien anders ausfallen kann.

3.4.2.2 Bearbeitung oder Verwertung durch Anreichern

Wurden Noten etwa automatisch aus Audiodateien transkribiert (beispielsweise aus
einem Jazzsolo), muss in vielen Fällen nachgebessert werden. Denn die Ergebnisse
sind oft nicht exakt oder fehlerhaft. Beispielsweise wird sich darum bemüht, das
Mikrotiming auch in der Transkription abzubilden. Auch hier ist an das Bearbei-
tungsrecht zu denken. Das Anreichern verfolgt das Ziel, das Ursprungsmaterial
genauer abzubilden als es die bislang vorliegenden Daten tun. In diesem Verfeinern
liegt aber kein schöpferischer Beitrag, sondern höchstens eine Vervielfältigung in
– bezogen auf die Schöpfungshöhe – minimal abgewandelter Form. Gleiches gilt
auch für das Kürzen von Musik bzw. das Herauslösen einzelner (schutzfähiger)
Fragmente.

Denkbar ist aber auch das Anreichern durch Metainformation, die im Musikwerk
selbst nicht enthalten ist. Gemeint ist die Anreicherung von Digitalisaten mit Hilfe
Strukturdaten, Volltexterfassungen und Verlinkungen; insbesondere kann eine
Anreicherung mit wissenschaftlichen Kriterien vorgenommen werden (vgl. Talke
2010, S. 846, 847). Ein schöpferischer Eingriff ins Musikwerk selbst liegt auch hier
fern: Komposition und Metainformation sind nicht ein Werk; ein künstlerischer
Eingriff kann hier kaum vorliegen. Damit bleibt festzuhalten, dass in der Anrei-
cherungsphase oft Kopien angefertigt werden.

3.4.2.3 Entstehen neuer Schutzrechte

Jetzt liegt ein Korpus vor, das analysiert werden kann. Können Forschende durch
all die Vorarbeit jetzt auch ein Schutzrecht am Korpus innehaben? Die Folge wäre,
dass Inhaber_innen eines solchen Schutzrechts die Verwertung des angereicherten
Materials kontrollieren können.

Auch hier kommt der Schutz als Datenbank sui generis in Betracht: Es ist
durchaus denkbar, dass Korpora Datenbankschutz genießen: Das Kuratieren,
Annotieren, die Aufbereitung – also das Anlegen solcher Datenbanken – sind
mit viel Aufwand verbunden, denn diese Vorarbeit kann in einer methodischen
Sammlung von Elementen münden, die die Voraussetzungen des Datenbankrechts
erfüllt (siehe oben). In dem Fall wäre die Datenbank vor Entnahme wesentlicher
Teile geschützt. Datenbankhersteller und damit Schutzrechtsinhaber ist dann der-

jenige, der die Investition getätigt hat – dies wäre in der Praxis meist die jeweilige Forschungsinstitution.

3.4.3 Analyse der Korpora

Wissenschaftler entwickeln oft ihre eigenen Mining-Algorithmen für die Analyse der Korpora. Deren Schutz wiederum richtet sich nach dem rechtlichen Schutz von Software (siehe hierzu § 1 Nr. 1 Var. 4 und §§ 69a-69g UrhG). Der Algorithmus ermittelt statistische Häufigkeiten, Zusammenhänge und Korrelationen. Es erfolgt meist lediglich ein Zugriff auf die Korpora. Selbst wenn hier Vervielfältigungsstücke angefertigt werden sollten, dürfte jedenfalls gerade im eigentlichen Analyseprozess die Schranke vorübergehender Vervielfältigungen greifen. Damit dürfte zumindest in der eigentlichen Analysephase der Satz „the right to listen is the right to mine" gelten (angelehnt an „the right to read is the right to mine", s. etwa https://contentmining.wordpress.com. Zugegriffen: 13. August 2017).

Rechtswidrig hergestellte Vervielfältigungsstücke dürfen zwar nicht verwertet werden, § 96 Abs. 1 UrhG. Verwertung ist urheberrechtlich zu verstehen; der Werkgenuss oder die sonstige nicht von Verwertungsrechten erfasste Nutzung ist aber zulässig (Schulze et al. § 15 Rn. 20) – Schwarzkopien zu analysieren, ohne dass es zu Verwertungshandlungen kommt, ist urheberrechtlich erlaubt.

Der neue § 60d UrhG regelt die eigentliche Analysephase nicht. Man möchte der neuen Schranke insoweit nicht ganz trauen. Der Gesetzgeber hat die eigentliche Analysephase im Gesetzestext zwar bewusst nicht erwähnt (BT-Drucks. 18/12329, S. 40). Überhaupt betont der Gesetzgeber mehrmals in der Begründung, die Schrankenregelung sei nur relevant, „soweit überhaupt urheberrechtlich relevante Handlungen vorgenommen werden" (ebd.). Sollten dennoch technisch bedingt Kopien von Korpora oder schutzfähigen Teilen angefertigt werden, die bleibend und damit nicht von § 44a UrhG gedeckt sind, könnte man bei einer restriktiven Lesart des Gesetzes eine nicht von der Schranke erfasste Nutzung annehmen. Dem sei hier widersprochen: Forschende können die Schranke des § 60d UrhG kann nur dann sinnvollerweise geltend machen, sofern man auch die Analysephase unabhängig von technischen Einzelheiten einbezieht, also auch wenn es ausnahmsweise doch zu weiteren Kopien kommt. Die Diskussion mag beinahe überzogen wirken, sie hat ihren Grund in der oft weiten Auslegung der Verwertungsrechte.

3.4.4   Verwertung, Reproduzierbarkeit, Archivierung

Analyseergebnisse enthalten oft viele Bestandteile aus den Informationen des
Ursprungsmaterials nicht, Audiodateien sind daher oft nicht mehr rekonstruk-
tionsfähig (Tzanetakis 2011, S. 45). Die ursprüngliche Audioaufnahme bzw. das
Werk kann also ohne die zu Grunde liegenden Korpora unter Umständen nicht
mehr zurückgeholt werden. Ist das der Fall, würde die urheberrechtliche Relevanz
des Minings an dieser Stelle enden.

3.4.4.1   Zitat in einer Publikation

Möchte man Analyseergebnisse bzw. deren Interpretation vorstellen – etwa in einem
wissenschaftlichen Aufsatz –, so wird man hierzu oftmals auch Material zitieren
wollen; naheliegend ist hier der Einsatz von Noten oder Textzeilen. Das Zitatrecht
(§ 51 UrhG) erlaubt solche Nutzungen. Das Zitat muss dann der Illustration der,
der eigenen Gedankenführung dienen. Es darf also nicht bloß schmücken; zudem
muss die Pflicht zur Quellenangabe berücksichtigt werden (§ 63 UrhG).

3.4.4.2   Archivierung, etwa zur Reproduzierbarkeit

Schließlich ist es in der Forschung schon im Sinne der Guten wissenschaftlichen
Praxis wünschenswert, dass Forschungsergebnisse reproduzierbar sind.[23] Zu diesen
Zwecken sollten Korpora archiviert werden dürfen, wenn die Reproduzierbarkeit
nur mit Hilfe der Korpora gewährleistet ist. Dem trägt § 60d Abs. 3 UrhG Rech-
nung, wonach die Übermittlung von Korpora und Ursprungsmaterial an Archive
und andere Gedächtnisinstitutionen erlaubt ist.

3.4.4.3   Neue Werke

Ein weiterer spannender Punkt ist das Schöpfen neuer Musik aus den Erkenntnissen
des Minings: etwa durch computergestützt komponierte Musik, zusammengesetzte
Snippets aus Kompositionen oder Aufnahmen des Ursprungsmaterials. Für die
lizenzfreie Zulässigkeit etwa von auf Aleatorik basierender Musik kann durchaus
die neue verfassungsgerichtliche Rechtsprechung (zuletzt BVerfG ZUM 2016,
S. 626-637) zur Abwägung von Eigentumsschutz und Kunstfreiheit sprechen. Hier
besteht noch viel Diskussionsbedarf.

---

23 Derzeit wird davon ausgegangen, dass siebzig Prozent der Experimente aus der Forschung
    allgemein nicht reproduzierbar sind, siehe Baker 2016, S. 452ff.

3.5 Künftiges EU-Recht

Der deutsche Gesetzgeber ist dem europäischen zuvorgekommen, denn auch auf europäischer Ebene ist geplant, die Mitgliedsstaaten über eine weitere Richtlinie zum Urheberrecht zu verpflichten, eine Ausnahme spezifisch für das Text- und Data-Mining einzuführen. Das sieht der im September 2016 von der EU-Kommission vorgelegte Entwurf für eine Urheberrechtsrichtlinie für den digitalen Binnenmarkt vor (dort Art. 3 des Richtlinienentwurfs COM (2016) 593 final).[24] Danach besteht eine Ausnahme für Vervielfältigungen (sowie für Vervielfältigungen und Entnahmen aus Datenbanken) zum Zwecke des Text- und Data-Minings. In den Genuss der Regelung sollen Forschungsorganisationen kommen, wobei rechtmäßiger Zugang zu den Werken vorausgesetzt wird und deren Tätigkeit nicht gewinnorientiert sein darf bzw. sie ihre Gewinne in Forschung reinvestieren müssen.[25] Da im Entwurf auf EU-Ebene von einer Ausnahme (nicht wie in § 60d UrhG von einer Schranke) die Rede ist, würde nach den europäischen Plänen keine Vergütung anfallen.

Auch in anderen Rechtsordnungen sind bereits Text- und Data-Mining-Schranken geregelt. So erlauben die Urheberrechtsregime von Großbritannien, Japan und den USA (über die *fair use*-Schranke[26]) das Data-Mining (hierzu überblicksartig Spindler 2016, S. 1112, 1117f.).

3.6 Fazit

Um Music Data Mining rechtlich sinnvoll zu erfassen, muss man es in allen möglicherweise erforderlichen Stufen betrachten und nicht nur auf den eigentlichen Analyseprozess begrenzen. Die der Analyse umliegenden Phasen – Werkzugang, Digitalisierung, Aufbereitung sowie ggf. der Verwertung der Ergebnisse – sind vor allem urheberrechtlich relevant. Es ist im Gegensatz zu Primärdaten aus dem

---

24 Der Richtlinienvorschlag enthält auch eine Definition zum Text- und Data-Mining als „eine Technik für die automatisierte Auswertung von Texten und Daten in digitaler Form, mit deren Hilfe beispielsweise Erkenntnisse über Muster, Trends und Korrelationen gewonnen werden können", Art. 2 Abs. 2 des Richtlinienentwurfs.

25 Definition der „Forschungsinstitutionen" in Art. 2 Abs. 1 des Richtlinienentwurfs.

26 Bei *fair use* wird geprüft: 1. Zweck und Charakter der Nutzung, 2. Eigenart des benutzten Werks, 3. Umfang der Nutzung, 4. Auswirkungen auf den potenziellen Markt oder Wert des Werks (US-amerikanischer Copyright-Act, 17 U.S.C. § 107), s. Wandtke & Schunke, S. 283 m. w. N. Auch hier kann Unsicherheit über Anwendungsfälle außerhalb der Kasuistik gerade darin liegen, dass *fair use* allgemein gehalten ist.

naturwissenschaftlichen Bereich gewissermaßen kunstspezifisch, dass meist auch Fragmente von Musikwerken urheberrechtlich schutzfähig sind.

Die neue Text- und Data Mining-Schranke erfasst nicht den kompletten Zyklus des Music Data-Minings: Die Norm spricht vor allem die Vorbereitungsphase und die kollaborative Arbeit im Forschenden-Team an sowie die Reviewprozesse und Reproduzierbarkeit der Ergebnisse. Die Zugangsebene ist nicht nur eine urheberrechtsspezifische Frage, und die Nutzung in Publikationen wird durch das Zitatrecht behandelt.

Da es beim Mining in erster Linie um Erkenntnisgewinn und nicht um das Verwerten schöpferischer Leistung geht, sind Rechteinhaber nur geringfügig betroffen. Daher täte der Gesetzgeber gut daran, die gesamte Wertschöpfungskette beim Mining auch für kommerzielle Forschungsprojekte gänzlich aus dem Bereich der oft mühsamen individuellen Rechteklärung zu hieven. Und in Grenzbereichen freier kultureller Betätigung (etwa der Remix-Kultur) besteht auch mit einer Schranke noch Rechtsunsicherheit, da schon ein künstlerisch motiviertes, aber eben freiberufliches Mining ohne Lizenz durchaus eine Urheberrechtsverletzung darstellen kann. Wie bei vielen anderen neuen Forschungsmethoden des Digitalzeitalters begegnet die kommerzielle Music Data Mining-Wissenschaft also Rechtsunsicherheit und der praktischen Hürde der Rechteklärung. Lautet die rechtspolitische Entscheidung, den kommerziellen Bereich weiterhin außen vor zu lassen, so wäre zumindest der Gang über Verwertungsgesellschaften sinnvoll.

Daneben sollte wissenschafts- und kulturpolitisch angestrebt werden, der Wissenschaft zumindest zu gemeinfreier Musik möglichst ungehinderten Zugang zu gewährleisten.

Literatur

Ahlberg, H., & Götting, H.-P. (Hrsg.). (2017). *Beck'scher Online-Kommentar Urheberrecht.* München (zit. BeckOK UrhR *Bearbeiter_In*).

Baker, Monya (2016). 1,500 scientists lift the lid on reproducibility. In *Nature* 533. doi: 10.1038/533452a.

Burghardt, M., Lamm, L., Lechler, D., Schneider, M., & Semmelmann, T. (2015). MusicXML Analyzer – Ein Analysewerkzeug für die computergestützte Identifikation von Melodie-Patterns. In *Conference: Hildesheimer Evaluierungs- und Retrievalworkshop 2015.*

Canaris, Afra (2012). *Melodie, Klangfarbe und Rhythmus im Urheberrecht – Der Schutz musikalischer Werke und Darbietungen.* Baden-Baden: Nomos.

Cocoru, D., & Boehm, M. (2016). An analytical review of text and data mining practices and approaches in Europe – Policy recommendations in view of the upcoming copyright legislative proposal. http://www.openforumeurope.org/wp-content/uploads/2016/05/ TDM-Paper-Diana-Cocoru-and-Mirko-Boehm.pdf. Zugegriffen: 17. April 2016.

Döhl, F. (2011). Substantially Similar? – Das Plagiat aus Sicht des Verhältnisses von Musik und Recht. In J. Bung, M.-C. Gruber, S. Kühn (Hrsg.), *Plagiate. Fälschungen, Imitate und andere Strategien aus zweiter Hand* (= Beiträge zur Rechts-, Gesellschafts- und Kulturkritik Bd. 10) (S. 201-215). Berlin: Trafo. http://www.pop-zeitschrift.de/2013/05/27/ substantially-similardas-plagiat-aus-sicht-des-verhaltnisses-von-musik-und-rechtvon-frederic-dohl27-5-2013/. Zugegriffen: 17. April 2017.

Dreier, T., & Schulze, G. (2015). *Urheberrechtsgesetz*. Kommentar. 5. Aufl. München: Beck. (zit. Dreier, Schulze, & *Bearbeiter_In*).

De la Durantaye, K. (2014). *Allgemeine Bildungs- und Wissenschaftsschranke*. Münster: MV Wissenschaft.

Frieler, K., Jakubowski, K., & Müllensiefen, D. (2015). Is it the Song and Not the Singer? Hit Song Prediction Using Structural Features of Melodies. In *Musikpsychologie. Bd. 25* (S. 41-54). Göttingen: Hogrefe Verlag.

Hillegeist, T. (2012). *Rechtliche Probleme der digitalen Langzeitarchivierung wissenschaftlicher Primärdaten*. Göttingen: Universitätsverlag Göttingen.

Hippner, H., & Rentzmann, R. (2006). Aktuelles Schlagwort Data Minig. In *Informatik Spektrum* (2006) 29. doi:10.1007/s00287-006-0091-y.

Janisch, F., & Lachenmann, M. (2013). Konvertierung von Musikvideo-Streams in Audio-dateien – Eine Analyse aus Sicht des deutschen Urheberrechts. *Multimedia und Recht (MMR)*, 213-217.

Jia-Lien H., Liu, C. C., & Chen, A. L. P. (2001). Discovering nontrivial repeating patterns in music data. In *IEEE Transactions on Multimedia, vol. 3, no. 3*. doi: 10.1109/6046.944475.

Li, T., & Li, L. (2011). Music Data Mining: An Introduction. In T. Li, M. Ogihara, & G. Tzanetakis (Hrsg.), *Music Data Mining* (S. 1-31). Florida: CRC Press.

Müllensiefen, D., & Pendzich, M. (2009). Court decisions on music plagiarism and the predictive value of similarity algorithms. In *Musicae Scientiae, Discussion Forum 4B* (S. 257-295).

Raue, B. (2016). Das Urheberrecht der digitalen Wissen(schaft)sgesellschaft. *Gewerblicher Rechtsschutz- und Urheberrecht (GRUR)*, 11-19.

Riedemann, F. (2012). Computergestützte Analyse und Hit-Songwriting. In D. Helms & T. Phleps (Hrsg.), *Black Box Pop* (S. 43-56). Bielefeld: transcript-Verlag.

Schack, H. (2016). Urheberrechtliche Schranken für Bildung und Wissenschaft. In *Zeitschrift für Urheber- und Medienrecht (ZUM)*, 266-284.

Schricker, G., & Loewenheim, U. (2010). *Urheberrecht*. Kommentar, 4. Aufl., München (zit. Schricker, Loewenheim, & *Bearbeiter_In*).

Solmecke, C., & Bärenfänger, J. (2011). Urheberrechtliche Schutzfähigkeit von Dateifragmenten – Nutzlos = Schutzlos. In *Multimedia und Recht* (S. 567-573).

Spindler, G. (2016). Text und Data Mining – urheber- und datenschutzrechtliche Fragen. In *Gewerblicher Rechtsschutz- und Urheberrecht (GRUR)*, 1112-1120.

Talke, A. (2010). Lichtbildschutz für digitale Bilder von zweidimensionalen Vorlagen. *Zeitschrift für Urheber- und Medienrecht (ZUM)*, 846-852.

Tzanetakis, G. (2011). Audio Feature Extraction. In T. Li, M. Ogihara, & G. Tzanetakis (Hrsg.), *Music Data Mining*. (S. 44-69). Florida: CRC Press.

Wandtke, A.-A. (2016). (Hrsg.), *Urheberrecht*, 5. Aufl. Berlin. (zit. Wandtke, & *Bearbeiter_in*).

Wandtke, Artur-Axel/Bullinger, Winfried (2014). *Praxiskommentar zum Urheberrecht*, 4. Aufl., München: C.H. Beck (zit. Wandtke, Bullinger, & *Bearbeiter_in*).

Blockchain als Chance der Verwertungsgesellschaften

4

Wolfgang Senges

Zusammenfassung

Im Mittelpunkt dieses praxisorientierten Beitrags steht ein erster Entwurf zur Abbildung des Blockchain-Konzepts auf die Musikwirtschaft, dem Statements aus einer Interviewstudie mit Expert_innen aus Musik, Technologie und Forschung zugrunde liegen. Aufbauend auf diesem Entwurf wird eine Folgenabschätzung für Verwertungsgesellschaften vorgenommen. Blockchain-Architekturen können die Attraktivität und Position von Verwertungsgesellschaften stärken. Eine erfolgreiche Übernahme dieser Technologien setzt jedoch eine detaillierte Evaluation von Blockchain, eine Anforderungsanalyse der Musikwirtschaft und vor allem eine Lösung des Metadaten-Problems voraus. Eine Integration des neuen Konzepts verlangt in erhöhtem Maß Koordination und Kommunikation in Form kollaborativer Ansätze, die auf Prinzipien des Transition-Management aufbauen. Eine konsequente Umsetzung mit Unterstützung der Verwertungsgesellschaften kann zur Entfaltung eines erweiterten Wertschöpfungsraums in der Musikwirtschaft führen.

Abstract

This article focuses on a first draft that maps the blockchain concept onto the music industry. Its hands-on perspective is supported by an interview study conducted with experts from the music industry, from technology, as well as from research. Based on this draft, it explores the impact for public rights organisations. blockchain architectures may strengthen the position of public rights organisations and increase their attractiveness for members. To succeed in adapting this technology, an in-depth evaluation of blockchain is necessary. Moreover, a requirements analysis of the music industry is in demand, and the

© Springer Fachmedien Wiesbaden GmbH, ein Teil von Springer Nature 2019
M. Ahlers et al. (Hrsg.), *Big Data und Musik*, Jahrbuch für Musikwirtschafts-
und Musikkulturforschung, https://doi.org/10.1007/978-3-658-21220-9_4

metadata problem has to be fixed. The integration of this new concept strongly builds on a collaborative approach comprising coordination and communication. Key to this approach are the principles of transition management. If public rights organisations support a straight implementation this may result in an expanding evolvement of content value generation in the music industry.

Schlüsselbegriffe

Blockchain, Verwertungsgesellschaften, Musikwirtschaft, Transitionsmanagement, Disruption, Folgenabschätzung, Evaluation, Metadaten, Wertschöpfung, Lizenzierung

Keywords

blockchain, public rights organisations, music industry, transition management, disruption, impact assessment, evaluation, metadata, content value, licensing

4.1 Einführung

Der um Blockchain entstandene Hype (Silver 2016, S. 9) sieht in der Blockchain-Technologie den Alleskönner, den Heiligen Gral, der nahezu alle aktuellen Gebrechen der Musikwirtschaft lindern oder gar beseitigen soll: inkorrekte Metadaten, fehlende Transparenz und ungerechte Bezahlung der Künstler_innen. Eine Vielzahl unbeantworteter Fragen führt bei Kritiker_innen dennoch zu Zweifeln, die gerade aufgrund der geringen praktischen Erfahrung der Implementation und Anwendung von Blockchain berechtigt sind.

Der Vorteil neuer, disruptiver Technologien und Konzepte ging in der Musikwirtschaft stets mit dem Nachteil der nicht vorhandenen Vorbereitung auf die Umwälzung einher (Mulligan 2015, S. 19, 60). Jetzt bietet sich die Möglichkeit, parallel zu den Projekten der Implementation den eigentlichen Umstellungsprozess zu begleiten.

Im Mittelpunkt des vorliegenden Artikels steht daher die Folgenabschätzung[1] einer potentiellen Integration des Blockchain-Konzepts in die Musikwirtschaft. Dies schließt den Umgang mit der Veränderung ein.

---

1 Die Folgenabschätzung basiert im Wesentlichen auf einer im Rahmen des Artikels durchgeführten Reihe schriftlicher Interviews mit Expert_innen aus Musikwirtschaft

Die in Folge der Implementation von Blockchain-Architekturen zu erwartenden Änderungen werden insbesondere die Geschäftsprozesse der Lizenzierung und damit die Tätigkeit der Verwertungsgesellschaften beeinflussen. Im Mittelpunkt steht daher die Beantwortung der Frage, welche Konsequenzen sich durch ein Blockchain-basiertes System für Verwertungsgesellschaften ergeben, und welche Methoden eine Planung der Umstellung ermöglichen. Angenommen wird, dass ein Blockchain-Konzept das Geschäftsmodell der Verwertungsgesellschaften aufwertet. Das Ergebnis kann in der Blockchain-Forschung der Abbildbarkeit auf andere Branchen dienen.[2]

Wie die Interviewreihe zeigt, ist ein Ziel der Forschungsarbeit im Beleg für einen Ausbau der Diskussion der Marktteilnehmer_innen zu sehen. Im Umgang mit der Veränderung stellt, wie Matthias Reinwarth (2017, Interview) betont, „der derzeitig reine Fokus auf *Proof-of-Concept*-Implementationen von Blockchain-Systemen [...] ein [...] konkretes Problem dar". Ergebnisse können erst spät geliefert werden, wenn das Interesse der Marktteilnehmer_innen abgeflaut ist. Es fehlt, so Christian Göbel (2017, Interview), Labelmanager und Head of Publishing der Motor Entertainment GmbH, eine „ergebnisoffene Diskussion, bei der Blockchain nicht zum Fetisch wird, sondern die Problemlösung im Mittelpunkt steht".

Kapitel 4.2 grenzt den Fokus auf die Zusammenhänge der Lizenzierung ein, insbesondere im Hinblick auf die Verwertungsgesellschaften. Das darauffolgende Kapitel zur Analyse beschreibt die wesentlichen Komponenten von Blockchain-Architekturen. Im Anschluss an die Projektion zeigt die Analyse die zu beachtenden Vor- und Nachteile auf. Eine Beschreibung der Anpassungen, die Voraussetzung für die Integration von Blockchain-Komponenten oder -Prozessen sind, rundet die Analyse ab. Dies stellt die Grundlage für einen möglichen Konzeptkatalog zur Abbildung auf die Musikindustrie dar. Aus der Analyse ergeben sich erste Fragen, ob und wie einzelne Komponenten und Prozesse übertragen werden können. Ziel der Analyse ist, in Abschnitt 4.5.1 Anforderungen an den Übergang vom derzeitigen zu einem Blockchain-basierten Musikmarkt formulieren zu können. Kapitel 4.7 beleuchtet mögliche Konsequenzen und insbesondere Vorteile für Verwertungsgesellschaften im Zuge der Umstellung auf eine Blockchain-basierte Architektur. Abschließend geht Kapitel 4.5 auf die Frage ein, welche Management-Ansätze

---

und Technologie. Eine Aufstellung aller befragten Personen findet sich am Ende des Artikels. Statements, die der Interviewreihe entnommen wurden, sind entsprechend gezeichnet.

2 Die *Abbildbarkeit* ist differenziert vom *Transfer* des Konzepts zu betrachten. Während die Abbildung die Verknüpfung der Schlüsselkomponenten des Blockchain-Konzepts mit zuvor identifizierten Komponenten die jeweilige Branche prüft, kann bei erfolgreicher Abbildung ein Transfer des Konzepts in der Praxis erprobt werden.

sich anbieten, um die Umwälzungen beherrschbar zu gestalten. Das besondere Augenmerk gilt solchen Ansätzen, die potentiell negative Auswirkungen auffangen.

Neben der durchgeführten Interview-Reihe liegen erste Ergebnisse der Blockchain Work Group (Senges 2016) sowie ein Positionspapier der Fraunhofer Gesellschaft vor (Schütte et al. 2017). Die Anzahl existierender Forschungsarbeiten zum Thema Blockchain als auch zu Methoden des Managements disruptiver technologischer Veränderungen ist aufgrund des jeweils jungen Forschungsstands äußerst gering. Ergebnisse vorhandener Arbeiten müssen in der Regel abstrahiert und auf die Content-Wirtschaft übertragen werden.

4.2   Die zentrale Rolle der Verwertungsgesellschaften

Wenn äußere Faktoren wie beispielsweise technologische Entwicklungen einen Wirtschaftszweig beeinflussen, führt dies zu Veränderungen von Geschäftsabläufen, zu Anpassungen der Geschäftsmodelle und ggf. zu einer Verschiebung der Rollen der Marktteilnehmer_innen. Der Einfluss der Digitalisierung, insbesondere durch die Aktivitäten von *Napster* in seiner ursprünglichen Form ab 1998 führte zu einer unumkehrbaren Veränderung des Verhaltens der Nutzenden (Mulligan 2015, S. 19). Der Widerstand gegen eine Akzeptanz der Digitalisierung durch weite Teile der Musikindustrie wich erst spät einer Anpassung. In Folge des fehlenden und vor allem nicht geschlossenen Mitwirkens aller Beteiligten der Musikwirtschaft führte dies zu Umsatzrückgang und einer zerrissenen Musikwirtschaft – ausgetragen auf dem Rücken der Kreativen.[3]

3   Napster etablierte eine digitale Plattform, die, ebenso wie andere Plattformen (*Kazaa*, *Mule* etc.), den unmittelbaren und kostenlosen Download von Inhalten ermöglichte, d. h. es flossen keine Tantiemen an Urheber_innen und andere Rechteinhaber_innen. In den folgenden Jahren entbrannte eine Auseinandersetzung auf mehreren Ebenen: Verwertungsgesellschaften missverstanden den Einsatz von Creative-Commons-Lizenzen als vor allem kostenlose Lizenzierung; Kreative, die Creative-Commons-Lizenzen nutzten, wurden von anderen Künstler_innen angegriffen (Gulli 2012). Auf politischer Ebene sahen sich insbesondere Mitglieder von Verwertungsgesellschaften ihrerseits Angriffen ausgesetzt (MusikWoche 2009). Musiknutzende waren vielfach nicht mehr zum Zahlen für Musikinhalte bereit (Mulligan 2015, S. 19), und der Marktzugang für Nicht-Mitglieder von Verwertungsgesellschaften war kaum gegeben (Senges 2010a-c). Erst mit dem Markteintritt von Apple iTunes setzte eine Marktberuhigung ein (Mulligan 2015, S. 129). Es blieben tief verwurzelte Vorbehalte gegenüber der Digitalisierung und disruptiven Technologien.

Maßnahmen, die den negativen Auswirkungen einer disruptiven wirtschaftlichen Veränderung durch externe Einflüsse entgegenwirken, setzen voraus:

- die frühzeitige Kenntnis um den bevorstehenden, einflussnehmenden Faktor
- die Analyse und Evaluation des betreffenden Faktors, insbesondere bzgl. einer Folgenabschätzung
- die aktive und gemeinsam von allen Teilnehmenden des wirtschaftlichen Ökosystems getragene Gestaltung der Projektumsetzung und des Systemwandels
- die koordinierte Arbeit auf unterschiedlichen Ebenen (z. B. Nutzende, Anbietende, Legislative)
- die Verankerung der gemeinsamen Gestaltung an einem zentralen Punkt, um Inkompatibilitäten vorzubeugen

Das Blockchain-Konzept ist der hier potentiell einflussnehmende Faktor. Der zentrale Anker der Musikwirtschaft sind die Verwertungsgesellschaften, die im Mittelpunkt der vorliegenden Forschungsarbeit stehen.[4] Aufgrund ihrer Position beeinflussen Änderungen ihrer Geschäftsprozesse das Ökosystem der Musikindustrie und der Content-Wirtschaft im Allgemeinen.[5] Zudem setzen sie die gesetzlichen Vorgaben zur Verwertung unmittelbar um. Ein Augenmerk des Artikels gilt dem Aufgabenkatalog der Verwertungsgesellschaften nach Einführung eines Blockchain-Konzepts. Ebenso relevant sind Hinweise, die auf die mögliche Notwendigkeit der Veränderung des Geschäftsmodells der Verwertungsgesellschaften hindeuten.

Der Autor geht von der These aus, dass die Verwertungsgesellschaften bei sinnvoller Planung und Gestaltung eines Marktwandels eine Stärkung erfahren können. Im Zuge einer sanften Einführung des Blockchain-Konzepts könnten Strukturen

---

4   Zu beachten ist, dass der Begriff Verwertungsgesellschaften außerhalb des Kontexts dieses Artikels offen interpretiert werden und ggf. durch den Begriff „Lizenzierende" ersetzt werden muss. Die hier beschriebene zentrale Rolle nehmen alle lizenzierenden Gesellschaften und Unternehmen ein, da sie die Schlüsselrolle für die Existenz einer Ökonomie durch die Monetarisierung (im Sinne einer Verwertung) innehaben. Daher ist ein branchenweites Konzept nur dann anwendbar, wenn die Gruppe der Verwertungsgesellschaften ergänzt wird um Rechteinhaber_innen (und Verlage), die ihre Werke selber lizenzieren, und um Lizenzierungsanbieter, die Sync-Services anbieten.

5   Als Beispiel sind die Auszahlungen von Lizenzgebühren durch die Verwertungsgesellschaften an ihre Mitglieder zu betrachten: Aufgrund der Geschäftsprozesse erfolgen Ausschüttungen an die Mitglieder frühestens nach einem Jahr. Ein Beleg für zu *erwartende* Ausschüttungen existiert nicht, sodass der Beweis der Kreditwürdigkeit erschwert wird. Bereits quartalsweise aktualisierte und bestätigte Kontostände der Verwertungsgesellschaften würden Abhilfe schaffen.

verbessert werden. Zu beachten bleibt, dass das positive Ergebnis des Wandels prinzipiell unabhängig ist von der einflussnehmenden Technologie.

4.3   Analyse

4.3.1   Grundlagen des Blockchain-Konzepts

Detaillierte, technische Informationen der Grundlagen der Blockchain-Forschung sowie der Funktionsweise von Blockchain-Architekturen können dem Positionspapier des Fraunhofer Instituts entnommen werden (Schütte et al. 2007). Dort werden ebenso derzeit bekannte Bedenken beschrieben. Die Zusammenfassung innerhalb der beiden folgenden Abschnitte dient in Kapitel 4.3.2 als roter Faden für die Abbildung des Blockchain-Konzepts auf die Musikindustrie. Gleichzeitig geht Kapitel 4.3.2 auf die spezifischen Unklarheiten und Bedenken im Kontext der Anwendung von Blockchain innerhalb der Musikwirtschaft und insbesondere in Bezug auf Verwertungsgesellschaften ein. Kapitel 4.3.1 beschränkt sich auf eine neutrale Beschreibung des Blockchain-Konzepts. In der vorliegenden Arbeit werden in der Regel die Begriffe *Blockchain-Konzept* oder *Blockchain-Architektur* verwendet, denn der Begriff der *Blockchain-Technologie* ist irreführend. Der Einsatz einer Blockchain-Architektur fußt auf mehreren Komponenten, die im Einzelnen nicht neu sind, im Gesamtkonstrukt aber erst die spezifischen Eigenschaften und Arbeitsabläufe aufweisen, die eine Blockchain von anderen Ansätzen unterscheiden. Bei der Betrachtung des Blockchain-Konzepts unterscheidet der Beitrag *Komponenten* als Grundlage der Architektur von *Prozessen*, die innerhalb eines aktiven Systems durchlaufen werden.

4.3.1.1   Architekturkomponenten

Datenbankstruktur

In einer Blockchain werden Daten in einer einzelnen und umfangreichen Datei ohne Verwendung von Tabellen hinterlegt – im Gegensatz zur Mehrzahl der Datenbankmodelle, die eine Vielzahl von Tabellen in verteilten Dateien verwenden. Neue Daten werden in Form von Blöcken an die bestehende Struktur angehängt. So entsteht eine Kette von Blöcken, eine *Blockchain*. Jeder Block trägt einen eindeutigen Zeitstempel.

Netzwerk

Blockchain-Architekturen verwenden *Peer-to-Peer*-Netzwerke (P2P) als Organisationsstruktur. Alle Teilnehmenden (*Peers*) im Netzwerk sind insofern identisch ausgelegt, dass jede_r Teilnehmende die gleichen Dienste anbieten kann; anders als in einem Netzwerk, dessen Teilnehmende Client oder Server sein können. Darüber hinaus verfügt jede_r Netzteilnehmende innerhalb eines Blockchain-Netzwerks über eine Blockchain-Datenbank, die mit der Datenbank der übrigen Netzteilnehmenden identisch ist.[6] Alle Daten sind somit redundant bei allen Teilnehmenden verfügbar. *Peer-to-Peer*-Netzwerke verfügen über eine dezentrale und verteilte Struktur. Möglich sind daneben auch Mischmodelle (vgl. Abbildung 4.2).

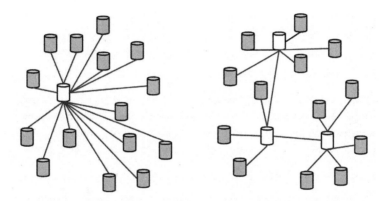

Abb. 4.1 Standard-Netzwerke, die weder dem Blockchain, noch dem P2P-Konzept folgen. Links: zentralisiertes Netzwerk; rechts: dezentrales Netzwerk. Die Datenbanken folgen in beiden Netzwerken keinem einheitlichen Modell. (Eigene Darstellung).

---

6 Es existieren Blockchain-Varianten, in denen die Blockchain aufgeteilt, d. h. nicht auf jedem Netzrechner vorhanden ist. Im Folgenden wird jedoch der allgemeine Fall angenommen.

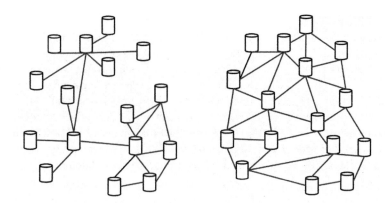

Abb. 4.2 Netzwerk gemäß Blockchain-Konzept. Links: Mischmodell eines P2P-Netzwerks mit dezentralen Teilnetzwerken und einem verteilten P2P-Netzwerk. Rechts: Verteiltes P2P-Netzwerk. (Eigene Darstellung).

Mischmodelle sind für solche Blockchain-Architekturen relevant, die gleichzeitig offene und geschlossene Blockchains (*permissionless* vs. *permissioned*)[7] innerhalb eines Systems abbilden. Zugriffsrechte sind abhängig vom gewählten Typ der Blockchain und können für geschlossene Blockchains im Netzwerk angepasst werden.

Blockchain

Eine Blockchain als Basiselement der Gesamtarchitektur kann aus mehreren *Ledgers* (Registern) zusammengesetzt sein. Es ist möglich, Inhalte mit deskriptiven Metadaten zu verknüpfen sowie mit so genannten *Smart Contracts*.

Smart Contracts

Smart Contracts gehen über Metadaten hinaus. Ähnlich wie in einigen Programmiersprachen (Prolog, LISP) unterscheidet man bei den Metadaten zwischen Fakten einerseits und Regeln andererseits. Smart Contracts ergänzen die deskriptiven Metadaten um einen Regelsatz, der bestimmt, wie die mit ihnen verknüpften Daten

---

7 Blockchain-Netzwerke vom Typ *permissionless* (offen) gewähren in der Regel allen Teilnehmenden schreibenden und lesenden Zugang zur Blockchain. *Permissioned* (geschlossene) Blockchains werden bevorzugt, wenn innerhalb eines Teilnetzwerks Daten vor dem Zugriff anderer Teilnehmenden eines übergeordneten Netzwerks geschützt werden sollen.

verwendet werden. Die Korrektheit der Smart Contracts ist für die Nutzung ebenso wesentlich wie die Präzision von herkömmlichen Verträgen. Smart Contracts werden automatisiert und autonom ausgeführt.

4.3.1.2 Prozesse

Die Verarbeitungsprozesse innerhalb einer Blockchain-Architektur verlangen nach weiteren infrastrukturellen Voraussetzungen. Wie diese umgesetzt werden können oder müssen, hängt vom anwendungsspezifischen Kontext ab. Grob umrissen, vollzieht sich die Datenverarbeitung in Blockchain-Architekturen, wie in Abbildung 4.3 dargestellt, in vier Schritten.

Abb. 4.3 Datenverarbeitung in der Blockchain. (Eigene Darstellung).

Die Bearbeitung der Daten hängt von weiteren Teilprozessen ab, die im Folgenden beschrieben werden.

Identifikation

Jede_r Teilnehmende im Netzwerk identifiziert sich bei der Ausübung jeder Funktion eindeutig.

Authentifizierung

Die Authentizität von Daten muss differenziert neben ihrer Korrektheit betrachtet werden. Der Unterschied zwischen Authentizität und Korrektheit liegt in der Betrachtung der Relation der Daten zur Quelle sowie der dateninternen Relationen.[8]

---

8 Ein Dokument ist von authentischer Herkunft, wenn seine Quelle eindeutig identifiziert wird. Dennoch ist dies kein Beleg für seine Korrektheit, denn eine scheinbar korrekte Überschrift kann einen fehlerhaften oder falschen Text beinhalten.

Einpflegen von Daten

Jede_r Teilnehmende kann Einträge in einem Datenblock vornehmen. Ausnahmen entstehen nur durch Einschränkungen in einem *permission-only* Netzwerk. Bevor ein neuer Datenblock in der Blockchain verankert wird, erfolgt die Verschlüsselung des Datenblocks.

Kryptographie

Neue Datenblöcke werden mit kryptographischen Verfahren verschlüsselt, die nach heutigem Stand zwar als sicher gelten, diesen Status zukünftig voraussichtlich aber nicht aufrechterhalten können (Schütte et al. 2017, S. 11f.).

Datenprüfung

Die Datenqualität wird bei herkömmlichen Datenbanken und Netzwerken durch die Datenquelle und eine einzelne dritte Instanz geprüft, bspw. den Server der Bank, die eine Transaktion ausführt. Das Blockchain-Konzept dagegen nutzt die Schwarmintelligenz vieler Netzteilnehmenden und erlaubt einen *crowdsourced proof* durch Konsensbildung.

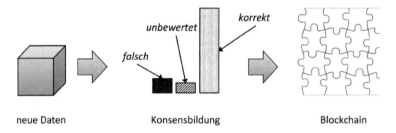

Abb. 4.4 Darstellung der Datenprüfung mittels Konsensbildung. (Eigene Darstellung; Quelle Puzzle-Muster: arpop, 2009, 4" x 6" Puzzle Template[9]).

Daten-Update

Bestätigt die Mehrheit der Teilnehmenden die Korrektheit eines Dateneintrags, wird er an die übrigen Instanzen der Datenbank im Netzwerk propagiert.

---

9   Verfügbar unter http://fssp-arpop.blogspot.de/2009/11/jigsaw-puzzle-templates.html. Zugegriffen: 05. Juli 2017.

Immutabilität

Die Eigenschaft der Unveränderlichkeit[10] (*Immutabilität*) einer Blockchain ergibt sich aus ihrer Struktur. Neben der starken Verschlüsselung ist jeder Datenblock aufgrund seiner *Hash*-Werte mit dem vorhergehenden und dem folgenden Block verknüpft. Manipulationen eines Blocks führen zur Veränderung des *Hash*-Codes und brechen die geschlossene Abfolge.

Automatisierte Abwicklung der Smart Contracts

Die Zugriffe auf und die Verwendung von Daten werden gesteuert von den Regelsätzen der Smart Contracts.

Transaktionen & Prozesse

Auf Basis der Smart Contracts und der verfügbaren Funktionen werden Prozesse wie z. B. Transaktionen ausgelöst. Die Verfügbarkeit einzelner Funktionen und die Art der Prozesse sind abhängig von Zugriffsrechten und dem Anwendungskontext der Blockchain-Architektur.

4.3.2 Betrachtung der Übertragung auf das Lizenzgeschäft

Die meisten der unten angeführten Optionen einer Übertragung des Blockchain-Konzepts auf die Musikwirtschaft können zum Zeitpunkt des Verfassens des Artikels und im vorliegenden Rahmen weder empirisch belegt noch im Detail ausgearbeitet werden. Wenn jedoch ein erster Diskussionsansatz und eine Perspektive auf einen Ausschnitt des zu erforschenden Potentials benötigt werden, so bieten sich hier Ausgangspunkte.

Mat Dryhurst (unabhängiger Künstler).

> […] at this point so little money is being transacted within the independent musical industry around releases […] I believe there is a lot of room for experimentation and research, and would potentially be a lot of goodwill from artists, labels and audiences around trying out a new model. […] Blockchain technology could represent a renaissance of the concept of independence in music. (Dryhurst 2017, Interview)

---

10 Anders als herkömmliche Datenbankstrukturen sind die Ketten der Blockchain-Architekturen in der Regel nicht veränderbar. Daraus folgt, dass sie nicht korrumpierbar und somit insbesondere für kritische Anwendungen geeignet sind.

Im Folgenden wird eine branchenweite Einführung von Blockchain oder die Adaption für Teile der Musikwirtschaft, z. B. in der Lizenzierung angenommen. Alternativ ist denkbar, dass sich Insellösungen in einzelnen Unternehmen entwickeln. Der letztgenannte Ansatz wird in der vorliegenden Arbeit nicht weiter verfolgt. Die Projektion des Konzepts auf die Infrastruktur der Musikwirtschaft erlaubt einen ersten Eindruck der resultierenden Vorteile, Bedenken, Anforderungen und Folgen bei Einführung einer Blockchain-Architektur. Auf Basis des Entwurfs ist später zu beurteilen, welcher Ansatz geeignet wäre, um die Musikindustrie von der derzeitigen Konfiguration in eine Blockchain-gestützte Konfiguration zu überführen.

4.3.2.1 Übertragung der Architekturkomponenten

Datenbankstruktur

Konzept: Beteiligt sind mehrere bis hin zu einer Vielzahl unterschiedlichster Unternehmen und Organisationen – u. a. Verwertungsgesellschaften, Verlage, Labels, Distributoren digitaler und physischer Medien, Hersteller von Instrumenten und Musikproduktions-Hardware sowie -Software. Beschränkt man die Perspektive auf Aspekte der Lizenzierung, verwenden die involvierten *Stakeholder* derzeit Datenbanken, die sich hinsichtlich ihres Modells, ihres Datensatzes und ihrer Schnittstellen unterscheiden. Ein entsprechendes Blockchain-Konzept reduziert sämtliche Datenbanken auf eine einzige, die in einer Vielzahl von Instanzen verfügbar ist.

Vorteile: Bei Verwendung eines identischen Datenbankmodells entfällt die Notwendigkeit, eine Vielzahl von Schnittstellen zu entwickeln und zu pflegen. Auch die Kosten der Entwicklung von Insellösungen entfallen. Die sich akkumulierenden Kosten aller Akteur_innen, die letztendlich zu Lasten der Tantiemen gehen, werden reduziert.

Nachteile: Der Verwaltungsaufwand, einen Konsens bzgl. des Datenbankmodells zu erzielen, ist hoch und verlangt Kompromissfähigkeit, denn die Anforderungen der individuellen Marktteilnehmer_innen weichen aus Sicht der Einzelnen stark voneinander ab. Eng damit zusammen hängt der von mehreren Gesprächsteilnehmer_innen angeführte Umstand, dass Unternehmen der traditionellen Musikwirtschaft einen Kontrollverlust über ihre Daten und die Weitergabe an Unternehmen wie Google oder Spotify fürchten. In der Praxis sehen sich die Beteiligten zudem vor der Herausforderung, ihre bestehenden Kataloge in ein neues Modell zu überführen. Abweichende und sich überschneidende Migrationen in Unternehmen, deren Arbeitsabläufe eng verknüpft sind, erhöhen das Risiko von fehlerhaften Prozessen. Dies gilt umso mehr, da sich das Gesamtsystem in einem potentiell labilen Status befindet. Vor dem Hintergrund exponentiell ansteigender

Datenmengen ist dies ein klarer Nachteil, der jedoch nur einmalig innerhalb eines abgegrenzten Zeitrahmens erforderlich ist.

Bedenklicher ist, dass bei operativem Status des neuen Systems Fehler oder Verbesserungen der Datenbankarchitektur kaum in allen identischen Instanzen (bei allen Unternehmen und Organisationen) gleichzeitig behoben werden können. Mehr als das: Sollten Sicherheitslücken allgemein bekannt sein, erlaubt dies koordinierte, gleichzeitige Angriffe auf alle Unternehmen.

Grundsätzliche Anforderungen:
- Konsensfähigkeit der Teilnehmenden
- eine Strategie zur schrittweisen Einführung des neuen Modells ohne Einschränkung des Tagesgeschäfts
- eine abgestimmte Strategie aller Teilnehmenden, um Kollisionen zu vermeiden
- Strategien zur Absicherung gegenüber Angriffen und zum koordinierten Update

Netzwerk

Konzept: Würde das Konzept des P2P-Netzwerks konsequent für die Lizenzierungswirtschaft umgesetzt, wären die Systemknoten *Verwertungsgesellschaft, Verlag, Label* etc. mit identischen Eigenschaften ausgestattet. Aus dem für das ursprüngliche P2P-Modell beschriebenen Charakter, dass jeder Teilnehmerknoten gleichzeitig die Rolle von Server und Client übernehmen kann, folgt so analog für die Musikwirtschaft, dass jede_r Teilnehmende multifunktional agieren kann.

Zwar verschwimmen die Rollen der Akteur_innen, im Wesentlichen übt jede_r Akteur_in jedoch spezifische und individuelle Funktionen aus. Vielfalt und Abgrenzung ermöglichen Balance und gegenseitige Kontrolle innerhalb der Musikwirtschaft. Sinnvoller erscheint daher eine Annäherung an ein Konzept durch ein dezentrales und distribuiertes P2P-Netzwerk der Musikwirtschaft, dessen Knoten wiederum eigene P2P-Netzwerke darstellen. Abhängig vom Bedarf können einzelne (Teil-) Netzwerke zugriffsbeschränkt für externe Teilnehmer_innen gestaltet werden.

Vorteile: Ein herausragender Vorteil eines Netzwerkes, in dem jede_r Teilnehmende über eine identische Datenbank verfügt, ist die Redundanz der Daten und die daraus folgende Sicherheit bei Ausfällen. Ein P2P-Netz, das eine individuelle Gestaltung der Teilnetze zulässt, erlaubt darüber hinaus die zuvor angesprochene Abbildung unscharfer oder sich verändernder Profile einzelner Teilnehmender. Je mehr eine Zentralisierung zugunsten eines distribuierten Charakters vermieden wird und je engmaschiger das Netzwerk gestaltet ist, desto kürzer sind Transaktions- und Kommunikationswege.

Die von allen Teilnehmenden geteilte Datenstruktur weist innerhalb des P2P-Netzwerks einen weiteren Vorteil auf. Mit den Daten verknüpfte Funktionen sind in ihrem Ablauf ähnlich oder identisch, werden derzeit aber von unterschiedlichen Akteur_innen in verschiedenen Varianten eingesetzt: Lizenzierung, Administration, Ausschüttung, Tantiemen-Splitting u. a. Eine gemeinsame Entwicklung datennaher Funktionen und eine netzweite Implementation in allen Knoten würden Entwicklungskosten sparen, den Zugriff darauf verkürzen und die Transparenz hinsichtlich der Basisfunktionalität der Musikwirtschaft erhöhen.

Nachteile: Jede_r Teilnehmende im Netzwerk verzichtet auf seine Datenhoheit und legt auch teils sensible Daten gegenüber anderen Teilnehmenden offen. Dieser Nachteil kann insofern eingeschränkt werden, dass eine Struktur von Teilnetzwerken und auch die Struktur der Blockchain alternative, limitierende Optionen bieten. Es ist aber stets abzuwägen, ob eine Fragmentierung des Netzwerks sinnvoll ist, da sie wesentliche Vorteile des P2P-Konzepts rückgängig macht.

Christian Göbel (2017, Interview) weist im Kontext dezentraler Netzwerke auf die Folgen eines Identitäts- oder Copyright-Diebstahls hin. Der Einfluss der Dezentralität ist jedoch vor allem abhängig vom Konzept-Design, das auch zentralisierte Teilnetzwerke zulässt. Abschnitt 4.3.2.2 verweist zudem auf die Relevanz der Identität datenprüfender Instanzen. Dies ersetzt nicht die Notwendigkeit eines Sicherheitskonzepts.

Grundsätzliche Anforderungen:
- übergreifende Abstimmung mit den übrigen Teilnehmenden im Netz
- klare Definition der eigenen Rolle
- weitgehende Auflösung zentraler Strukturen
- Anpassung bisheriger Geschäftsabläufe an effiziente Automatisierung
- Bereitschaft zur (nicht ausschließlich) transparenten Darstellung von Daten und Prozessen

Blockchain

Konzept: Geht man davon aus, dass die Struktur der Metadaten geklärt ist, ist eine wesentliche Entscheidung zu treffen: Werden bzw. können die Inhalte (Audio-Dateien) innerhalb der Blockchain gespeichert werden, oder erfolgt die Speicherung extern?

Theoretisch existieren Ansätze, die eine Speicherung aller bisherigen und zukünftigen Musikwerke innerhalb einer Blockchain ermöglichen – unabhängig von ihrem Audioformat (Senges 2016, S. 5; McConaghy et al. 2016). Eine Alternative bieten *Hashes* in der Blockchain, die auf die extern gelagerten Inhalte verweisen.

Wie später gezeigt wird, bietet ein Konzept, das die Entstehung und Entwicklung von Musikwerken in den Vordergrund stellt, entscheidende Vorteile. Hierbei würden Notizen, Sounds, Stems, Spuren und weiteres Material bis hin zu Remixes und Samples eine Versionierung des Werks unterstützen.

Vorteile: Ist ein Werk unmittelbar und vollständig in der nach heutigen Maßstäben unveränderbaren Blockchain gespeichert, ist der *digitale* Schutz des Werks hoch. Der Zugriff über *Hashes* auf die extern gelagerten Audio-Files ermöglicht dagegen eine effiziente Arbeit mit einer weniger schwerfälligen Blockchain.

Die Idee, die hierarchische Verwandtschaft und Herkunft von Musikwerken abzubilden, wird von Alan Graham (Co-Founder, OCL) und Rupert Hine (Musikproduzent und Co-Founder, OCL) eingesetzt als Konzept ihres Services *Totem* (früher: *OneClickLicense*, OCL) zur anteiligen Zahlung von Lizenzgebühren bei der Produktion von *User Generated Content* (UGC). Denkbar ist auch der Einsatz in der Musikproduktion. Von Benji Rogers bei Vorträgen mehrfach angesprochen, könnten Geräte der Musikproduktion einen Export in die Blockchain ermöglichen[11] – vergleichbar mit den Tags, die in MP3-Dateien enthalten sind. Die Dokumentation der Entstehungsgeschichte eines Musikwerks tritt insbesondere dann in den Vordergrund, wenn juristisch die Autorenschaft belegt werden muss.

Nachteile: Die Entscheidung hinsichtlich des Orts der Speicherung der Audio-Dateien birgt in beiden Fällen Nachteile. Die Systemarchitektur muss hochskalierbar sein, um die exponentiell anwachsende Masse der Dateien bewältigen zu können. Bettina Schasse de Araujo (2017, Interview), Innovationsstrategien & Community Manager am Kompetenzzentrum Intelligente Dienstleistungssysteme des Instituts für Angewandte Informatik e. V., bezweifelt die Abbildbarkeit der Vielschichtigkeit der Metadaten: Vielzahl und Vielschichtigkeit der Metadaten bei zudem vergleichsweise umfangreichen Audio- und Video-Dateien innerhalb der Blockchain lassen auf erhebliche Reaktionszeiten schließen.

Die externe Speicherung dagegen gefährdet die Inhalte nicht nur aufgrund der entfallenden Unveränderbarkeit der Blockchain. Möchte ein Teilnehmer auf die Inhalte zugreifen, geschieht dies über die Blockchain und den *Hash* als Verweis auf den Inhalt. Der *Hash* muss den Teilnehmenden kommuniziert werden, wird außerhalb der Blockchain jedoch nicht geschützt. In Folge dessen kann der *Hash* von Angreifenden ausgelesen werden, die somit Zugriff auf die Werke erhalten (siehe Abschnitt 4.3.2.2).

Auch die Versionierung bzw. Verknüpfung des Materials eines Werks ist nicht uneingeschränkt als positiv zu bewerten. Lücken der Dokumentation treten auf, wenn der kreative Prozess *analog* bleibt. Schwerwiegender aber ist ein anderer

---

11 Bei Vorträgen und Diskussionsrunden anlässlich der c/o pop Convention in Köln im August 2016 und während der Reeperbahn Festival Konferenz im September 2016 hat Benji Rogers die Möglichkeit eines solchen Exports beschrieben.

Umstand. Je umfassender die Dokumentation der Historie eines Werks betrieben wird, desto näher rückt das Konzept in Richtung dessen, was in den Neunzigern als *Digital Rights Management* eingeführt wurde. Ein deutlich positiveres Bild wäre das Angebot einer Option zur freiwilligen und privaten Dokumentation eigener Werke.

Grundsätzliche Anforderungen:
- Evaluation und Nachweis für eine auch zukünftig hochskalierbare Datenbanktechnologie
- alternativ: Forschung zur Machbarkeit einer sicheren Verwendung von *Hashes*
- Entwurf eines Konzepts zur Dokumentation der Werkhistorie bei einer Balance von gleichzeitig maximaler Sicherung der Privatsphäre und maximaler Vollständigkeit

Smart Contracts

Konzept: Smart Contracts stellen für die Musikwirtschaft in weiten Teilen Neuland dar. Es handelt sich um Verträge (Regelwerke), die als Programmcode implementiert werden. Beim Entwurf eines Konzepts kann die langjährige Erfahrung von *Creative Commons* bei der internationalen Umsetzung von Verträgen auf juristischer und codierter Ebene hilfreich sein. Um die Möglichkeiten von Blockchain-Architekturen weiter auszunutzen, könnten Lizenzierungsplattformen auf Standardverträgen aufsetzen und Raum für individuelle Ergänzungen lassen. Dies entspräche einer 1:1-Übertragung herkömmlicher Verträge auf die Ebene der codierten Verträge.

Vorteile: Wie bei herkömmlichen Verträgen können Grundlagen der Smart Contracts durch einheitliche Muster abgedeckt werden. Individuelle Ergänzungen sind in nahezu jedem Fall notwendig – bei heutigen Vertragsabschlüssen wie auch bei Smart Contracts. Das eigentliche Augenmerk von Urheber_innen gilt vermutlich der Einschränkung des Verwendungszwecks, bzw. genauer: der Lizenznehmenden. Obwohl Smart Contracts diese Option theoretisch unabhängig für jedes einzelne Werk bieten, gestaltet sich die Realität komplexer, wie weiter unten erläutert wird.

Nachteile: Während der Einführungsphase entsteht ein praktischer Aufwand der Überführung von herkömmlichen Verträgen zu Smart Contracts. In der Praxis wären alle Teilnehmenden wie bspw. Verwertungsgesellschaften, Labels und Verlage gezwungen, die Verträge mit allen Kreativen nicht nur umschreiben zu lassen, sondern zu erneuern. Der Aufwand an Zeit und Kosten wäre erheblich. Wenn Standardverträge formuliert werden, ist im ersten Schritt eine erneute Vereinbarung aller Teilnehmenden im Netzwerk notwendig, die als Grundlage für die Form der kommenden Verträge dient. Zudem bergen Lücken innerhalb von Smart Contracts größere Risiken als innerhalb regulärer Verträge. Aufgrund ihrer automatisierten Abarbeitung werden sie nicht auf Plausibilität geprüft.

Der Vorteil individueller Ergänzungen wiederum verleitet zu vermeintlicher Freiheit. Sollte es Mitgliedern von Verwertungsgesellschaften möglich sein, Ergänzungen vorzunehmen, muss die Ergänzung gegen die Bedingungen der Verwertungsgesellschaft und den gesetzlichen Rahmen, an den sie gebunden ist, geprüft werden. Ausnahmen der Lizenzierung sind bspw. aufgrund des doppelten Kontrahierungszwangs der Verwertungsgesellschaften nicht kompatibel. Bedenklich ist, dass gerade die vermeintliche Freiheit, die eine Blockchain für unabhängige Kunstschaffende scheinbar gewährt, zu Austritten aus ihrer Verwertungsgesellschaft führen kann.

Vor allen anderen Nachteilen steht aber die Frage, ob tatsächlich alle Konditionen eines herkömmlichen Vertrags innerhalb eines Smart Contracts abgebildet und abgearbeitet werden können. Diese Frage ist erst dann zu beantworten, wenn geklärt ist, wer in der Musikwirtschaft die Rolle der *Miner* und Prüfer übernehmen kann[12] und wie die Daten geprüft werden. Schließlich muss in Frage gestellt werden, wie hoch der Transparenzgewinn für den Rechteinhaber ist, wenn ein Vertrag statt in juristischer Fachsprache in Programmcode verfasst ist.

Grundsätzliche Anforderungen:
- spezialisierte Juristen
- Machbarkeitsstudien zur Übertragung von Verträgen
- Festlegen eines Standardvorgehens zur Abbildung von herkömmlichen Verträge auf Smart Contracts
- Aufwand der Überführung der Verträge
- Individuelle Verträge müssen auf Inkompatibilitäten und Rechtskonformität geprüft werden.

4.3.2.2 Übertragung der Prozesse

Identifikation

Konzept: Der Ausgangspunkt jeder Aktion im Netzwerk ist die eindeutige und überprüfte Identität aller beteiligten Teilnehmenden. Ein Mindestmaß an Sicherheit erfordert die Kombination mehrerer Sicherheitstests, vergleichbar mit der Zweifaktor-Identifizierung (Rogers 2016). Eine Alternative ist die Ergänzung des Netzwerks um ein Register der Identitäten der Teilnehmenden, ggf. in einer zusätzlichen Blockchain (Music Business Worldwide 2016). Dies erlaubt eine einmalige Anmeldung und die Identifizierung eines Teilnehmenden auf Basis der Bestätigung durch viele Teilnehmende.

---

12 Siehe hierzu auch innerhalb Abschnitt 4.3.2.2 die Ausführungen zur Datenprüfung.

Vorteile: Jede Registrierung, die nur *eine* Anmeldung für das gesamte Netz erfordert, ist ein Vorteil gegenüber einer Vielzahl von Passwörtern, die aufgrund ihrer hohen Anzahl die Wahrscheinlichkeit erhöhen, dass eines darunter Ziel eines erfolgreichen Angriffs wird.

Nachteile: Ein zentraler Account widerspricht in seinem Charakter dem Prinzip eines P2P-Netzes. Der Account wird zum einzigen Angriffspunkt auf eine Identität und sollte daher um so besser geschützt sein – sonst wird der Vorteil zum Schwachpunkt.

Peter Harris, Gründer des Blockchain-basierten Streaming-Dienstes *Resonate*, beschreibt die Frage des Identitätsmanagements als eine der größten Herausforderungen in der Blockchain-Entwicklung:

> Given that something near 25 % of the Bitcoin blockchain has been rendered useless due to improper key management, having any kind of decentralized technology without an incredibly user-friendly method of dealing with these problems will likely result in failure. (Harris 2017, Interview)

Er schlägt daher an gleicher Stelle die gleichzeitige Evaluation einer dezentralisierten (*crowd proof*) sowie einer zentralisierten Autoritätsinstanz (z. B. Verwertungsgesellschaften) vor.

Grundsätzliche Anforderungen:
- Koordination mit dem gesamten Netzwerk
- hohe Anforderung an Eindeutigkeit und Echtheit der Identität
- klares und fälschungssicheres Konzept zur Vermeidung von Phishing und Identitätsübernahme
- branchenweite Einführung

Authentifizierung

Konzept: Die zweite elementare Entität neben der beteiligten juristischen oder natürlichen Person ist das Werk. Stephan Benn (2017, Interview), Rechtsanwalt, merkt an, dass „(Teil-)Daten von einem verifizierten Lieferanten stammen müssen" und das Rechtemanagement zum Einpflegen, Editieren und Ergänzen von Daten innerhalb eines gemeinsamen Systems eines Regelwerks bedarf. Um zu vermeiden, dass Werke *umetikettiert* oder von anderen Personen als den Rechteinhaber_innen beansprucht werden, muss die Identität des Werks mit Bezug zur Komponistin bzw. zum Komponisten sichergestellt werden. Wird im Rahmen des minimal notwendigen Datensatzes bei Werksveröffentlichung neben de_r/m Komponist_in/en, dem *Hash*-Wert der Inhaltsdatei auch eine ID-Kennung der Werkshistorie beigefügt, ist die Zuordnung *eineindeutig*.[13] Die Werkshistorie sollte jedoch aufgrund der Privatsphäre nur einem eingeschränkten Kreis an Teilnehmenden zugänglich sein.

Vorteile: Bei Freigabe eines Werks müssen *Hash*-Wert (für den Inhalt), ID der Historie (für die Herkunft) und Erlaubnis de_r/s Rechteinhaber_in/s übereinstimmen. Die korrekte Zuordnung von Lizenzgebühren wird dadurch verbessert.

Nachteile: Wieder muss darauf hingewiesen werden, dass der Grad der Sicherheit insbesondere mit Blick auf die Zukunft noch unklar ist. Momentane Blockchain-Anwendungen mögen ausreichend sicher sein – doch theoretisch ist ein erfolgreiches Angriffsszenario denkbar. Bezüglich der Überprüfung eingestellter Daten eines neuen Werks zählen solche zentralen Daten des Werks zu den sensiblen Daten, deren Korrektheit nur von wenigen Teilnehmenden des Netzwerks überprüft werden kann. Steffen Holly (2017, Interview)[14] sieht in der Authentifizierung eine wesentliche Herausforderung des Blockchain-Konzepts, beurteilt eine Lösung auf Basis von Prozessketten aber als möglich.

Grundsätzliche Anforderungen:
- Als zentrale Eigenschaft muss die Authentifizierung unter Einbeziehung aller Teilnehmenden einschließlich Creative Commons bis ins Detail getestet werden.
- Es erfordert eine neutrale Basis als Grundlagenarchitektur, d. h. die Architektur darf weder spezifisch für Mitglieder einer Verwertungsgesellschaft noch mit Fokus auf Nicht-Mitglieder entworfen werden.

Einpflegen von Daten

Konzept: Das Eintragen von Daten sollte prinzipiell allen Teilnehmenden möglich sein. Die Einschränkung liegt darin, dass nur ein_e identifizierte_r (Mit-)Eigentümer_in oder von ihm beauftragte, identifizierte Teilnehmende die Daten des Eigentümers bzw. der Eigentümerin hinzufügen können. Das Grundkonzept legt fest, welche Teilnehmergruppen des Netzwerks zum Hinzufügen welcher Daten berechtigt sind. Alle Daten müssen von einer Mindestzahl weiterer Teilnehmenden einsehbar oder zumindest per *Hash* oder ähnlicher Methoden überprüfbar sein.

Komponist_innen wären in der Lage, essentielle Informationen (Komponist_innen Titel) beizusteuern, oder diese Aufgabe an Management, Label und Verlag zu

---

13 Der mathematisch Begriff *eineindeutig* besagt, dass nur genau eine Zuordnung existieren darf. Keine_r/m Urheber_in gleichen Namens aber unterschiedlicher Identität darf der gleiche *Hash* sowie die gleiche Werkhistorie zugeordnet werden.

14 Head of Media Management & Delivery, Fraunhofer Institut für Digitale Medientechnologie IMDT.

übertragen. Diese Teilnehmenden sowie Verwertungsgesellschaften könnten an der Überprüfung beteiligt sein.

Stephan Benn (2017, Interview) verweist auf „die Auswirkung [der Eingabe] eines falschen Datensatzes" und betont, dass „nur demjenigen, der die Zuverlässigkeit der von ihm eingepflegten Daten garantieren kann, der uneingeschränkte Zugang zu dem Datenbanksystem gewährt werden" kann.

Vorteile: Jede_r Teilnehmende steuert ausschließlich die Daten bei, die in ihrem bzw. seinem Zuständigkeitsbereich liegen. Andererseits werden alle Daten geprüft, sind aber nur genau ein Mal existent – fehlerhafte Varianten in der Schreibweise des Namens einer Person können nahezu eliminiert werden durch Abgleich mit den Stammdaten der identifizierten Teilnehmenden. Der Zugang ist für unabhängige Künstler_innen ohne Mitgliedschaft in einer Verwertungsgesellschaft und ohne Label-Zugehörigkeit ebenso verfügbar wie für andere. Im Gegensatz zur gescheiterten *Global Repertoire Database* (GRD) (Cooke 2014) muss ein Blockchain-basiertes System für alle Marktteilnehmer_innen offen sein. Vorrangiger Vorteil ist die Fälschungssicherheit sowie die Prävention von nicht lizenzierter Datennutzung durch Dritte mittels Aneignung einer fremden Identität.

Nachteile: Die Zuweisung der Rollen und der damit verbundenen Rechte ist komplex. Zuständigkeiten, die zuvor hausintern geregelt wurden, erfordern nun eine (einmalige) branchenweite Koordination und eine digitale Abbildung des Rechtekatalogs. Ergänzt wird dies um die Planung eines Meta-Levels derjenigen Teilnehmer_innen, die Daten überprüfen. Für Künstler_innen, die von Verwertungsgesellschaften, Verlagen und Labels unabhängig sind, bleibt der Aufwand, Geschäftsprozesse selber zu übernehmen. Durch die möglicherweise notwendige Prüfung von Daten, die eigene Werke betreffen, könnte der Aufwand sogar ansteigen.

Grundsätzliche Anforderungen:
- Entwurf einer koordinierten und maximal transparenten Rechteverwaltung
- Mehrschichtenmodell hinsichtlich der Akteur_innen, die Datenergänzung und Datenüberprüfung durchführen, wobei die Verantwortung nach innen zunimmt

Kryptographie

Konzept: Alle Daten innerhalb der Blockchain sind entsprechend des Block-chain-Konzepts verschlüsselt. Neben extern gelagerten Daten verlangt jedoch insbesondere die Kommunikation innerhalb des Systems (P2P-Netzwerks) ein erweitertes Konzept zur vollständigen Verschlüsselung. Die Diskussion um die Sicherheit eines Systems, das mindestens Teile eines Marktes umfasst, muss zwangsläufig die Verschlüsselung der Kommunikation einschließen, wenn Schwachstellen weitgehend ausgeschlossen werden sollen.

Vorteile: Die Kryptographie innerhalb der Blockchain verschafft der Musikwirtschaft vorläufig eine größere Sicherheit. Das setzt allerdings voraus, dass keine Daten zur Bearbeitung weitergereicht werden, sondern der Zugriff ausschließlich innerhalb des Netzwerks erfolgt. Dann ist der Zugriff auf die gespeicherten digitalen Daten nur bei Einverständnis der Rechteinhaber_innen möglich. Eine zusätzliche Verschlüsselung der Kommunikation beugt Angriffen von außen vor. Vertrauliche Informationen können trotz der offenen Struktur des Gesamtkonzepts sicher weitergegeben werden.

Nachteile: Wie mehrfach erwähnt, ist das derzeitige Sicherheitslevel der Verschlüsselung innerhalb der Blockchain nicht auf unabsehbare Zeit gewährleistet. Dennoch:

> Erforschung bedarf es nicht (primär) auf der technologischen oder mathematisch-kryptographischen Seite (diese entwickelt sich parallel ohnehin), sondern auf der Prozessseite einer Vielzahl praxistauglicher, interoperabler kommerzieller Implementationen […]. (Reinwarth 2017, Interview)

Zudem schränkt Steffen Holly die Notwendigkeit eines hohen Sicherheitslevels ein:

> Kompatibilität von Kryptografie, wenn man in Jahrzehnten denkt, ist aber vor allem für *public* Blockchains sowie Kryptowährung relevant, nicht für *permissioned* […] Blockchains (wie sie wahrscheinlich in der Medienindustrie relevant sind). (Holly 2017, Interview)[15]

Die Hoffnung, *Leaks* musikalischer oder anderer Daten zu verhindern, kann nicht erfüllt werden. Zur weitgehenden Einschränkung unbefugter Vervielfältigung wäre es notwendig, dass der Inhalt als digitales Unikat gespeichert wird und jede Bearbeitung und Wiedergabe einen kontrollierten Zugriff darauf erfordert. Selbst in diesem Fall ist eine nicht erlaubte Vervielfältigung nicht zu verhindern. Jede Wiedergabe kann mit einfachsten Applikationen mitgeschnitten werden. Eine verschlüsselte *End-to-End*-Kommunikation, die benutzerfreundlich ist, existiert noch nicht. Der vermutlich sicherste Weg der PGP-Verschlüsselung von E-Mails bedarf der Einarbeitung und Gewöhnung. Zudem erlaubt selbst PGP nicht die Verschlüsselung von Absender_in, Empfänger_in oder Betreffzeile.

Neben einer möglichst vollständigen Verschlüsselung muss bedacht werden, dass eine *Fall-back*-Lösung unumgänglich ist. Alle gesicherten Daten müssen bei Verlust des Schlüssels wieder zugänglich gemacht werden können.

---

15 Kursivsatz vom Autor hinzugefügt.

Grundsätzliche Anforderungen:
- ein teilnehmerübergreifendes System ohne Lücken, auch über die Blockchain hinaus
- ein Konzept zur regelmäßigen und ständigen Sicherheitsevaluation der Blockchain
- *eine Fall-back*-Lösung für Zugriff auch bei nicht möglicher Entschlüsselung

Datenprüfung

Konzept: Fehlende oder inkonsistente Daten auch innerhalb eines Unternehmens zählen zu den größten Herausforderungen der gesamten Content-Wirtschaft. Vor dem Hintergrund der Notwendigkeit sauberer Metadaten zur Identifizierung und Monetarisierung der Werke stellt sich das Problem als eklatant dar. Die Prüfung der Datenqualität nicht durch einzelne Dritte, sondern durch Konsensbildung des *Schwarms* durchzuführen, zählt zu den wesentlichen Vorteilen des Blockchain-Konzepts. Die Datenqualität nimmt mit der Menge der Prüfenden zu. Der Mindestanspruch, der an ein solches Modell zu stellen ist, liegt in der Konstruktion eines Mehrschichtenmodells. Musiknutzende mit vertieftem Wissen sind in der Lage, zumindest oberflächliche Prüfungen durchzuführen,[16] während Prüfungen der Informationen im Kern nur von Verwertungsgesellschaften, Verlagen, Labels und Kunstschaffenden übernommen werden können.

Vorteile: Die Vorteile bestehen in höherer Datenqualität und -vollständigkeit. Darüber hinaus sind Daten durch die Einbeziehung unabhängiger Personen weniger korrumpierbar.

Nachteile: Nicht klar ist das Konzept, wie die Datenprüfung exakt auf die Musikwirtschaft übertragen werden kann. Wesentlich ist die Frage, ob alle zu prüfenden Informationen die Sachkenntnis der Datenprüfenden (*Miner*) hinsichtlich des Datenkontexts benötigen, oder ob eine Prüfung auf Basis eines kontextneutralen *Hash*-Werts möglich ist. Die Crux des Problems liegt darin, dass vergleichsweise wenige Teilnehmende des Netzwerks die Fachkompetenz zur Prüfung der marktrelevanten Informationen beisteuern können. Andere Teilnehmende, die Berechnungen zur Lizenzierung durchführen, benötigen möglicherweise hohe Rechenleistungen. Im Rahmen des Konzepts zur Datenüberprüfung muss eine Auswahl der Teilnehmenden, die Daten prüfen sollen, hinsichtlich ihrer Fachkompetenz sowie der technischen Anforderungen getroffen werden. Ist ihre Anzahl aufgrund der Schnittmengenbildung zu gering, ist das Konzept der Schwarmintelligenz und

---

16 Als Beispiel kann hier das Überprüfen von Daten auf Plattformen wie *Wikipedia* (https://www.wikipedia.org) oder *Discogs* (https://www.discogs.com) dienen. Warum die Interaktion auch über ein oberflächliches Überprüfen hinausgehen kann, wird in Abschnitt 4.4 erläutert.

Konsensbildung in Frage zu stellen. Es ist notwendig, dass die Menge der Prüfenden hinreichend ist, um die Aussagekraft einer unabhängigen Bewertung der Information mathematisch belegen zu können. Obwohl in Bezug auf die Vorteile der Verwertungsgesellschaften geäußert, ist das folgende Zitat des Filmkomponisten Matthias Hornschuh insofern interessant, da es den Vergleich des Kollektiv-Gedankens in Verwertungsgesellschaften einerseits und im Blockchain-Konzept andererseits anstößt:

> Als Technologie kann Blockchain effizient sein und dem Einzelnen direkten Zugriff auf einzelne Aspekte versprechen, doch das Kollektiv, dessen Macht in den großen Verwertungsgesellschaften wirkt, kann niemals durch Technologie ersetzt, die Kraft nicht durch diese erreicht werden. (Hornschuh 2017, Interview)

Grundsätzliche Anforderungen:
- Eine hohe Relevanz für das Gesamtsystem ergibt sich aus dem Rollenkonzept, insbesondere aus dem der Miner:
  - Wer ist als Miner qualifiziert (bzgl. Kompetenz, Vertrauen, Rechenkapazität)?
  - Wie viele Prüfende werden benötigt, um ein unabhängiges Ergebnis zu gewährleisten?
  - Wer bestimmt Profil und Auswahl der Prüfenden?
- Klärung der eigentlichen Anwendbarkeit des Prüfkonzepts auf die Musikwirtschaft
- Praxistests: Wie hoch ist die Anzahl der zu erwartenden Prüfaufträge, und wie groß ist die resultierende Latenz?
- Entwurf eines Mehrschichtenmodells für die Prüfungen

Daten-Update

Konzept: Sollen in einem Blockchain-System Daten geändert werden, ist ein neues Hinzufügen der Daten notwendig, nachdem alle am ursprünglichen Datensatz beteiligten Parteien einer Entwertung des ersten Eintrags zugestimmt und dies bestätigt haben. Fehler dagegen, die irrtümlich während des Hinzufügens begangen werden, sollten (begrenzt) editierbar sein. Diese Option ist verfügbar.[17]

Vorteile: Die Dokumentation aller Änderungen bildet die Versionierung des Systems oder eines einzelnen Werks oder Projekts ab. Eine solche trägt zur Datensicherheit bei und unterstützt die Umkehrung fehlerhafter Entwicklungen. Gebräuchlich sind Anwendungen zur Versionierung in der Software-Entwicklung.

---

17 Information von Tim Daubenschütz, Entwickler bei BigchainDB, während des Blockchain-Roundtables im Rahmen der *Most Wanted: Music*-Konferenz 2016 in Berlin.

Als Synergieeffekt setzen Daten-Updates, die über (räumlich) verteilte Systeme an mehrere Instanzen propagiert werden, die Anforderungen einer sicheren Archivierung um.

Nachteile: Da Datenänderungen an alle Instanzen und Teilnetze propagiert werden, besteht die dringende Notwendigkeit, präventive Maßnahmen zu ergreifen, um Viren an der Verbreitung zu hindern und Angriffe zu verhindern. Weiterhin wird der Vorteil der netzweiten Verfügbarkeit erkauft mit einem hohen energetischen Aufwand, der nicht nur auf der Vielzahl der beteiligten Rechner beruht, sondern auch mit der Propagierung entsteht. Die Größe des Netzwerks hat schließlich Auswirkungen auf die Latenz während der Aktualisierung des Systems. Zu beachten sind Kollisionen bei der gemeinsamen Arbeit am Datenmaterial, das ggf. unterschiedliche Aktualisierungsstufen aufweist.

• Grundsätzliche Anforderungen:
• Maßnahmen zur Vermeidung überschneidender Aktualisierung (kollaborative Arbeitsumgebung)
• ständiges Monitoring bzgl. Viren und Angriffen
• Evaluation der Installation eines Schleusensystems, insbesondere an Schnittstellen zum Internet

Immutabilität

Konzept: Wenn die Immutabilität innerhalb der Lizenzierung garantiert werden kann und die als Teil der Blockchain formulierten Abhängigkeiten als juristisch gültiger Beleg anerkannt werden, sind die Auswirkungen enorm. Abhängigkeiten von Inhalten und Verträgen wären somit in elektronischer Form niedergelegt und nachvollziehbar. Auch dann, wenn die Musikwirtschaft mehrere unterschiedliche Blockchain-Konstrukte über eine Anzahl von Teilbereichen hinweg einsetzt, werden Recherche und Aufwand der Lizenzierung einschließlich ihrer Dokumentation einen wesentlich geringeren Umfang bei geringerer Komplexität beanspruchen als es gegenwärtig erforderlich ist.

Vorteile: Die Streitigkeiten um die rechtmäßige oder unrechtmäßige Nutzung eines Werks verkürzen sich, und die Immutabilität sorgt rückwirkend für Transparenz bezüglich der finanziellen Transaktionen. Änderungen der Lizenz, die vor allem bei Creative-Commons-Lizenzen Fragen aufwerfen und zu Problemen führen, sind klar zu lösen. Es ist nachprüfbar, wann welche Lizenznehmer_in zu welchen Bedingungen ein Werk lizenzierte, und unter welcher Lizenz das Werk zu diesem Zeitpunkt stand.

Nachteile: Die Transparenz, die mit der Immutabilität entsteht, ist trügerisch. Zum einen ist manche Teilnehmer_in des Netzwerks nicht einverstanden mit einer

Preisgabe ihrer Kontoaktivitäten. Zum anderen existieren bereits Möglichkeiten, Finanzströme in einer Blockchain-Architektur zu verdecken (Schütte et al. 2016, S. 8). Die Immutabilität einer Blockchain in sich ist gar in Frage gestellt, wenn es erfolgreiche Bestrebungen gibt, eine *veränderbare* Blockchain zu konstruieren (Accenture 2016).

Grundsätzliche Anforderungen:
- Die verwendete Blockchain-Architektur darf nachweislich nicht veränderbar sein.
- Klärung der Aussagekraft von Daten innerhalb einer Blockchain und der Wirkung von Prozessen, Transaktionen und Smart Contracts in juristischem Kontext

Automatisierte Abwicklung der Smart Contracts

Konzept: Die Logik zur Abwicklung der Smart Contracts ist für alle Teilnehmenden gleich und als Teil des Systems implementiert. Gemäß des P2P-Konzepts verfügen alle Teilnehmende über die gleiche Funktionalität. Eine Lizenzierungsplattform ist daher theoretisch in der Lage, alle notwendigen Berechnungen, Transaktionen und Prozesse durchzuführen, die notwendig sind, um ein Paket unterschiedlichster Werke zu lizenzieren: von Verwertungsgesellschaften, Labels, unabhängigen Künstlern, Public-Domain-Werken etc.

Es werden Prozesse angestoßen und Daten genutzt, die von anderen Parteien definiert wurden, d. h. keine der Parteien ist obsolet. Entsprechend erfolgen während und nach Abschluss der erfolgten *digitalen Lizenzierung* Rückmeldungen, Ausschüttungen und Rechnungsstellung an die beteiligten Parteien – obwohl sie (abhängig vom Regelwerk) möglicherweise weder um Lizenzierung gebeten und im Vorhinein benachrichtigt wurden, noch ihre eigene Rechenkapazität genutzt wurde. „Im Inkasso [können] Zahlungsströme [...] direkt zwischen Lizenzgeber und -nehmer fließen" (Göbel 2017, Interview).

Die vollständige Lizenzierung erfolgt nach Beauftragung theoretisch in Echtzeit; zu berücksichtigen sind jedoch die möglicherweise begrenzte Rechenkapazität und nicht zuletzt die Latenz, die sich aufgrund der Prüfung der Transaktionen ergibt.

Vorteile: Selbst komplexe Lizenzierungen können bei begrenztem Aufwand vorgenommen werden. Die Marktnähe steigert die Absatzmöglichkeiten durch Sync-Verträge und Verwertungsgesellschaften, wobei die Ausgangschancen für Mitglieder von Verwertungsgesellschaften und solche ohne Bindung gleich sind. Die Kosten für die Abwicklung der administrativen Vorgänge sinken, insbesondere mit zunehmender Anzahl abgeschlossener Lizenzen. Tarife zur Lizenzierung können theoretisch eine beliebige Komplexität annehmen. Die automatisierte Abwicklung verdeckt die bei Verwertungsgesellschaften oftmals kritisierte hohe Anzahl von

Tarifen, denn der Tarif wird automatisiert auf Basis der Anforderungen an den Einsatz gewählt. *Nachteile:* Die Lizenzierung benötigt möglicherweise länger als erwartet. Sind als Teil der Lizenzierungskonditionen persönliche Anfragen bei den Rechteinhaber_innen, dem Management oder anderen Teilnehmer_innen erforderlich, sind Dauer und Erfolg der Lizenzierung nicht absehbar. Weiterhin birgt die Freiheit der Individualität bzgl. der Smart Contracts das Risiko, einen Fehler implementiert zu haben. Ohne weitere Kontrolle kann ein Werk beliebig oft zu falschen Konditionen genutzt werden, bis der Fehler bemerkt wird. Es erscheint fraglich, ob die Lizenzierung auf juristischem Wege nachträglich annulliert oder ob gar Schadensersatz eingeklagt werden kann. Der Einwand ist jedoch insofern zu relativieren, als dies auch bei herkömmlichen Verträgen möglich ist.

Grundsätzliche Anforderungen:
- Grundlage und Ausführung muss gesetzlicher Kontrolle unterliegen, um Inkompatibilitäten von Klauseln, Verträgen und Gesetzgebung zu vermeiden
- Angebot von Musterverträgen und individuellen, aber gesetzlich kontrollierten Optionen als Ergänzung zu Standards
- Einigungen zwischen Verwertungsgesellschaften, kommerziellen Lizenzierungsplattformen und Künstler_innen als freie Marktteilnehmer_innen, die Creative-Commons-Lizenzen oder eigene Verträge zu nutzen
- ein Konzept, in dem der Typ der Lizenzen eine Variable ist und kein Typ bevorzugt behandelt wird
- Definition einer Schnittstelle zu Lizenznehmer_innen

Transaktionen & Prozesse

Konzept: Ein eng geknüpftes P2P-Netzwerk, hohe Verfügbarkeit und Performanz, verbunden mit der Möglichkeit unmittelbarer finanzieller Transaktionen erlauben die Verwendung und nahezu gleichzeitige Bezahlung von Musikwerken. Digital implementierte Tarife und Konditionen ermöglichen dabei die Auszahlung an Rechteinhaber_innen und Dienstleister_innen nahezu in Echtzeit.

Vorteile: Vor dem Hintergrund von *User Generated Content* erlaubt das Konzept eine unkomplizierte Wiederverwendung in *Mash-ups*, Remixes, Podcasts und Videos. Das Tracking einzelner Bestandteile und ihrer Urheber_innen erlaubt die Beteiligung an jeder künftigen Verwertung. Bezieht man individuelle Konditionen der Smart Contracts ein, kann eine Verwendung in ungewünschtem Kontext u. U. eingegrenzt werden. Die Monetarisierung und Lizenzierung der Werke in bislang weitgehend ungenutzten oder unzureichend vergüteten Marktsektoren steht allen Teilnehmenden des Netzwerks frei. Daraus erfolgende Transaktionen werden direkt ausgeschüttet oder zur Ausschüttung bereitgestellt. In der Bilanz sind höhere Einnahmen bei geringerem Aufwand zu erwarten. Mit fortschreitendem Betrieb skalieren die Kosten nach unten.

Nachteile: Die Services, die einzelne Teilnehmenden anbieten, werden sich verschieben. Genauer: Eine Verwertungsgesellschaft stellt administrative Funktionen und Regelwerke (Tarife) weiterhin zur Verfügung – sie sind jedoch kaum sichtbar. Voraussetzung für die Funktionsfähigkeit des beschriebenen Konzepts ist, dass das neu gestaltete Blockchain-basierte System bis hinein in den privaten Haushalt reicht. Zudem ist das User Interface, die Schnittstelle zu Lizenznehmenden, vollkommen unklar.

Grundsätzliche Anforderungen:
- Die Attraktivität der Dienstleistung setzt voraus, dass Geschäftsprozesse dem Konzept angepasst werden – Auszahlungen müssen umgehend erfolgen.
- Anpassungen und Veränderungen der administrativen Prozesse können zu Entlassungen führen.

4.4 Ansätze eines Blockchain-Entwurfs für Verwertungsgesellschaften

Sollte sich Blockchain als gangbarer Lösungsweg für einen Teilbereich der Musikwirtschaft erweisen, muss nicht nur an der Umsetzung der Technologie, sondern frühzeitig auch an der Methode der Einführung gearbeitet werden. Trotz seines Umfangs hat das vorangehende Kapitel die Thematik nur anreißen können, doch die kurz beleuchteten Konzeptdiskussionen zeigen deutlich die Komplexität einer Entwurfsskizze. Die Einführung und Integration in einen Marktsektor der Musikwirtschaft ist eine enorme Herausforderung.

Sie liegt darin, eine weitreichende technologische Umstellung gezielt vorzunehmen, d. h. steuernd einzugreifen. Wie die angeführten grundlegenden Anforderungen zeigen, verlangt es umfangreiche Planung, eine eigene Konzeption, Kooperation und Vorbereitung. Es gilt als weitgehend anerkannt, dass die Branche im Zuge der Digitalisierung die Gelegenheit zur koordinierten Einführung verpasst hat (Mulligan 2015, S. 60; Ovide 2017).

Einen funktionierenden Ansatz, ob Blockchain oder nicht, aufgrund von Inkompatibilitäten zwischen einem altem und neuen System scheitern zu lassen, ist zu vermeiden. Fataler noch für die Musikwirtschaft wäre die Existenz zweier konkurrierender Systeme, die sich gegenseitig behindern und kannibalisieren, bis nach Jahren eine Einigung erzielt wird. Letzteres entspräche der Konfrontation zwischen Labels und Rechteinhabern einerseits und Service-Anbietern im Download- und Streaming-Markt andererseits, die auch jetzt noch anhält: *Old Economy* vs. *New Economy*. Eine optimierte Begleitung der Entwicklung und die abgestimmte Einführung können dazu beitragen, die Unstimmigkeiten zwischen *Stakeholdern* zu minimieren.

4.4.1 Gegenwärtige Situation der Verwertungsgesellschaften

Für Verwertungsgesellschaften stellen sich, insbesondere mit Hinblick auf die Verantwortung gegenüber ihren Mitgliedern, bei jeder neuen Technologie naheliegende Fragen:

• Welche Vorteile bringt es unseren Mitgliedern?
• Rechtfertigen die Vorteile die Kosten, die letztlich die Ausschüttungen mindern?
• Können wir als Treuhänder die Verantwortung übernehmen?

Bislang beeinflusste weniger der Vergleich mit Mitbewerber_innen die Fragestellung, da Verwertungsgesellschaften national häufig alleinig oder nahezu alleinig marktbestimmend sind oder mit ihren Schwestergesellschaften im In- und Ausland kooperieren. Die Gründung privater Gesellschaften wie AMRA[18] und weiterer Lizenzierungsplattformen führt zum Wechsel der Rechteadministration umsatzstarker Künstler_innen, wobei vor allem digitale Rechte häufig von neuen Unternehmen übernommen werden. Christian Göbel (2017, Interview) weist auf die großen Major-Verlage hin, die häufig Teile ihres Katalogs bereits aus den Verwertungsgesellschaften herausgelöst haben und sie direkt lizenzieren. Der entstehende Druck auf die traditionellen Verwertungsgesellschaften zeigt sich u. a. in Joint Ventures mit Schwestergesellschaften wie der *International Copyright Enterprise* (ICE)[19] in Europa oder dem Zusammenschluss der *Société Canadienne des Auteurs, Compositeurs et Éditeurs de Musique* (SOCAN)[20] und der *Société du Droit de Reproduction des Auteurs, Compositeurs et Éditeurs au Canada* (SODRAC)[21] in Kanada (Music Business Worldwide 2017a). So sind innerhalb weniger Wochen zwei Kooperationsprojekte gestartet worden, die vor kurzem vermutlich aufgrund

---

18 http://www.amra.com
19 http://icerights.com
20 http://www.socan.ca
21 http://www.sodrac.ca

großer Skepsis gegenüber einer jungen Technologie kaum denkbar gewesen wären. Während die kanadische SOCAN dem dotBlockchainMusic-Projekt um Benji Rogers[22] als Partner beigetreten ist, gründeten die britische *Performing Rights Society for Music* (PRS)[23], die *American Society of Composers, Authors and Publishers* (ASCAP)[24], sowie die französische *Société des Auteurs, Compositeurs et Éditeurs de Musique* (SACEM)[25] gemeinsam mit IBM ein weiteres Blockchain-Projekt (Music Business Worldwide 2017b).

Carlotta de Ninni, Head of Research bei *Mycelia for Music*[26], verweist auf die hinsichtlich Blockchain abwartenden Marktteilnehmer_innen und die in Kontrast stehende Aktivität der Verwertungsgesellschaften:

> They are watching, researching and investing, in a quiet way. However, the [Public Rights Organisations] especially, are very active in experimenting the capabilities of a decentralised database, like the PRS, ASCAP and SACEM did recently […]. (de Ninni 2017, Interview)

Verwertungsgesellschaften sind bei einschneidenden Veränderungen im Markt zentral betroffen. Sie sind die zentrale Drehscheibe für die Mehrheit der Lizenzen. Das Einkommen der meisten professionellen Komponist_innen und Musiker_innen hängt von der Arbeit der Verwertungsgesellschaften und Lizenzierungsplattformen ab. Selbst im – verglichen mit einem Technologiewechsel – kleinen Rahmen der Einarbeitung neuer Kataloge vergehen u. U. Jahre bis zum Abschluss des jeweiligen Projekts.

Die bereits bestehende Gefährdung der Position der Verwertungsgesellschaften am Markt vor dem Hintergrund einer möglichen neuen Technologie birgt ein hohes Geschäftsrisiko. Die Reaktion von SOCAN, ASCAP, PRS und SACEM belegt, dass die Notwendigkeit existiert, sich mit dem Thema Blockchain intensiv auseinanderzusetzen. Entgegen der Meinung derer, die Blockchain über jeden Zweifel erhaben sehen und die These vertreten, Blockchain würde Verwertungsgesellschaften obsolet machen, zeichnet Matthias Reinwarth ein positiveres Bild:

22　http://dotblockchainmusic.com

23　https://www.prsformusic.com

24　https://www.ascap.com

25　https://www.sacem.fr
　　http://myceliaformusic.org

26　Das Bild einer *Application Programming Interface* (API) *Economy* bezieht sich auf das Konzept eines Marktes, in dem Teilnehmer auf Basis standardisierter Protokolle mittels Schnittstellen an eine Vielzahl anderer Produkte und Dienste andocken können, ohne die eigene Architektur offenzulegen.

Realistischer betrachtet ist zu erwarten, dass Verwertungsgesellschaften neben der Kontinuität durch Weiterführung des klassischen ‚*old economy business*‘ die Blockchain-Technologie adaptieren und selbst Player in einer übergreifenden API-Economy[27] werden. (Reinwarth 2017, Interview)

Auch Peter Harris betrachtet die Situation als weniger problematisch:

> [...] blockchain tech will never be able to fully replace business practices in the creative arts that require very nuanced human perceptions and critical decision-making skills. Blockchain can simply assist in helping the industry assert, maintain and track value. (Harris 2017, Interview)

Trotzdem besteht die Möglichkeit einer gegenläufigen Tendenz:

> Sofern Geschäftsmodelle und Erlöse in der Zukunft nur noch digital sind, werden Kataloge oder einzelne Künstler ihre Ansprüche völlig losgelöst von Verwertungsgesellschaften durchsetzen – definitiv. (Holly 2017, Interview)

4.4.2 Blockchain: Die Vorteile

Es gilt hier, ausschließlich den Betrieb im operativen Modus zu beurteilen. Der Wechsel vom jetzigen System zu einem zukünftigen, möglicherweise Blockchain-basierten System wird später betrachtet. Die durchgeführte Interview-Reihe ermöglicht die Beurteilung durch Expert_innen. Erwartet wird vor allem eine erhebliche *Effizienzsteigerung* der Verwertungsgesellschaften. Peter Harris (2017, Interview) sieht die Möglichkeit einer umfassenden Neugestaltung der Prozesse und Werkzeuge; Stephan Benn (2017, Interview) verweist auf eine wesentliche Verschlankung administrativer Vorgänge. Zudem sind weniger Reibungsverluste im internationalen Geschäft zu erwarten. Bettina Schasse de Araujo sieht einen wesentlichen Vorteil in einer ergänzenden und unterstützenden Rolle der Blockchain-Technologie:

> Da das Geschäftsmodell der Verwertungsgesellschaft komplex und vielfältig ist und die Blockchain-Technologie von einer breiten Akzeptanz leben würde, ist sie eher als Unterstützung einer Verwertungsgesellschaft geeignet denn als Konkurrenz. Eine [Verwertungsgesellschaft] bietet sich als Betreiber einer entsprechenden Infrastruktur an. (Schasse de Araujo 2017, Interview)

---

27 Kursivsatz vom Autor hinzugefügt.

Aus Sicht von Christian Göbel (2017, Interview) „bestünde die Chance, auch verlorene *Rechteinhaber als Kunden zurückzugewinnen*"[28]. Ein Datenbankmodell, das den Vorgaben des Blockchain-Konzepts entspricht, ist für Verwertungsgesellschaften vielversprechend. Wenn Kund_innen und Partner_innen nicht nur das gleiche System teilen, sondern auf der gleichen Datenbank aufsetzen, entfallen aufwändige Importe und Anpassungen von Datensätzen. Mit den Kosten der Aufbereitung werden Folgekosten eingespart, die in Folge der Behebung inkompatibler oder fehlender Daten entstehen.

Die *Integration von Creative-Commons-Lizenzen* erscheint – obwohl in Europa vom Gesetzgeber gefordert – bei der Umsetzung durch Verwertungsgesellschaften keine wesentlichen oder sichtbaren Fortschritte zu machen. Zudem ist die Nachfrage zur Nutzung der Creative-Commons-Lizenzen von Mitgliedern der Verwertungsgesellschaften denkbar gering, wie Gespräche in der Praxis zeigen. Die Zielgruppen sind zu unterschiedlich. Es besteht aber der Druck zur Umsetzung, der einerseits Kosten verursacht, andererseits für die bestehenden Mitglieder kaum Vorteile schafft. Denkbar wäre die Gründung eines Spin-offs der Verwertungsgesellschaften, das als Schnittstelle zu anderen Lizenztypen genutzt wird. Ergänzende Smart Contracts können den Anforderungen von Creative Commons entsprechen, jedoch – wo erforderlich – in Transaktionen und Prozesse der Verwertungsgesellschaften einfließen. Die hybride Lösung bietet Mitgliedern weiterhin die bekannten Vorteile, erleichtert den Marktzugang für Künstler, die mit Creative-Commons-Lizenzen arbeiten und verbessert die Nutzerfreundlichkeit der Nutzungsanmeldungen. Die Kooperation kann darüber hinaus Missverständnisse abbauen und bietet allen Verwertungsgesellschaften eine gemeinsame Lösung mit Kostenteilung zur Integration der Nutzung von Creative-Commons-Lizenzen.

Smart Contracts bieten Verwertungsgesellschaften einen weiteren Vorteil: *Tarife* sind, wie häufig kritisiert, zu komplex und in ihrer Anzahl zu umfangreich. Die Vielschichtigkeit der Praxis und die Gestaltung angemessener und *gerechter* Lizenzgebühren führen aber zu Komplexität. Wenn Smart Contracts jedoch Tarife abbilden, den passenden Tarif auswählen und Transaktionen anstoßen, die ihrerseits Lizenzierung, Ausschüttung und Zahlung der Verwaltungsgebühren einschließen, wird die Komplexität verdeckt. Prognosen zu Kosten einer Lizenzierung sind eindeutig, die Lizenzierung wird beschleunigt und die Zahlung umgehend ausgeführt. Der anzunehmende Gewinn an Komfort dürfte die Hemmschwelle zur Lizenzierung senken und – was zu zeigen wäre – zu höheren Absätzen führen. Diese Option wird von Christian Göbel (2017, Interview) bestätigt, der nicht nur den Bedarf der Erstellung der Smart Contracts als mögliche Dienstleistung der

---

28 https://musicbiz.org

Verwertungsgesellschaften sieht, sondern auch den Bedarf nach mehr Tarifen durch *neue Nutzungsfelder* wie Virtual Reality erkennt.

Die Option der *Individualisierung von Lizenzverträgen* ist ein weiteres Plus. Derzeit besteht die Individualisierung darin, dass Mitglieder Rechte aus dem Gesamtkanon ausklammern können. Das führt zu einem Teilverlust von Einnahmen. Bietet eine Verwertungsgesellschaft – vergleichbar mit den vorgefertigten Creative-Commons-Lizenzen – individuelle Zusatzklauseln pro Werk an, führt dies zu einem Attraktivitätsgewinn für Künstler_innen, die individuell agieren möchten, jedoch den Aufwand scheuen, die Verwaltungsarbeit in eigener Person zu leisten.

Eine Verwertungsgesellschaft hat die Mittel, jede individuelle Klausel vor Verwendung juristisch zu prüfen – unabhängige Künstler_innen eher nicht. Ergänzende Smart Contracts, die in Koordination mit anderen Verwertungsgesellschaften entworfen und angeboten werden, bedeuten einen einmaligen Kostenaufwand für die Gesellschaften. In der heutigen Musikwirtschaft wäre der Service aufgrund des Verwaltungsaufwands undenkbar. Smart Contracts werden jedoch automatisiert abgewickelt.

Neben der raschen Abwicklung und Individualisierung (die nicht dem doppelten Kontrahierungszwang widersprechen darf) genießen Künstler_innen den Komfort der Abwicklung durch die Verwertungsgesellschaft und insbesondere die Absicherung der Bedingungen.

Die skizzierten Vorteile dürfen eine offene Frage nicht außer acht lassen. Eine komfortable Lizenzierung verlangt eine Nutzerschnittstelle. Das Konzept zur Gestaltung und Umsetzung fehlt. Eine Option ist die umfassende Integration einer Reportkomponente in Hardware – wobei hier die Grenzen des Digital Rights Management in seinem früheren Verständnis überschritten werden. Ohne ein gangbares Konzept zur Lösung dieser Frage ist die Umsetzung fraglich.

4.4.3 Konsequenz

Ein Technologie- oder eher Paradigmenwechsel ist nicht durch eine schnelle Lösung herbeizuführen. Die Erläuterungen von Schneidewind und Scheck (2012, S. 47) zum Transition-Zyklus, der einen vielschichtigen Übergang beschreibt, zeigen dies deutlich. Auch erfordert der Weg dorthin hohe finanzielle Aufwände, die Mitgliedern schwer zu kommunizieren sind. Die beschriebenen und zu erwartenden Veränderungen am Markt deuten aber auf Verbesserungen hin, die vorübergehende Aufwände und Anstrengungen rechtfertigen. Sollte sich das Blockchain-Konzept in einer Machbarkeitsstudie als tragfähig erweisen, und die derzeitigen Schwachstellen beseitigt werden könnten, böte sich das Konzept nicht nur aufgrund erhöhter

Sicherheit an. Die Attraktivität der Verwertungsgesellschaften könnte gesteigert und die Geschäftsprozesse der Lizenzierung beschleunigt sowie komfortabler gestaltet werden. Probleme fehlerhafter und fehlender Metadaten würden zumindest gemindert. Zudem wäre langfristig eine Senkung der Kosten zu erwarten. Trotz sinkender Kosten ist ein erhöhter Absatz dank verbesserter Prozessabläufe zu prognostizieren. Auch ein Ansteigen der Mitgliederzahlen ist möglich, während Kunden mehr Nutzerfreundlichkeit geboten wird. In Folge dessen ist mit wachsenden Umsätzen und Gewinnen zu rechnen.

Auch wenn Mat Dryhurst (2017, Interview) „eine möglicherweise existentielle Bedrohung für die derzeit dominanten Verwertungsgesellschaften, Labels und ihre angeschlossenen Partner" sieht, beschreibt Carlotta de Ninni den voraussichtlich realistischeren Weg:

> Showing [Public Rights Organisations (PROs)] that they can benefit, too, having a decentralised database and eventually smart contracts for licensing. The aim here is to prove them that they can actually earn more money and do more business. Therefore, everyone could benefit, from the artist, to the label and publishers and the PROs. (de Ninni 2017, Interview)

Die Verfügbarkeit von Blockchain-Architekturen wird sich deutlich auf den Gesamtmarkt und den Wettbewerb der Verwertungsgesellschaften auswirken. Lizenzierungsplattformen und neue Dienstleister_innen, die sich an unabhängige Kunstschaffende, aber ebenso an umsatzstarke Musiker_innen, Agenturen und Verlage richten, werden ebenfalls Blockchain-basierte Services anbieten. Für sie gilt nicht das – betriebswirtschaftlich betrachtet – hinderliche *Korsett* der Mitgliedsentscheidungen. Darüber hinaus wird die finanzielle Ausstattung einiger Dienstleister_innen die Möglichkeiten einer Verwertungsgesellschaft dank der Unterstützung von Investor_innen übersteigen. Die Folge ist ein sich verstärkender Kampf um Komponist_innen und Rechteinhaber_innen.

Die *erforderliche Rechtssicherheit*, unterstreicht Stephan Benn (2017, Interview), „zur rechtmäßigen Nutzung eines Werkes […] [kann] auch in Zukunft nur über Verwertungsgesellschaften sichergestellt werden […]". Es scheint nahezuliegen, dass die wichtigsten Verwertungsgesellschaften federführend für alle Schwestergesellschaften ein gemeinsames Projekt zur Evaluation und Umsetzung von Blockchain auf den Weg bringen. Zumindest die gemeinsame Einrichtung von internen Standards oder die Entwicklung eines gemeinsam genutzten Backbones für Transaktionen und Administration ist zielführend. Es ist jedoch zu kurz gedacht und wird die heutige Situation fortsetzen, die sich durch nicht abgestimmte Insellösungen auszeichnet. Sollte sich Blockchain als vorteilhaft erweisen, sind mit einer Ausklammerung des Ökosystems Musikwirtschaft viele der erhofften Pluspunkte hinfällig. Denn ein

Inselprojekt lässt einen wesentlichen Punkt außer acht. Wenn eine Technologie oder ein gesellschaftlicher Einfluss den Markt verändern, erfolgt dies von *außen*. Wie bereits das nach Napster veränderte Nutzerverhalten nicht mehr umkehrbar war, wird der Versuch eines in sich abgeschlossenen Projekts scheitern, auch wenn ein solches Inselprojekt früh gestartet wird. Die Verwertungsgesellschaften sind ebenso wenig wie jede_r andere Akteur_in der Musikwirtschaft unabhängig von den übrigen. Einzelne Projekte können dennoch sinnvoll sein. Aber nur dann, wenn eine Achse existiert, entlang der ein Austausch und eine Kommunikation zwischen den Akteur_innen erfolgt. Dann ist es möglich, steuernde Anstöße zu geben:

> Ohne einen entsprechenden Überbau, der Interoperabilität dieser Vielzahl kontinuierlich in Wandlung befindlicher Plattformen untereinander und mit der 'old economy' gewährleistet, droht die Gefahr der Marginalisierung der Blockchain, der Kleinstaaterei und damit des Scheiterns. (Reinwarth 2017, Interview)

> Zu bevorzugen wären möglicherweise gemeinsam entwickelte, offene, d. h. nicht-proprietäre Standards, um eine (ungewollte) Dominanz einzelner Akteure zu vermeiden. (Hornschuh 2017, Interview)

Der Anstoß zu solch einer Koordination sollte ausgehen von den Verwertungsgesellschaften als zentralen Stakeholdern und Ankerpunkten der Musikwirtschaft. Auch wenn die Evaluation von Blockchain nicht die gewünschten Ergebnisse liefert, ist die Etablierung einer gemeinsamen und koordinierenden Plattform für die Musikindustrie hoch relevant. Erste Ansätze existieren beispielsweise mit der *Music Business Association*[29], der *Digital Media Association*[30] oder der *Open Music Initiative*[31]. Es fehlt aber an sichtbarer Aktivität, und keine der genannten Organisationen deckt die gesamte Musikwirtschaft auf allen Ebenen ab. Das Internet dagegen, als Basis der Online-Technologie, das sich wie Blockchain auf eine Reihe von Komponenten stützt, kann auf das *World Wide Web Consortium* (W3C)[32] verweisen. Es ist zu bezweifeln, dass das Internet sich ohne W3C ähnlich rasant und positiv entwickelt hätte.

---

29 http://www.digmedia.org
30 http://open-music.org
31 https://www.w3.org
32 Der Verfasser war von 1998-2002 als Mitarbeiter der *blue order GmbH* angestellt. Die *blue order GmbH* (vormals Tochter der *tecmath AG*), Kaiserslautern, ist heute Teil der *AVID Technology, Inc.* (http://www.avid.com).

4.4.4 Vom Content Value Circle zur Content Value Sphere

Das Thema der Wertschöpfung und der verändernden Wirkung der Blockchain wird im vorliegenden Artikel zwar nur angerissen, es ist aber von Interesse, die Veränderungen weiter zu untersuchen. Denn es ist zu erwarten, dass im Zuge der *Fake News*-Diskussion eine Beschäftigung mit dem im Folgenden beschriebenen Modell Fortschritte zur Aufdeckung und Vermeidung gefälschter Daten erbringen kann – unabhängig von der Umsetzung mittels Blockchain. Welche Relevanz (Meta-) Daten innerhalb der Wertschöpfung zukommt, beschreibt Matthias Hornschuh (2017, Interview) treffend: „Der ökonomische Kern des Geschäfts mit unkörperlichen Inhalten liegt in den Daten."

Mit der Digitalisierung hat sich die Wertschöpfungskette oder *Content Value Chain* gewandelt zum *Content Value Circle*, innerhalb dessen Inhalte nicht einmalig verwendet, sondern erneut verwertet werden – in der Musikwirtschaft bspw. durch Remixes, Cover-Versionen, aber auch durch *Re-Packaging* und Neuauflagen. Im Zuge der Abbildung des Blockchain-Konzepts auf die Musikwirtschaft nimmt der *Content Value Circle* erneut eine andere Form an. Wie bei der Übernahme des Blockchain-Konzepts erfolgt eine Rollenverschiebung bzw. neue Rollenausprägung der Akteur_innen in der Musik- (oder Content-)Wirtschaft. Das erst zu entwerfende Modell unterscheidet nach Quellen von Inhalten, Metadaten und Smart Contracts, und solchen Teilnehmer_innen, die Inhalte, Metadaten und Smart Contracts prüfen. Wie zuvor beschrieben, verteilen sich die Rollen je nach Kompetenz und Zuständigkeit auf unterschiedliche Positionen innerhalb eines Mehrschichtenmodells. Der datenumgebende Schwarm im P2P-Netzwerk übernimmt eine Schlüsselfunktion.

In den Neunzigern unterschieden Dienstleister im Media-Asset-Management-Sektor für Rundfunkunternehmen wie die *blue order GmbH*[33] zwischen *Essenz* (Daten), *Metadaten* (Informationen zur Essenz), *Inhalt/Content* (Song, Film, Text), *Rechten* (Lizenz) und *Asset* (monetarisierbarer, und daher werthaltiger Content) (Mauthe & Thomas 2004, S. 4f., 79ff.). Abbildung 4.5 stellt die Charakterisierung grafisch dar.

---

33 https://www.smpte.org

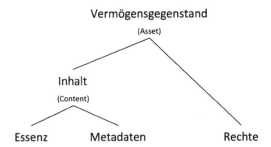

Abb. 4.5 Charakterisierung von Inhalten anhand ihrer Werthaltigkeit. (Eigene Darstellung nach Austerberry 2004, S. 69). Basierend auf der Definition der *Society of Motion Pictures & Television Engineers* (SMPTE).[34]

Im Wesentlichen entspricht diese Einteilung der Terminologie des Produkt-Marketings bzgl. Produktkern (Essenz), Produktinformation (Metadaten) und realem Produkt (Content) (Kotler et al. 2007, S. 624), bringt als Erweiterung aber die Vermarktbarkeit des Produkts (Asset) ein. Mit der Verfügbarkeit der Lizenzierungsinformationen können Inhalte legal verwendet werden und erhalten durch ihre (rechtlichen) Metadaten einen Wert. Andernfalls lagern sie brach im Archiv. Metadaten können innerhalb des *Content Value Circles* abgebildet werden (Mauthe & Thomas 2004, S. 23f.). Im Blockchain-Konzept verändert sich aber der Wert von Daten und Metadaten mit der Aussage und Autorität der Prüfenden. Inhalte bedürfen daher nicht nur einer Verknüpfung mit Lizenzen und Metadaten; die Metadaten müssen erst einen Schwellenwert der Plausibilität und Kredibilität erreichen. Dabei spielt ebenfalls eine Rolle, welche Position die bestätigenden Akteur_innen in der Musikwirtschaft innehaben.

Die Prozesse des Wertschöpfungskreises referieren auf die Akteur_innen innerhalb eines dreidimensionalen Mehrschichtenmodells. Das heißt der *Content Value Circle* ist um eine weitere Dimension zu ergänzen. Die wertschöpfenden Prozesse bewegen sich in einem Raum, der *Content Value Sphere*[35]. Im Kern des

---

34 Eigene Begriffsprägung.

35 *Discogs* stellt eine Katalogplattform von Musikmedien (Vinyl, CD, Audio-Cassetten etc.) für Musiksammelnde dar. Das Konzept von Discogs (https://www.discogs.com) sieht – analog zu *Wikipedia* – vor, dass Nutzer_innen die Eintragungen anderer Nutzer_innen kontrollieren und ggf. korrigieren. Dies kann im Fall von Discogs dahin führen, dass eine Mehrheit von Nutzenden über die Zusammenführung von Artikeln abstimmt. Die Relevanz liegt darin, dass die dokumentierten Daten in Teilen nicht

dreidimensionalen Mehrschichtenmodells steht der Gesetzgeber oder eine regulierende Behörde, die neben der Identität der Akteur_innen auch die Korrektheit von Verträgen bestätigen kann. Am äußeren Rand des Modells befinden sich in der Regel Konsument_innen oder Nutzer_innen, die vom kreativen Prozess relativ weit entfernt sind, und dennoch eine relevante Rolle übernehmen können (siehe *Discogs*[36]). Verwertungsgesellschaften nehmen als neutraler Bezugspunkt der Musikwirtschaft eine zentrale Position ein. Ihre zentrale Position innerhalb der *Content Value Sphere* weist Verwertungsgesellschaften somit eine wesentliche Rolle als Kooperationspartnerinnen und Koordinatorinnen bei einer Neuorganisation der Musikwirtschaft zu – wenn auch ein offener Charakter durch Mitgestaltung des Übergangsprozesses unabdingbar ist: „Their role might shift towards data verification, leaving the technology to operate the admin roles better and faster" (de Ninni 2017, Interview).

4.5 Methodik zur Integration des Blockchain-Konzepts

Unbestritten ist die finanzielle Herausforderung der Einführung des Blockchain-Konzepts:

> As every new technology, [Blockchain] is disruptive, because if people are willing to start using it, they need to change completely their tech architecture. The costs involved are enormous, this is the most serious barrier of adoption, for legacy players, of course. (de Ninni 2017, Interview)

Aber jede Neuorganisation, insbesondere in einer vergleichbaren Größenordnung und bei ähnlichen Auswirkungen, erfordert hinsichtlich des Umstellungsprozesses vor allem eine im Gesamtumfeld koordinierte Planung.

---

der übrigen Musikwirtschaft im Sinne der Herstellenden und Kreativschaffenden zur Verfügung stehen. Dies beinhaltet Produktionsfehler sowie Informationen zu einzelnen Produktions- und Testläufen, zu individuellen Produkten sowie zu Markierungen, die den Marktwert entscheidend beeinflussen. Obwohl zunächst nur für den Nischenmarkt der Sammler relevant, erlangen die Informationen zu den betreffenden Einzelstücken spätestens dann wieder Bedeutung für den Gesamtmarkt, wenn erweiterte Neuveröffentlichungen zusammengestellt werden, ein *Re-Packaging* erfolgt oder postum eine Aufarbeitung des Lebenswerks erfolgt.

36 Privatgespräch, nicht dokumentiert, 10.11.2016.

4.5.1 Anforderungen an den Übergang zu einer Blockchain-basierten Musikwirtschaft

Zwar können derzeit experimentelle Projekte in Angriff genommen werden, ein realistischer Konzeptentwurf für eine zukunftssichere Blockchain-Architektur setzt aber vor allem Eines voraus: eine umfassende Evaluation. Bettina Schasse de Araujo betont:

> [...] eine mögliche Einführung von Blockchain [hat] nur nach genauer Analyse der Integration in die vor- und nachgelagerten Prozesse und im engen Dialog mit den relevanten Stakeholdern eine Chance, also [in einem] intensive[n] Multi-Stakeholder Dialog. (Schasse de Araujo 2017, Interview)

Als Teilergebnis des Dialogs benötigt eine erfolgreiche Umsetzung die Aufarbeitung der „strukturellen, systematischen Probleme unserer und angrenzender bzw. überlappender Branchen (speziell Medien/Rundfunk/IT)" um „ein möglichst umfassendes und nachhaltiges Pflichtenheft für die Techniker entwerfen" zu können (Hornschuh 2017, Interview).

Die ersten Schritte einer Planung bzw. eines Projektmanagements zum Übergang von der heutigen Konfiguration der Musikwirtschaft hin zu einem Blockchain-basierten Setting liegen daher in:

- Evaluation von Blockchain-Architekturen
- Beseitigung von Forschungslücken
- Dokumentation des Anforderungskatalogs
- sukzessiver Umsetzung

Die Prämisse dieser Schritte besteht in der Aufnahme der Kommunikation zwischen allen Teilnehmenden auf Basis einer konstanten Organisationsplattform. Matthias Reinwarth (2017, Interview) bringt als mögliches Ziel „eine Meta-Konzeption für eine Vielzahl von möglichen und nötigen Blockchain-Plattformen" ins Spiel. Einen ähnlichen Ansatz hat Tim Daubenschütz in einem Randgespräch anlässlich der Konferenz *Most Wanted: Music* formuliert.[37] Matthias Reinwarth beschreibt das Konstrukt wie folgt:

> Klare Schnittstellen und APIs, end-to-end-security und sichere Mechanismen zur Akkreditierung (evtl. wieder Blockchain-basiert) und Off-Boarding von Block-

---

37 Schneidewind und Scheck (2012) beschreiben den Einsatz der Transition-Forschung innerhalb des Energiesektors.

chain-Systeme in einem Gesamtverbund sind Voraussetzung für eine interoperable und vertrauenswürdige, heterogene Real-Life-taugliche Infrastruktur. (Reinwarth 2017, Interview)

Reinwarth (ebd.) verweist dazu auf ähnliche Herausforderungen im Finanzwesen zum Thema *Interoperability of Meta Blockchains*.

4.5.2 Die Alternativen

Sicher ist, dass eine Form der Übergangsplanung benötigt wird. Auf der Suche nach dem richtigen Ansatz bieten sich zunächst *Migrationsmanagement* oder *Change Management* an. Beide Ansätze sind jedoch im vorliegenden Fall nicht anwendbar.

Migration setzt ein abgeschlossenes System voraus, das durch ein neues, klar definiertes ersetzt wird. In der Regel handelt es sich bei den auszutauschenden Systemen um konkrete Produkte, Dienstleistungen oder Formate, die bei einem Austausch zu veränderten Arbeitsabläufen führen. Eine potentielle Blockchain-Architektur der Musikwirtschaft ist hochspezifisch, wie für jede andere Branche. Der Übergang zu einem Blockchain-basierten System schließt die Neukonzeption der Technologie für diesen Marktsektor ein, sowie umfassende Migrationen bei allen Teilnehmern und für mehrere Systeme. Migrationsmanagement kann innerhalb des Übergangs daher nur Teilprojekte abbilden.

Change Management stellt sich als eine Anpassung eines Systems an eine Veränderung der Umwelt dar (Litke 2004, S. 259f.). Es ist eine Reaktion auf die Veränderung, die in Folge zu Umstellungen in verwendeten Systemen, zu angepassten Arbeitsabläufen und ggf. zu neuen Personalstrukturen führt. Wieder ist es zutreffend, dass auf eine Veränderung reagiert wird und die beschriebenen Veränderungen intern im Unternehmen koordiniert und geplant werden.

Zwei Faktoren einer Umstellung auf Blockchain werden vom Change Management nicht abgedeckt. Die Umstellung wird nicht auf ein Unternehmen oder eine Organisation begrenzt sein, und es sollte das Ziel der Stakeholder der Musikwirtschaft sein, auf die äußere Veränderung Einfluss nehmen zu können. Anders als im Fall der Veränderung, die Napster in seiner ursprünglichen Inkarnation ab 1998 herbeigeführt hat, sollen Richtung, Geschwindigkeit und andere Faktoren beeinflussbar bleiben.

In anderen Märkten wird seit einigen Jahren insbesondere in den Niederlanden ein weiterer Ansatz erforscht: das *Transition Management*.[38] Rasche Technologiewechsel

---

38 Kursivsatz vom Autor hinzugefügt.

und ihre disruptive Wirkung zeigen die Notwendigkeit eines Management-Ansatzes, der die Entwicklung hin zu kürzeren Innovationszyklen beherrschbar gestaltet. Das Transition Management tauscht daher Arbeitsabläufe nicht nur aus oder reagiert nur auf Veränderungen des Ökosystems. Ziel ist es, die Veränderung der Bedingungen des Ökosystems – hier: der Musikwirtschaft – mitzugestalten. Es stellt sich dabei eine Frage, die über die Einführung des Blockchain-Konzepts hinausgeht: Kann der Umstellung auf eine disruptive Technologie die negative Konnotation genommen werden? Setzt man voraus, dass die untersuchte Technologie Prozesse innerhalb des Marktes verbessert, so sind es die begleitenden Auswirkungen bzw. das *nicht-Schritt-halten-Können* mit ihnen, die zur negativen Konnotation führen. Die Marktteilnehmenden sind einer Veränderung ausgesetzt, die durch äußere Systembedingungen oktroyiert wurde und keinen Raum für rechtzeitige, eigene Entscheidungen lässt. Zu hinterfragen ist also, ob das Transition Management den durch eine disruptive Technologie entstehenden Riss überbrücken kann. Wenn ja, bleibt bei gleichzeitiger Mitgestaltung und Einflussnahme der positive Effekt der Verbesserung des Marktes erhalten. Dies aber würde einem Paradoxon gleichkommen: Bislang sind *überbrückte disruptive* Technologien nicht denkbar.

4.5.3   Methode: Transition Management

Die unter Kapitel 4.3.2 angeführten Anforderungen an die Integration des Blockchain-Konzepts in der Musikwirtschaft legen den Einsatz moderner Management-Methoden nahe.

Grundsätzlich sollten offene Strukturen bevorzugt werden, um keine Stakeholder auszuschließen und Transparenz nach außen zu vermitteln. Das Konsortium und die angeschlossenen Arbeitsgruppen sollten in Folge dessen einen horizontalen Austausch innerhalb der Musikwirtschaft unterstützen. Ebenfalls ist ein vertikal ausgerichteter Austausch zwischen Marktteilnehmenden einerseits und Implementationsprojekten andererseits einzurichten, um Anforderungen aus der Praxis bereits in frühen Entwicklungsstadien aufnehmen zu können. Eine solche Funktion kann von einer Kommunikationsplattform unterstützt bzw. von einer vermittelnden dritten Institution übernommen werden.

Um den vielfältigen und im Laufe der Entwicklungen sich rasch ändernden Anforderungen gerecht zu werden, bieten sich Methoden des agilen Managements an. Agile Methoden, und somit eine iterative Projekt- und Software-Entwicklung sind notwendig, um die Aktualität des Erkenntnisstands zu gewährleisten (Agile Manifesto Autoren 2001; Agile Alliance o. D.).

Auf organisatorischer Ebene betrachtet, unterstützt kollaboratives Management (*Wiki-Management*) den Austausch vieler beteiligter Teilnehmender bei vergleichsweise geringem Aufwand (Collins 2014, S. 122ff.).

Den Rahmen zur Anwendung der genannten Methoden kann ein *Transition-Management*-Ansatz bilden. Die Definition von Schneidewind und Scheck (2012) des Begriffs *Transition*, basierend auf einem Forschungsansatz aus den Niederlanden, zeigt, dass die Transition-Forschung auch für die Integration des Blockchain-Konzept oder für andere disruptive Technologien einen gangbaren Weg aufzeigen kann:

> Transitions werden [...] definiert als radikaler, struktureller Wandel eines gesellschaftlichen Systems als Folge einer Ko-Evolution von ökonomischen, kulturellen, technologischen, ökologischen und institutionellen Entwicklungen auf unterschiedlichen Ebenen. (Schneidewind & Scheck 2012, S. 47f.)

Die weitere Darstellung des Transition Managements (Schneidewind & Scheck 2012, S. 48f.) weist in mehreren Punkten auf eine Anwendbarkeit innerhalb der Musikwirtschaft hin. Die als *sozio-technische Nische* bezeichnete erste von drei Ebenen, auf denen die Veränderungen stattfinden, ist in der Musikwirtschaft als der Raum der Startups zu betrachten, die Innovationen wie Blockchain hervorbringen. Teil des *sozio-technischen Regimes* sind Verwertungsgesellschaften, Verbände und Major Labels sowie Großverlage (*normative Regeln*), der Gesetzgeber (*regulative Regeln*) und die Wahrnehmung aus der Perspektive unterschiedlicher Interessensgruppen bzw. Stakeholder (*kognitive Regeln*). Als dritte Ebene wird das *sozio-technische Landscape* eingeführt. Teil dessen können Umweltbedingungen, politische Entwicklungen oder andere grundlegende, umgebende Bedingungen sein, die *kaum beeinflussbar* sind.

Die bei Schneidewind und Scheck (2012, S. 50) im Folgenden beschriebenen Muster des Wandels bieten einen weiteren Ansatzpunkt, der eine Vergleichbarkeit mit der Musikwirtschaft zulässt. Der von Napster ab 1998 ausgelöste Druck entspricht dem *bottom-up-Muster*; jedoch *stürzte* er nicht das *bestehende Regime* (Verwertungsgesellschaften und Major Labels). Der Wandel führte aber zu einer Stärkung neuer dominanter Unternehmen (Apple, Google) und zu einer Veränderung des Verhaltens der Nutzenden. Letztere hat die kognitiven Regeln (Wertedefinition der Musik als Teil der Weltanschauung) und damit gleichzeitig auch Trends im *sozio-technischen Landscape* nachhaltig verändert. In Bezug auf eine Begleitung der Blockchain-Integration sind das von Schneidewind und Scheck beschriebene *hybrid*-Muster und die damit verbundenen möglichen „symbiotische[n] Beziehungen zwischen Regime [= Verwertungsgesellschaften] und Nische [= Innovatoren und Startups]" (ebd.) zu untersuchen.

Zusammenfassend formulieren Schneidewind und Scheck: „Ambivalente Ziele, unsicheres Systemwissen und verteilte Machtstrukturen erfordern […] eine reflexive Gestaltung sozio-technischen Wandels". Den Ansatz hierzu könnte das *Transition Management* liefern, das „Richtung und […] Geschwindigkeit von Wandelprozessen" beeinflussen soll (ebd., S. 51). Exakt dies fehlt in Migration, Change Management oder herkömmlichen Projektmanagement-Ansätzen: eine Einflussnahme auf Metaebene. Es ist daher zu evaluieren, ob Transition Management, kollaborative und agile Projektmethoden sowie als Bindeglied eine Austauschplattform oder eine vermittelnde Institution einen Lösungsansatz bilden können, um disruptive Konzepte bei einem Mindestmaß negativer Nebenwirkungen einzuführen.

4.6   Fazit

Auf dem Weg zur Umsetzung komplexer Marktveränderungen, die durch die Marktteilnehmenden beeinflusst werden können, erscheint das Transition Management als möglicher Ansatz. Ebenso wie die Blockchain-Forschung muss jedoch auch hier eine umfassende Evaluation vorgenommen werden. Es bleibt abzuwarten, ob Blockchain das Technologiekonzept ist, das die (Musik-)Wirtschaft zukünftig revolutioniert. Sicher ist jedoch, dass der Musikmarkt – und insbesondere die Verwertungsgesellschaften – nicht passiv bleiben dürfen. Kommen andere Marktteilnehmende (oder neue Akteur_innen) zu dem Entschluss, Blockchain sei geeignet, ist eine nachträgliche Integration mit allen bekannten Nachteilen einer disruptiven Technologie verbunden.

Entscheidungen mitzugestalten heißt, die Evaluation und Evolution einer Technologie *mitzutragen*, statt zu übernehmen, ob mit positivem oder negativem Ausgang. Die Erfahrungen des Erkenntnisprozesses werden sich bei der Begleitung späterer Technologien als vorteilhaft erweisen. „Diskussion und Forschung zur Blockchain sind […] elementar, auch wenn Erkenntnisse daraus letzten Endes vielleicht ganz anders implementiert [werden]" (Göbel 2017, Interview). Deutlicher beschreibt es Florian Richter (2017, Interview), CEO bei BrandNewMusic, wenn er warnt, „dass die Diskussion von besseren Lösungswegen ablenkt" bzw. ablenken könnte. Als unabhängiger Künstler sieht Mat Dryhurst (2017, Interview) kaum einen anderen Weg, als sich mit Blockchain zu beschäftigen: „when it comes to indie music, there is very little to lose. […] lot of strides need to be made to make interacting with blockchain services as painless as other centralized apps".

Die durch die Branche hindurch festzustellende Bereitschaft aufeinander zuzugehen, ist die herausragende Chance, die allen Blockchain-Initiativen und -projekten zu verdanken ist. Wenn die Kernforderung nach einer *besseren Musikbranche* diejenige nach Transparenz ist, dann ist die zur Debatte stehende Technologie eher zweitrangig. Relevant ist die Kommunikation innerhalb der Branche; die Etablierung eines ständigen Multi-Stakeholder-Dialogs.

Falls dies dazu führt, dass eine disruptive Technologie, möglicherweise Blockchain, erfolgreich und erstmals mit weniger negativen Auswirkungen umgesetzt werden kann, ist es nahezu als Nebenwirkung zu betrachten. Sollte sich Blockchain als tragfähiger Ansatz erweisen, wird sich nicht nur die Musikwirtschaft grundlegend verändern. Vorausgesetzt, dass die wesentlichen Lücken des Konzepts beseitigt und Bedenken ausgeräumt werden können, hat Blockchain das Potential, der technologischen Entwicklung einen Evolutionsschub zu geben, der mit den Auswirkungen des Internets vergleichbar ist. *Technisch* sollte der Einsatz des Blockchain-Konzepts kein Problem darstellen, „so lange man [ein abgestimmtes Regelwerk in Form von] *Policies* in einer *permissioned* [Blockchain vereinbart] hat und eine generelle Transparenz zwischen den Parteien klar definiert ist" (Holly 2017, Interview)[39].

Ein vorschneller und unausgereifter Einsatz in der Praxis ist jedoch bedenklich. Die fehlende Anpassung und Gewöhnung der Menschen an veränderte Abläufe und bestehende Vorbehalte gegenüber anderen Marktteilnehmern sind problematisch. „Der Mensch und sein Geschäft bzw. seine aktuellen Vorteile" sind „unabhängig von der Technik das Hauptproblem" (ebd.). Matthias Hornschuh beschreibt es zusammenfassend und treffend:

> Es ist schnurz, ob wir das Metadatendesaster mit der Blockchain, mit Excel oder mit einem Zettelkasten in den Griff kriegen. Solange es nur passiert. Das allerdings ist unabdinglich [...]. Die einzige Möglichkeit liegt darin, es gemeinsam zu tun und nicht gegeneinander. (2017, Interview)

Und darin liegt die Chance der Verwertungsgesellschaften.

Literatur

Accenture (2016). Press Release: Accenture Debuts Prototype of 'Editable' Blockchain for Enterprise and Permissioned Systems. https://newsroom.accenture.com/news/accenture-debuts-prototype-of-editable-blockchain-for-enterprise-and-permissioned-systems. html. Zugegriffen: 02. Mai 2017.

---

39 http://www.bennfleischer.com

Agile Alliance (o. D.). 12 Principles Behind the Agile Manifesto. https://www.agilealliance. org/agile101/12-principles-behind-the-agile-manifesto. Zugegriffen: 07. Juli 2017.

Agile Manifesto Autoren (2001). Manifesto for Agile Software Development. https://www. agilealliance.org/agile101/the-agile-manifesto. Zugegriffen: 07. Juli 2017.

Austerberry, D. (2004). *Digital Asset Management: How to Realise the Value of Video and Image Libraries.* Oxford/Amsterdam: Focal Press/Elsevier.

Collins, R. (2014). *Wiki Management: A Revolutionary New Model for a Rapidly Changing and Collaborative World.* New York/Atlanta: American Management Association (AMACOM).

Cooke, C. (2014). PRS Confirms Global Repertoire Database "Cannot" Move Forward, Pledges to Find "Alternative Ways". http://www.completemusicupdate.com/article/ prs-confirms-global-repertoire-database-cannot-move-forward-pledges-to-find-alternative-ways. Zugegriffen: 02. Juli 2017.

Gulli (2012). Zoe.Leela: Naiv? Arrogant? Oder doch lieber CC statt GEMA? http://www.gulli. com/news/18768-zoeleela-naiv-arrogant-oder-doch-lieber-cc-statt-gema-2012-05-10. Zugegriffen: 03. Juli 2017.

Haber, S., & Stornetta, W. S. (1991). How to Time-Stamp a Digital Document. https://www. anf.es/pdf/Haber_Stornetta.pdf. Zugegriffen: 17. März 2017.

Kotler, P., Armstrong, G., Saunders, J., & Wong., V. (2007). *Grundlagen des Marketing.* 4. aktualisierte Auflage. München: Pearson Studium.

Lessig, L. (2004). *Free Culture: The Nature and Future of Creativity.* New York: Penguin Group.

Litke, H.-D. (2004). *Projektmanagement. Methoden, Techniken, Verhaltensweisen; Evolutionäres Projektmanagement.* 4. überarbeitete und erweiterte Auflage. München/Wien: Hanser.

Mauthe, A. U., & Thomas, P. (2004). *Professional Content Management Systems. Handling Digital Media Assets.* Chichester: John Wiley & Sons, Ltd.

McConaghy, T., Marques, R., Müller, A., de Jonghe, D., McConaghy, T. T., McMullen, G. et al. (2016). BigchainDB: A Scalable Blockchain Database. WhitePaper. Berlin: BigchainDB. https://www.bigchaindb.com/whitepaper/bigchaindb-whitepaper.pdf. Zugegriffen: 17. März 2017.

McWaters, R. J., Bruno, G., Galaski, R., & Chatterjee, S. (2016). The Future of Financial Infrastructure. An Ambitious Look at how Blockchain Can Reshape Financial Services. – An Industry Project of the Financial Services Community. Prepared in Collaboration with Deloitte. Part of the Future of Financial Services Series. http://www3.weforum.org/ docs/WEF_The_future_of_financial_infrastructure.pdf. Zugegriffen: 17. März 2017.

Mulligan, M. (2015). *Awakening: The Music Industry in the Digital Age.* London: Midia Research.

Music Business Worldwide. (2016). Barney Wragg Launches Blockchain Band Name Register for Music Biz. https://www.musicbusinessworldwide.com/barney-wragg-launches-blockchain-band-name-register-for-music-biz. Zugegriffen: 10. April 2017.

Music Business Worldwide. (2017a). SOCAN Set to Join Forces with Reproduction Rights Body SODRAC. https://www.musicbusinessworldwide.com/socan-set-join-forces-reproduction-rights-body-sodrac. Zugegriffen: 10. April 2017.

Music Business Worldwide. (2017b). ASCAP, PRS and SACEM Join Forces for Blockchain Copyright System. https://www.musicbusinessworldwide.com/ascap-prs-sacem-join-forces-blockchain-copyright-system. Zugegriffen: 10. April 2017.

MusikWoche. (2009). c/o pop streamt Wertediskussion. http://www.mediabiz.de/musik/ news/c-o-pop-streamt-wertediskussion/278720/512. Zugegriffen: 08. Juli 2017.

Nakamoto, S. (2008). Bitcoin: A Peer-to-Peer Electronic Cash System. https://bitcoin.org/bitcoin.pdf. Zugegriffen: 17. März 2017.

O'Dair, M., Beaven, Z., Neilson, D., Osborne, R., & Pacifico, P. (2016). Music on the Blockchain. Report No. 1, July 2016. https://www.mdx.ac.uk/__data/assets/pdf_file/0026/230696/Music-On-The-Blockchain.pdf. Zugegriffen: 17. März 2017.

Ovide, S. (2017). The Music Industry's Still Off Key. https://www.bloomberg.com/news/articles/2017-07-03/music-industry-didn-t-learn-from-its-digital-destruction. Zugegriffen: 05. Juli 2017.

Rethink Music Initiative. A Project of Berklee Institute of Creative Entrepreneurship (BerkleeICE). (2016). Fair Music: Transparency and Payment Flows in the Music Industry. Recommendations to Increase Transparency, Reduce Friction, and Promote Fairness in the Music Industry. https://www.berklee.edu/sites/default/files/Fair%20Music%20-%20Transparency%20and%20Payment%20Flows%20in%20the%20Music%20Industry.pdf. Zugegriffen: 17. März 2017.

Rogers, B. (2016). Building Identity, Authority, & Trust into Songs – One Link at a Time. dotBC Update #6. https://medium.com/dotblockchainmusic/building-identity-authority-trust-into-songs-one-link-at-a-time-b5dde8a74613. Zugegriffen: 17. März 2017.

Schütte, J., Fridgen, G., Prinz, W., Rose, T., Urbach, N., Hoeren, T. et al. (2017). *Blockchain – Technologien, Forschungsfragen und Anwendungen*. Version 1.0. Fraunhofer Gesellschaft. (Erhältlich auf Anfrage bei der Fraunhofer Gesellschaft.)

Schneidewind, U., & Scheck, H. (2012). Zur Transformation des Energiesektors – ein Blick aus der Perspektive der Transition-Forschung. In H.-G. Servatius et al. (Hrsg.), *Smart Energy* (S. 45-61). doi 10.1007/978-3-642-21820-0_2. Berlin/Heidelberg: Springer-Verlag. http://content.schweitzer-online.de/static/catalog_manager/live/media_files/representation/zd_std_orig__zd_schw_orig/012/725/757/9783642218194_content_pdf_1.pdf. Zugegriffen: 02. Mai 2017.

Senges, W. (2009a). The GEMA-Presumption As an Entry Barrier [Pt. 1/3]. https://www.contentsphere.de/2009/09/02/the-gema-presumption-as-an-entry-barrier-1Zugegriffen: 02. Juli 2017.

Senges, W. (2009b). The GEMA-Presumption As an Entry Barrier [Pt. 2/3]. https://www.contentsphere.de/2009/09/03/the-gema-presumption-as-an-entry-barrier-2. Zugegriffen: 02. Juli 2017.

Senges, W. (2009c). The GEMA-Presumption As an Entry Barrier [Pt. 3/3]. https://www.contentsphere.de/2009/09/03/the-gema-presumption-as-an-entry-barrier-3. Zugegriffen: 02. Juli 2017.

Senges, W. (2016). *Blockchain Work Group: #1 Zusammenfassung „Most Wanted: Music".* (auf Anfrage erhältlich beim Autor: wolfgang.senges@contentsphere.de).

Senges, W. (2017). Blockchain Roundtable for Music Business Launched. https://www.contentsphere.de/2017/02/07/blockchain-roundtable-music-launched/. Zugegriffen: 17. März 2017.

Silver, J. (2016). Blockchain or the Chaingang? Challenges, opportunities and hype: the music industry and blockchain technologies. CREATe Working Paper 2016/05. London, UK. https://zenodo.org/record/51326/files/CREATe-Working-Paper-2016-05.pdf. Zugegriffen: 17. März 2017.

Tschmuck, P., & Spiegl, L. (2017). Das Musikbusiness in der Blockchain – die Perspektive der Intermediäre. Wien. http://musikwirtschaftsforschung-wordpress-com.cdn.ampproject.org/c/s/musikwirtschaftsforschung.wordpress.com/2017/03/14/das-musik-

business-in-der-blockchain-die-perspektive-der-intermediaere/amp/. Zugegriffen: 17.
März 2017.

Liste der befragten Experten

Die Interviews wurden schriftlich angefragt und beantwortet.

- Benn, Stephan (Rechtsanwalt)[40], Interview am 18.04.2017
- Dryhurst, Mat (Musikkünstler)[41], Interview am 17.04.2017
- Graham, Alan (Co-Founder, OCL/Totem)[42], Interview am 27.04.2017
- Göbel, Christian (Labelmanager & Head of Publishing, Motor Entertainment GmbH)[43], Interview am 23.04.2017
- Harris, Peter (Founder, Resonate / Envoke)[44], Interview am 14.04.2017
- Holly, Steffen (Head of Media Management & Delivery, Fraunhofer Institut für Digitale Medientechnologie IMDT)[45], Interview am 21.04.2017
- Hornschuh, Matthias (Filmkomponist)[46], Interview am 23.04.2017
- de Ninni, Carlotta (Head of Research, Mycelia for Music)[47], Interview am 20.04.2017
- Reinwarth, Matthias (Senior Analyst & Advisor)[48], Interview am 20.04.2017
- Richter, Florian (CEO, BrandNewMusic)[49], Interview am 24.04.2017
- Schasse de Araujo, Bettina (Innovationsstrategien & Community Manager, Kompetenzzentrum Intelligente Dienstleistungssysteme, Institut für Angewandte Informatik e. V. (InfAI))[50], Interview am 24.04.2017
- Interviews wurden ebenfalls angefragt bei der GEMA sowie der Cultural Commons Collecting Society SCE (C3S SCE). Ihre Antworten werden in einer in Arbeit befindlichen Publikation des Autors berücksichtigt.

---

40 http://www.bennfleischer.com/benn_de.html
41 http://www.mathewdryhurst.com
42 https://what.ocl.is
43 http://www.motormusic.de
44 https://resonate.is; https://envoke.org
45 https://www.idmt.fraunhofer.de
46 http://www.hornschuh-musik.de
47 http://myceliaformusic.org
48 http://reinwarth.de
49 http://www.brandnewmusic.de
50 http://infai.org

Die Blockchain in der Musikindustrie
Innovationspotential und Geschäftsmodelle

5

Lorenz Gilli und Aaron Röver

Zusammenfassung

Die Blockchain wird im medialen Diskurs aktuell als vielversprechende Technologie für die Musikindustrie diskutiert. Dieser Beitrag beleuchtet diesbezüglich die Einsatzmöglichkeiten. Nach einer Erläuterung der konzeptionellen Grundlagen dieser neuen Technologie werden die Potentiale vorgestellt, die derzeit im medialen und (noch relativ kleinen) wissenschaftlichen Diskurs verhandelt werden. Die damit verbundenen Hoffnungen seitens der Musikschaffenden und anderer Beteiligter werden mit bestehenden Problemen und Hindernissen kontrastiert und somit kritisch hinterfragt. Anschließend wird die Blockchain als technologische Innovation und als *systemfremde Kreativität* (Tschmuck 2003, 2008) beleuchtet. In diesem Zuge wird aufgezeigt, welche Potentiale die Blockchain hat, um bestehende Handlungs- und Wertschöpfungs-Paradigmen der Musikindustrie aufzubrechen und einen Paradigmenwechsel herbeizuführen. Darauf aufbauend wird ein Analyseinstrument zur Beschreibung von Geschäftsmodellen in der digitalen Musikindustrie vorgestellt. Mit diesem Instrument werden drei derzeit in die Musikindustrie drängende Organisationen (PeerTracks, Ujo Music und dotBlockchain Music) und ihre innovativen Geschäftsmodelle analysiert, wodurch Einblicke in aktuell angewandte Ansätze und ihre unterschiedlichen Ausrichtungen sowie – sofern möglich – Erfolgspotentiale möglich werden.

Abstract

The blockchain is currently being discussed in the media as a promising technology for the music industry. This article explores this possibility. After briefly explaining the basic concepts, we will present its potential as discussed both in the media and – to a far lesser extent – by the scientific community. We will

© Springer Fachmedien Wiesbaden GmbH, ein Teil von Springer Nature 2019
M. Ahlers et al. (Hrsg.), *Big Data und Musik*, Jahrbuch für Musikwirtschafts-
und Musikkulturforschung, https://doi.org/10.1007/978-3-658-21220-9_5

critically contrast the hopes put into this new technology by artists and other players with the challenges and difficulties that come with it. Thereafter, we will look at the blockchain as an innovating technology and its positioning as *system-alien creativity* (Tschmuck 2012). In so doing, we will outline the blockchain's capability of breaking up the music industry's existing processes and methods of adding value, replacing them with new paradigms. Building on this, a method for analysing business models in the digital music industry is suggested. We will apply this method to the study and comparison of three emerging players (PeerTracks, Ujo Music and dotBlockchain Music), which will provide us with insights into some of the different approaches to business models and – as far as possible – also into their potential for success.

Schlüsselbegriffe

Blockchain, Musikindustrie, Geschäftsmodell, Transparenz, Rechteverwertung

Keywords

blockchain, music industry, business modell, transparency, copyright management

5.1   Einleitung

Die Komprimierung von Musikdateien durch das MP3-Format und deren Distribution über Computernetzwerke hat die Musikindustrie um die Jahrtausendwende vor neue Herausforderungen gestellt. Einbrechende Umsätze beim CD-Verkauf und neue Konkurrenz bei der Distribution machen den Plattenlabels teils heute noch zu schaffen. Doch auch Kunstschaffende und andere am Produktionsprozess Beteiligte sind mit der aktuellen Situation unzufrieden: Die Musiker_innen beklagen, dass sie zu wenig an ihren eigenen Werken verdienen und ihr Anteil an den Verwertungsrechten sowie den Umsätzen nicht transparent sei (Rethink Music Initiative 2015, S. 3f.).

Die Verwertungsrechte der Musik liegen nicht nur bei den aufführenden Künstler_innen, sondern je nach Vertragsgestaltung auch bei Produzenten_innen, Labels, Studiomusiker_innen, Songwriter_innen etc., deren Erlösbeteiligung jedoch je nach Vertriebskanal unterschiedlich ausfällt. Die Größe des Labels und die Distributionsart entscheiden beispielsweise darüber, wie hoch der Anteil des Musikverlags ist und ob Teile der Auszahlungen über eine Verwertungsgesellschaft geregelt werden (ebd., S. 13ff.). Beim Streaming unterscheiden sich die ausgezahlten Beträge pro Stream je nach Anbieter und Modell: YouTube zahlt 0,00111$ pro Stream, Spotify Free 0,00121$ und Spotify Premium durchschnittlich 0,00653$ (ebd., S. 19f.). Einzelne erfolgreiche Künstler_innen wie Adele und Taylor Swift zogen ihre Stücke zwischenzeitlich wegen der geringen Erlöse von den Streamingplattformen zurück (Gruber 2015). Dies sehen viele Kunstschaffende ähnlich (Schwetter 2015, S. 271), sind aber aufgrund mangelnder Informationen über ihre Vergütungsansprüche wie über das Urheberrecht (ebd., S. 314) nicht in der Lage, alternative Absatzwege zu erschließen.

Es existiert keine transparente Datenbank, die sämtliche Rechte an den einzelnen Werken aufzeigt. Stattdessen wird die umfassende Verteilung der musikalischen und textlichen Urheberrechte, der Leistungsschutzrechte von z. B. Studiomusiker_innen sowie der Erlösanteile für die Musikschaffenden von den Labels, Verlagen und Verwertungsgesellschaften verwaltet. Die Auszahlungen erfolgen zeitverzögert über diese Mittler, wobei die Anteile für die Künstler_innen zwar vertraglich festgelegt, aufgrund der fragmentierten Datenbanken jedoch nicht nachvollziehbar sind (Rogers 2015). So ist es sehr schwierig für die Kunstschaffenden zu überblicken, wer wie viel an ihren Werken verdient. Bei manchen Vertriebswegen wie DJ-Mixes auf Soundcloud verdienen die Künstler_innen selbst gar nichts, da nicht erfasst wird, von welchen Künstler_innen das verwendete Material stammt (Rogers 2015).

Generell wird beklagt, dass sich die Rechteverwertung der digital distribuierten Musik immer noch an den Strukturen des physischen Tonträgermarkts orientiert (Rethink Music Initiative 2015, S. 3). Dieses Problem besteht bereits seit den Anfängen der digitalen Musikdistribution, konnte bisher allerdings nicht gelöst werden. Frühere Ansätze wie die Einführung einer Global Repertoire Database scheiterten daran, dass sich ein Teil der Finanziers zurückzog. Als mögliche Gründe dafür können zum einen potentielle Verluste und zum anderen die Uneinigkeit über die intraorganisationale Hierarchie genannt werden (Milosic 2015). Mit der Blockchain ist aktuell eine Technologie aus dem Finanz-IT-Sektor in das Blickfeld der Musikwirtschaft gerückt, in die von verschiedenen Akteur_innen große Hoffnungen gesetzt werden. Besonders die Künstler_innen versprechen sich davon transparentere, schnellere und effizientere Auszahlungen der ihnen zustehenden Vergütungen.

Der vorliegende Beitrag widmet sich diesem Thema und stellt in Kapitel 2 die Hoffnungen dar, die von unterschiedlichen Akteur_innen an die Blockchain gerichtet und die im derzeitigen medialen wie wissenschaftlichen Diskurs verhandelt werden. Dabei werden auch kritische Positionen ausführlich dargestellt.

Aufgrund der Aktualität des Themas ist die Quantität an wissenschaftlichen Arbeiten dazu noch relativ gering. Yli-Huumo et al. (2016, S.1) stellen fest, dass 80 Prozent der Publikationen, welche die Blockchain betreffen, sich hauptsächlich auf Bitcoin konzentrieren und die wenigsten davon stammen aus akademischen Journals, sondern zumeist aus Workshops und Tagungen (ebd., S.22). Ein Großteil des verfügbaren Materials kommt direkt aus der Industrie und ihrem Umfeld und setzt sich mehr mit den Möglichkeiten als mit den Problemen und Risiken auseinander. So wirkt das Buch *Blockchain Revolution* (Tapscott & Tapscott 2016), eine der wenigen Monographien zum Thema, sehr ideologisch aufgeladen. Beispielsweise schreiben die Autoren: „Everyone should stop fighting [the blockchain] and take the right steps to get on board" (ebd., S.35), oder: „Too much is at stake and we need your help. Please join us" (ebd., S.252). Auch die in Kapitel 10 aufgeführten *implementation challenges* (ebd., S.253) werden lediglich als *überwindbare Hürden* angesehen[1]. Dadurch erfährt die Blockchain geradezu einen Hype (Lemieux 2016, S.5), der in diesem Artikel noch genauer beleuchtet wird. Doch die Anzahl der kritischen Artikel steigt aktuell an, was nicht zuletzt daran liegt, dass auch die Wissenschaft vermehrt Interesse am Thema entwickelt (Lemieux 2016, S.7; Yil-Huumo 2016, S.9).

Die Ausführungen dieses Kapitels beziehen sich u.a. auf Benji Rogers' zweiteiligen Artikel: *How the Blockchain and VR can change the Music Industry* (2015, 2016), wie auch auf den *Fair Music Report* der Rethink Music Initiative (2015) und *Music On The Blockchain* (O'Dair et al. 2016) der Middlesex University London.

Kapitel 3 analysiert mit Bezug auf aktuelle Innovationstheorien und -modelle, welche Art von Innovation die Blockchain für die Musikindustrie darstellt und welche Veränderungen der Industriestruktur möglich sind. Das Buch *Kreativität und Innovation in der Musikindustrie* von Peter Tschmuck (2003, 2012) erläutert den Ablauf wichtiger Innovationsprozesse in der Musikindustrie im Allgemeinen und liefert die Grundlage für die theoretische Analyse. Anschließend wird die Blockchain und ihr Innovationspotential in den theoretischen Rahmen eingeordnet und es wird untersucht, welche Veränderungen der Industriestruktur möglich sind.

Kapitel 4 nimmt drei konkrete Akteure in den Blick, die das Innovationspotential der Blockchain für die Musikindustrie nutzbar machen wollen und analysiert deren Geschäftsmodelle und ihre Positionierung in der veränderten Marktstruktur. Hier kommt ein vom Autor entwickeltes Analysemodell (Gilli 2004) zum Einsatz,

---

1 „We encourage you to consider whether these are either 'reasons the blockchain is a bad idea' or 'implementation challenges to overcome.' We think it's the latter, and we'd like innovators to view these as important problems to solve creatively as we transition to the second era of the Internet." (Tapscott & Tapscott 2016, S.254)

welches vor allem auf Timmers (1998) und Stähler (2001) aufbaut und speziell für die digitale Musikdistribution konzipiert wurde. Die aktuelle Diskussion der Geschäftsmodellkonzeptionen folgt den Ansätzen von Wirtz (2013), Eckert (2014) sowie Tapscott & Tapscott (2016). Die Analyse der drei Geschäftsmodelle dient nicht zuletzt der Darstellung unterschiedlicher Ansätze, wie die Veränderungspotenziale der Blockchain in konkrete Geschäftsmodelle umgesetzt werden können und welche Chancen und Risiken – unter Vorbehalt aller weiteren, derzeit noch unklaren Entwicklungen – damit verbunden sind.

5.2 Die Blockchain in der Musikindustrie

Die Blockchain kann – grob gesagt – als dezentrales, digitales Registerbuch (distributed ledger) verstanden werden, das Transaktionen in Blöcken gebündelt speichert. Sie zeichnet sich vor allem durch die drei Eigenschaften *dezentral, vertrauenswürdig* und *unveränderbar* aus (Umeh 2016, S. 58f.). Die bekannteste Anwendung der Blockchain sind Kryptowährungen wie Bitcoin.

Blockchains werden dezentral auf verschiedenen Rechnern der Netzwerkteilnehmer_innen gespeichert. Ihre Informationen sind öffentlich einsehbar (vgl. Umeh 2016, S. 58f.), bleiben aber z. B. im Falle von Kryptowährungen in Verbindung mit dem Tor-Browser dennoch anonym (Leistert 2015). Dabei muss zwischen *permissioned*, die nur für einen bestimmten Kreis, und *permissionless* Blockchains, die für jedermann nutzbar sind, unterschieden werden (O'Dair 2016, S. 6f.).

Die Transaktionen werden in Form von Blöcken in einer Kette aneinandergereiht. Die Blöcke enthalten dabei zum einen die Informationen der Transaktionen und zum anderen den *Hash*, eine eindeutige Prüfsumme, die auf den vorherigen Block verweist. Dadurch sind die Transaktionen unumkehrbar und es entsteht eine lückenlose und transparente Kette von Transaktionen (Umeh 2016, S. 58f.). Damit können Zahlungsvorgänge aber auch Veränderungen an der Datei getrackt werden (Leistert 2015). Die Transaktionen sind dabei stets kryptografisch signiert, im Falle von Bitcoin durch einen *private key*, der die Transaktionen auf den *public key* (den einsehbaren Account) verifiziert (Crosby et al. 2015, S. 6). Generiert werden die Blöcke durch die Nutzung von Rechenkapazitäten der Netzwerkmitglieder (das sogenannte Mining), wofür die Miner finanziell mit Kryptowährung entlohnt werden (ebd., S. 11). Im Gegensatz zu anderen elektronischen oder digitalen Zahlungsmethoden wie Kreditkarte oder PayPal besteht ein großer Vorteil von Bitcoin darin, dass die User bei Transaktionen keiner *trusted third party* vertrauen müssen, da diese Prozesse innerhalb der Blockchain ablaufen (Umeh 2016, S. 59).

Die Blockchain ermöglicht außerdem die Ausführung von *Smart Contracts*. Darunter wird ein Code verstanden, der ein komplexes Set von Anweisungen automatisch beim Erfüllen von definierten Voraussetzungen ausführt. Smart Contracts können also als Übersetzung von juristischen Regularien in Softwarecode gesehen werden (Tapscott & Tapscott 2016, S. 47), wodurch Micropayments – sofortige Auszahlungen aus Bruchteilen von Cents – möglich werden (Rogers 2015).

5.2.1 Hoffnungen an die Blockchain und Smart Contracts

Die Eigenschaften und Funktionalitäten der Blockchain stellen nun Möglichkeiten zur Lösung der eingangs beschriebenen Problematiken für die Musikschaffenden dar, insbesondere in Hinblick auf faire, transparente und effizientere Verteilungsmechanismen. Dies würde vor allem den Künstler_innen und anderen an der Produktion der Musik beteiligten Akteur_innen zugutekommen. Die Forderungen seitens der Musikschaffenden, deren Interessensvertretungen und von Blockchain-Providern lassen sich in vier Aspekte zusammenfassen:

a. *Mehr Transparenz*: Die unterschiedlichen Auszahlungsraten in den einzelnen Staaten machen die Rechtesituation für die Musikschaffenden intransparent (Rogers 2015). Die Daten dazu liegen bei den Labels, die diese nur unregelmäßig und oft veraltet herausgeben, was es den Künstler_innen erschwert, die Zusammensetzung ihres Einkommens zu verstehen, merkt Bruno Guez, CEO des IT-Dienstleisters Revelator, an (zit. nach Holmes 2015). Um dies zu lösen, braucht es einen barrierefreien Zugang zu den Daten ihrer eigenen Werke (ebd.).
b. *Metadatenstandards*: Für solche Transparenz schaffende Repositorien und Prozesse sind Standards bzgl. der Metadaten (Titel, Interpret_innen, Erscheinungsjahr, Rechteinhaber_innen etc.) unumgänglich. Obwohl es Standards für die Identifizierung von Audioaufnahmen (International Standard Recording Code: ISRC) und von Kompositionen (International Standard Work Code: ISWC) gibt, fehlen solche für die Erfassung der Metadaten. Stattdessen gibt es mehrere, unabhängige Codierungen, die nur bedingt miteinander kompatibel sind, für einen gemeinsamen Gebrauch übersetzt werden müssen und aufgrund der Fehleranfälligkeit teilweise falsche Auszahlungen verursachen (Rethink Music Initiative 2015, S. 14).
c. *Höherer Umsatzanteil*: Labelverträge sind oftmals noch für die Rahmenbedingungen des physischen Tonträgermarkts gestaltet (Rethink Music Initiative 2015, S. 14) und beinhalten aufgrund der höheren Kostenbelastung der Labels für die Produktion und Distribution physischer Tonträger auch höhere Anteile

am Gewinn für diese. Die veränderte Kostenstruktur durch digitale Distribution lässt nun die Labels davon profitieren. In einigen Deals ist diese Praxis bereits verschwunden, in vielen Fällen wird sie jedoch weiterhin angewandt (vgl. Passman 2015, S. 153-155). Außerdem beanspruchen Labels Vorschüsse von Streaminganbietern als Vertragsprämie für sich und geben sie nicht an die Künstler_innen weiter. Diese Praxis wird von der Rethink Music Initiative (2015, S. 4) mit dem Begriff *Blackboxing* adressiert. Durch die Beteiligung von Majors an Streaminganbietern, die beispielsweise 18 % an Spotify halten (Lindvall 2009), verhandeln sie bei der Aushandlung dieser Deals de facto zu einem Teil mit sich selbst, wie Lizenzrechtexperte Steven Ambers feststellt (Messitte 2015). Wertsteigerungen oder Erlöse aus dem Verkauf dieser Unternehmensbeteiligungen werden nicht an die Kunstschaffenden weitergegeben, sondern verbleiben bei den Labels, vermutet auch Tschmuck (2017).

d. *Schnellere Auszahlungen*: Die Erlöse der digitalen Distribution sind gerade beim Streaming kleinteilig und fallen über längere Zeiträume verstreut an. Diese Beträge werden nicht direkt, sondern erst extern gesammelt und den Künstler_innen später gebündelt ausgezahlt (Rethink Music Initiative 2015, S. 19; Sellin & Seppälä 2017, S. 7). Während Künstler_innen auf ihre Erlöse warten und sich ggf. zwischenfinanzieren müssen, erhalten die Labels und Distributoren zinsfreies Fremdkapital.

Die Implementierung der Global Repertoire Database, die als nicht-öffentlicher, globaler Katalog für Musikverlage und Verwertungsgesellschaften konzipiert war, scheiterte 2014 (Milosic 2015). Dennoch wäre für die Kritiker_innen der Rechteverwertung eine erfolgreiche Umsetzung ein erster Schritt hin zu einer zentralen und einheitlichen Datenbank gewesen. Die Rethink Music Initiative (2015, S. 26) führt allerdings an, dass eine Datenbank dieser Art für jede Person offen zugänglich sein müsste und aus einer Mischung aus Profit- und Non-Profit Organisation bestehen sollte. Als Vorbild nennt sie die Internet Movie Database (IMDB), in der die Nutzenden die Daten selbst eintragen und das Kollektiv diese authentifiziert. Im aktuellen Diskurs werden unterschiedliche Ansätze diskutiert, die eine Lösung für einen oder mehrere der genannten Aspekte versprechen. An dieser Stelle werden die relevantesten kurz angeführt und beschrieben.

Ein konkreter Ansatz für mehr Transparenz besteht darin, Musikdateien selbst als *Blockchain-Container* (Rogers 2016) zu nutzen und diese über das Netz zu verifizieren. Die enthaltenen Musikstücke würden dabei Mindestanforderungen für Metadaten (Minimum Viable Data: MVD) (Rogers 2015) enthalten und jeweils eine einzigartige Identifikationsnummer (ID) bekommen. Jede Änderung am Musikstück würde auch die ID verändern und in der Blockchain gespeichert werden. Damit wären Remixe und ähnliche Derivate sofort erkennbar (Gottfried 2015), die eigentlichen Rechteinhaber_innen bei der wirtschaftlichen Verwertung stets einsehbar und unberechtigtes Monetarisieren z. B. auf YouTube erschwert. Außerdem könnte MVD die ökonomische Effizienz erhöhen, da die verschiedenen Codes nicht mehr übersetzt würden müssten.

Auch Smart Contracts würden Transparenz fördern. In diesen stünden die Rechteinhaber_innen eines Musikstückes und ihre Anteile an den jeweiligen Umsätzen (Rogers 2015; Dredge 2016). Dies könnte den Musikschaffenden dank der besseren Informationslage helfen, fundierte wirtschaftliche Entscheidungen zu treffen (Revelator, o. J.). Außerdem würde durch die transparente Rechtslage Sicherheit für die Musikschaffenden gegenüber Investor_innen geschaffen werden: Geldgeber_innen könnte leichter aufgezeigt werden, welche Anteile an den Erträgen zu erwarten sind. Außerdem würde das Controlling vereinfacht werden, was die Wahrscheinlichkeit eines Investments durch die Finanziers erhöht (O'Dair 2016, S. 14).

Smart Contracts könnten die Auszahlung der Anteile automatisieren und beschleunigen. Da Kryptowährungen unendlich teilbar sind und an die Blockchain gekoppelt sein können, wären durch solche direkten Micropayments die Labels als Finanzmittler zwischen digitalen Dienstleistungsunternehmen und Künstler_innen hinfällig (Rogers 2015). Außerdem reduzieren direkte Zahlungen das Ausfallrisiko, z. B. bei Insolvenz einzelner Parteien (O'Dair 2016, S. 11). Durch Disintermediation, also dem Umgehen von Vermittelnden und Zwischenstufen, könnten Kosten gesenkt und erhöhte Einnahmen für die – nunmehr geringere Anzahl von – beteiligten Parteien ermöglicht werden (Rogers 2015; Tapscott & Tapscott 2016, S. 185).

Durch den Wegfall von Wechselgebühren bei internationalen Transaktionen (Gottfried 2015) oder automatische Anbindung an das betriebliche Rechnungswesen der Unternehmen sowie Senkung der Fehleranfälligkeit von Auszahlungen an Künstler_innen (Rethink Music Initiative 2015, S. 19) sind weitere Potentiale der Blockchain aufgezeigt.

Auch Unternehmen der Musikindustrie arbeiten daran, ein solches Feature in ihre Wertschöpfungskette einzubauen (Crosby et al. 2015, S. 16). Eine Plattform, die bereits die Nutzung von Smart Contracts anbietet, ist Ethereum. Dieses Projekt stellt eine *vollständig programmierbare Blockchain* (Bergmann 2015) für externe Anwendungen bereit, die spezialisierte Unternehmen nach ihren eigenen Bedürfnissen konfigurieren können (Wood 2014, S. 1). Damit geht die Möglichkeit einher, eigene Währungen zu kreieren, mit denen diese Smart Contracts ausgeführt werden.

Die Vereinfachung und Automatisierung durch Smart Contracts könnte die Lizenzierung gerade für kleine Musikschaffende erleichtern, zu einer besseren Monetarisierung ihrer Musik führen und die von Schwetter (2015, S. 318) konstatierte Lizenzierung „lediglich auf Anfragen" überwinden. Das Festlegen von Auszahlungsraten, z. B. für Remixe (Rogers 2015), oder die direkte Monetarisierung auf YouTube (Dredge 2016) bieten demnach Möglichkeiten zur Disintermediation (Gottfried 2015). Die Blockchain ermöglicht es, die Anzahl der öffentlichen Vorführungen zu begrenzen beziehungsweise den Erwerb entsprechender Aufführungsrechte bei den Verwertungsgesellschaften zu automatisieren. Weitere Einsparungen der administrativen Kosten und eine Vereinfachung der Verwaltung durch die Verwertungsgesellschaften wären die Folge (Rogers 2015). Die GEMA positioniert sich generell auf Seiten der Künstler_innen und plädiert für mehr Gerechtigkeit. Sie kritisiert den *Transfer of Values*, also die Verschiebung der Wertschöpfungsaktivitäten von den Künstler_innen zu den Plattformbetreibenden (Christiansen 2016, S. 12ff.), wird aber kein Interesse an der Abschaffung ihrer selbst haben.

Neben den dargestellten Möglichkeiten der Blockchain gibt es noch weitere, im Diskurs kaum genannte Anwendungsmöglichkeiten für die Musikindustrie, wie z. B. das Smart Ticketing (Ticketverkauf) oder die Herausgabe von limitierten digitalen Editionen (O'Dair 2016, S. 21).

5.2.2 Grenzen und Kritik

Da sich die Blockchain noch in der Entwicklungsphase befindet, werden Probleme und Risiken kaum kommuniziert. Am häufigsten werden noch Fragen zur Sicherheit und Privatsphäre adressiert und mit vagen Lösungsvorschlägen belegt. Diese konzentrieren sich aber hauptsächlich auf Bitcoin. Andere Themen, wie die Nutzerfreundlichkeit oder der Ressourcenverbrauch werden hingegen sehr limitiert behandelt (vgl. Yli-Huumo et al. 2016, S. 19f.).

Technologische Herausforderungen liegen u. a. in der begrenzten Skalierbarkeit. Das aktuelle Blockgrößenlimit von Bitcoin liegt bei einem MB und damit bei ca. 7 Transaktionen die Sekunde (ebd., S. 3). Bøgelund Christiansen (2016, S. 17) führt an, dass es Blöcke von 8 GB bräuchte, um mit der Transaktionsgeschwindigkeit von beispielsweise VISA mithalten zu können. Diese beträgt laut Christiansen 47.000 Transaktionen pro Sekunde, offizielle Zahlen von VISA gehen sogar von 56.000 Transaktionen pro Sekunde aus (VISA Inc. 2015). Die zwingende Zustimmung aller Knoten des Netzwerks einer Transaktion verursacht das zweite Problem: Langsamkeit. Aktuell braucht die Durchführung einer Blockchain Transaktion ca. 10 Minuten, da das Netzwerk erst mit den einzelnen Knoten verifizieren muss, dass die Transaktion valide ist (Yli-Huumo et al. 2016, S. 3). Ein drittes Problem ist die Möglichkeit eines sogenannten *51-Prozent-Angriffs*, sobald eine Partei die absolute Mehrheit der Stimmen im Netzwerk besitzt. Dem liegt zugrunde, dass die Mehrheit aller *Stimmen* eines Netzwerks eine Transaktion als legitim erachten muss, damit diese verifiziert wird. Im Falle der Entwicklung eines Supercomputers, der mehr als 50 Prozent der Rechenkraft des Netzwerks hätte, könnte dieser jegliche Transaktion alleine verifizieren und daher potentiell manipulieren. Zuletzt kann noch angeführt werden, dass Blockchains im Gegensatz zu zentralisierten Systemen aufgrund der hohen benötigten Rechenleistung energie-ineffizient sind (ebd., S. 3f.). Ethereum hat bereits einige Lösungen für die diskutierten Probleme der Blockchain implementiert. Erstens wurde das Blockgrößenlimit entfernt. Zweitens ist ein Verfahren geplant, welches zur Verifizierung der Transaktionen nur ein Sample der Knoten befragt und damit die Transaktionen schneller macht. Drittens wurde das *Proof of Stake*-Verfahren eingeführt, bei dem die Stimmen nicht nach der erbrachten Mining-Leistung, sondern nach dem Besitz von Ether (der Währung Ethereums) verteilt werden. Damit wird eine *51-Prozent-Attacke* unwahrscheinlicher, da die Stimmen nicht mehr nach der Rechenleistung, sondern nach der Finanzkraft verteilt werden (Bøgelund Christiansen 2016, S. 17f.).

Um für den Massenmarkt relevant zu werden, muss die Blockchain allerdings eine kritische Masse an Menschen erreichen (Silver 2016 zit. nach O'Dair 2016, S. 19). Dafür bräuchte es z. b. die Beteiligung bekannter Künstler_innen (O'Dair 2016, S. 20). Die Teilnahme der Musikrezipient_innen müsste ebenfalls vereinfacht werden – aktuell muss z. B. im Falle von Bitcoin die gesamte Blockchain heruntergeladen werden, um an ihr teilzunehmen (Crosby et al. 2015, S. 19).

Unklar ist weiterhin, wie die Blockchain für bereits etablierte Datenbanken genutzt werden soll. Entweder könnte mit zwei Formaten – einem neuen und dem unveränderten alten – gearbeitet werden, was ineffizient und fehleranfällig wäre. Oder die Bestandsdaten müssten in die Blockchain migriert werden. Bei Datenbeständen wie von Spotify (rund 30 Millionen Titel) wäre das eine zeit- und ressourcenintensive Aufgabe, bei der die Frage nach der Zuständigkeit noch offen ist. Auch mögliche Regulierungen seitens der Politik sind zum jetzigen Zeitpunkt noch offen (Crosby et al. 2015, S. 19). Derzeit nimmt die Politik einen *wait and see*-Standpunkt ein, auch wenn das Europäische Parlament bereits vorgeschlagen hat, eine *Distributed Ledger Task Force* einzurichten (McLean & Deane-Johns 2016, S. 4f.).

Des Weiteren ist die behauptete Sicherheit der Blockchain nicht immer gegeben. So wurde Ethereum von Hacker_innen durch Ausnutzen eines Bugs ausgeraubt. Dabei konnten Ether im Wert von mehreren Millionen US-Dollar erbeutet werden. Auch wenn dieses Geld von der Blockchain blockiert und daher nicht ausgegeben werden konnte, zeigt sich daran, dass ein erfolgreicher Angriff nicht auszuschließen ist (Kannenberg 2016). Schließlich bleibt das Risiko von Finanzkrisen, die das Überleben der Blockchain gefährden könnten. Wenn der Wert von Ether so weit sinkt, dass die Belohnungen des Minings die laufenden Kosten nicht mehr decken, könnte die Blockchain zum Stillstand kommen, weil die Anreize zum Erstellen neuer Blöcke fehlen (Lemieux 2016, S. 19f.).

Trotz der bestehenden Probleme und Unsicherheiten ist die Blockchain einem starken Hype ausgesetzt, der überzogene Erwartungen entstehen lässt (Lemieux 2016, S. 5). Kritisiert wird dabei das blinde Vertrauen, das der Blockchain geschenkt wird (ebd., S. 23). Bøgelund Christiansen (2016, S. 20) kritisiert ebenfalls: „One of the problems with blockchain is that there are not so many people who know what it is, but everybody wants to use it for something." Dieser Hype spiegelt sich auch finanziell wider. So wurden 2014 und 2015 eine Milliarde US-Dollar in die Blockchain als Risikokapital investiert (Tapscott & Tapscott 2016, S. 23). Dabei braucht die Blockchain laut Silver (2016) noch 10 bis 15 Jahre, um wirklich im Mainstream anzukommen (zit. nach O'Dair 2016, S. 23). Gartners *Hypecycle* ist etwas optimistischer und ordnet die Blockchain bei 5 bis 10 Jahren bis zur Mainstreamadaption ein. Aktuell befindet sie sich fast auf dem Höhepunkt des Hypes, wird allerdings auch als Teil der *plattform revolution* und damit als einer der wichtigsten drei *key technology trends* angesehen (Forni & van der Meulen 2016). Tapscott & Tapscott (2016) befeuern den Hype mit Kommentaren wie „[Blockchain] could unleash the biggest untapped pool of human capital in history, bringing billions of engaged, prospering entrepreneurs into the global economy" (ebd., S. 147) oder mit der ideologisch gefärbten Aussage, Blockchain schaffe Wohlstand für alle (ebd., S. 29).

O'Dair (2016) führt an, dass mit der Einführung neuer Technologien auch der Workflow professionalisiert werden müsste – derzeit wird z. B. mit Studiomusiker_innen oft erst nach der Veröffentlichung ein Deal ausgehandelt (S. 10). Außerdem merkt er an, dass bei all den Versprechen von Fairness der Blockchain noch nicht einmal eine Einigung darüber besteht, was denn überhaupt fair sei (ebd., S. 15). Die von Rogers (2015) gewünschte Nicht-Kommerzialität der Blockchain ist zwar vorstellbar, genauso möglich ist jedoch das Modell einer *permissioned* und kommerzialisierten Blockchain (O'Dair 2016, S. 18). So scheint Spotify mit dem Kauf des Blockchain Start-up Mediachain solche Pläne zu verfolgen. Da Spotify 2016 aufgrund fehlender Daten über die mechanischen Vervielfältigungsrechte bereits eine Strafe in Millionenhöhe an die Verlage zahlen musste, vermutet die Autorin des Artikels, dass Spotify die Blockchain nicht als dezentralisierte Datenbank, sondern zentralisiert und ausschließlich für die eigenen Daten nutzen möchte (Perez 2017). O'Dair (2016, S. 17f.) weist weiterhin darauf hin, dass die positiven Effekte sowieso nur dann auftreten, wenn es sich um *eine* Blockchain handle. Blockchain-Pluralität würde viele angesprochene Probleme nicht lösen können, da ein wichtiger Teil der Blockchain-Lösung darauf beruht, dass eine einheitliche, standardisierte Datenbank erstellt wird. Dies wäre bei der simultanen Nutzung mehrerer Blockchains nicht der Fall; es könnte weiterhin Unterschiede bei den Daten und Formaten zwischen den

Blockchains geben. Lemieux (2016, S. 21) merkt an, dass es einer Standardisierung der Blockchain bedarf. Wann diese stattfinden soll, wird jedoch noch diskutiert. Sie kritisiert die geringe wissenschaftliche Auseinandersetzung mit dem Aspekt der Registerführung und konstatiert für die Blockchain-Community zu wenig Wissen über Langzeitarchivierung von Daten und digitalen Objekten. Anstatt das Rad neu zu erfinden, wäre die Anwendung des Wissens der Archivkunde auf die Blockchain effizienter. Dabei müsste die Blockchain als *distributed ledger* als neue Form der Registerführung untersucht werden. Lemieux fordert daher einen stärkeren interdisziplinären Austausch (ebd., S. 4ff.).

Ein weiteres, häufig vorgebrachtes Argument ist, dass die Blockchain die Vertrauensbeziehung zwischen den Nutzer_innen und Finanzdienstleister_innen ersetzt und damit für mehr Sicherheit sorgt (Rethink Music Initiative 2015, S. 28; Crosby et al. 2015, S. 3). Damit wären aber im Falle von Fehlern auch die Verantwortungen unklar. Falls externe Dienstleister_innen mit der Eintragung der Blockchain-Daten beauftragt würden, entstünde wieder eine neue Vertrauensverbindung.

Ebenso ist die Unveränderlichkeit der Blockchain kritisch zu betrachten, die das Löschen von falschen Daten verhindert. Illegaler Inhalt oder Malware würde auf ewig in der Blockchain erhalten bleiben, selbst bei neuen Dateiversionen (Graham 2015). Diesbezügliche Fragen zum Schutz der Privatsphäre und zum Datenmissbrauch sind noch ungeklärt (Dredge 2016).

Das Schaffen von Transparenz durch die Blockchain kann auch insofern kritisiert werden, dass nicht jeder ein Interesse an Transparenz hat. Dies betrifft zum einen die Firmen, die Interesse an einer gewissen Intransparenz (z. B. *Blackboxing*) haben, aber auch beispielsweise Künstler_innen, die gerne als wohlhabender wahrgenommen werden wollen, als sie sind (O'Dair 2016, S. 13).

Die kritischen Argumente zur Blockchain beziehen sich aber nicht nur auf technische und rechtliche Aspekte, sondern auch auf ökonomische. Die wohl stärkste Gegenwehr in Bezug auf die Musikindustrie kommt aus dem Lager der führenden Unternehmen, die, wie Tschmuck (2008) bereits erwähnt hat, langfristig durch technologische Innovationen wie die Blockchain ihre vorherrschende Position verlieren könnten. Die Blockchain als Grundlage einer *World Without Middlemen* (Gupta 2017), bedroht eines der Kerngeschäfte der Majorlabels, beziehungsweise versucht, dieses zu ersetzen. Deshalb ist wohl zu erwarten, dass die Labels ihr kritisch gegenüberstehen – bisher gibt es allerdings keine Statements dazu. Auch Verwertungsgesellschaften wie die GEMA werden von der Blockchain bedroht (vgl. Tschmuck 2016). Ihr Verwertungsbereich wird erst dadurch definiert, dass es nationale Unterschiede bei den Gebühren gibt, die von verschiedenen Gesellschaften eingesammelt werden müssen. Wenn die Blockchain dies über Smart Contracts automatisieren will, verlieren die Verwertungsgesellschaften ebenso wie die Labels ihre Position im Markt. Sie werden überflüssig und ggf. sukzessive substituiert (Gruber 2015).

5.3 Innovation und systemfremde Kreativität

Innovationen wie die Blockchain bergen, wie im vorigen Kapitel dargestellt, zahlreiche Potentiale zur Veränderung einer Marktstruktur. Innovation gilt seit Joseph Schumpeter (1975) als der „fundamentale Impuls, der den kapitalistischen Motor in Bewegung setzt und hält" (S. 82, zit. nach Koch 2014, S. 105). Allerdings gilt es, die Innovation von der Erfindung zu unterscheiden. Innovation ist erst die „möglichst Erfolg bringende Verwertung wertschöpferischer Neuheit" (Koch 2014, S. 122). Mansfield (1968) unterscheidet zwischen inkrementellen und radikalen Innovationen: Erstere verändern nur einen Teil von bestehenden Technologien und verändern daher nicht das gesamte System, radikale Innovationen bringen hingegen komplett neue Produkte und Technologien auf den Markt (Tschmuck 2003, S. 242). Yu und Hang (2010, S. 437) konstatieren solch dichotomische Konzepte durch die gesamte Fachliteratur. Dabei werden für *inkrementell* und *radikal* verschiedene Begriffe benutzt[2], die aber eine ähnliche Klassifikation herstellen.

Innovationen sind aber, wie Tschmuck mit Bezug auf Brooks (1982) feststellt, nicht nur technologische, sondern auch soziale Innovationen, zu denen er auch marktbezogene, managementbezogene, politische und organisationale Innovationen zählt (Tschmuck 2003, S. 241). Auch Christensen und Raynor (2003) sprechen nicht nur von *disruptive technology*, sondern von *disruptive innovation*, um nicht nur neue Technologien, sondern auch Innovationen des Geschäftsmodells mit einzubeziehen (Yu & Hang 2010, S. 437).

Disruption hat sich in den letzten Jahren zu einem beliebten Schlagwort entwickelt. Für den Vize-Chef des Axel-Springer-Konzerns Christoph Keese ist Disruption „die Methode der Wahl" im Silicon Valley und bestimme dort, worin Wagniskapitalgeber investieren (Wagner 2016, S. 73). Christensen et al. (2015) weisen auf eine zu breite und teilweise falsche Anwendung ihres Konzepts hin:

---

2 „evolutionary, continuous, [...] or 'nuts and bolts' technologies", beziehungsweise „revolutionary, discontinuous, breakthrough, [...], emergent or stepfunction technologies" (Yu & Hang 2010, S. 437). Vergleiche auch den Beitrag von Senges in diesem Band, welcher durchaus eine disparate Haltung hierzu legitimiert.

Unfortunately, disruption theory is in danger of becoming a victim of its own success. Despite broad dissemination, the theory's core concepts have been widely misunderstood and its basic tenets frequently misapplied. (ebd.)

Disruptive Innovation ist eine spezifische Form von radikaler Innovation, die dadurch gekennzeichnet ist, dass sich etablierte Anbieter_innen durch Weiterentwicklung ihrer Produkte auf bestimmte, hochprofitable Kundensegmente fokussieren, wodurch die Bedürfnisse großer Teile der Kund_innen übererfüllt werden. Sobald neue Anbieter_innen nun trotz geringerer Größe und geringerer Ressourcen erfolgreich eine kritische Menge dieser Kund_innen abwerben können, indem sie die ursprünglichen Bedürfnisse des Massenmarkts günstiger befriedigen, spricht man von Disruption (ebd.; Yu & Hang 2010, S. 439). Ähnlich wie die von Uber induzierte Markttransformation im Bereich des individuellen öffentlichen Personenverkehrs von Christensen et. al. (2015) *nicht* als disruptive Innovation gesehen wird, so kann auch die Blockchain und deren potentielle Markttransformation unserer Ansicht nach nicht als Disruption bezeichnet werden. Nichtsdestotrotz nutzen einige Autor_innen dennoch diesen Begriff zur Beschreibung des Innovationspotentials der Blockchain (u. a. Peters & Panayi 2015; Bøgelund Christiansen 2016; Lemieux 2016; Tschmuck 2016).

Der Ansatz der *reflexiven Innovation* (Hutter et al. 2016) fragt nicht nach solchen Gliederungen von Innovationsarten. Für die Autoren ist Innovation heute ein in vielen Feldern anzutreffender „Imperativ" (ebd., S. 16), der begleitet ist von „sozialen Mechanismen der Rechtfertigung und Bewertung, Nachahmung und strategischen Netzwerkbildung" (ebd.) und daher als *reflexiv* bezeichnet wird. Eine der beiden zentralen Fragen des Forschungsprogramms ist jene nach den Praktiken und Prozessen, mit denen eine Innovation als *neu* anerkannt wird und durchgesetzt werden kann (ebd., S. 20). Ähnlich argumentiert auch Tschmuck (2008), wenn er Kreativität als sozialen, nicht nur individuell-psychischen Prozess begreift. Erst das soziale System legt fest, ob es sich um etwas *Neues* handelt, und spricht deshalb von zwei Phasen der Kreativität: jener des *Erkennens* der Differenz zum Alten und jener des *Anerkennens* durch das soziale System (ebd., S. 157).

Gerade große Organisationen und oligopolistische Industrien tendieren zu einer Orientierung an herrschenden Konventionen und daher zu einer Ablehnung des Neuen. Etablierte Routinen festigen Handlungsweisen, reduzieren die Komplexität des Umfeldes und stabilisieren die Organisation und die komplette Branche. Innovationen innerhalb dieser Organisationen sind daher meistens lediglich *inkrementelle* Änderungen der Handlungsroutinen, die innerhalb eines bestimmten techno-ökonomischem Regimes ablaufen (ebd., S. 247ff.). Giovanni Dosi (1988) adaptiert dafür von Thomas Kuhn den Begriff des (wissenschaftlichen) Paradigmas. Er versteht unter einem technologischen Paradigma

> a 'pattern' of solution of selected technoeconomic problems based on highly selected principles derived from natural sciences, jointly with specific rules aimed to acquire new knowledge and safeguard it, whenever possible, against rapid diffusion to the competitors. (Dosi 1988, S. 1127)

Tschmuck nennt die Fähigkeit, externe Wissensquellen auszuschöpfen und in das techno-ökonomische Paradigma zu überführen, „absorptive Fähigkeiten" (Tschmuck 2003, S. 252). Aber gerade bei gravierenden Veränderungen des demographischen, sozialen oder technologischen Umfelds sind oligopolistische Industriestrukturen nicht in der Lage, genügend absorptive Fähigkeiten aufzubringen und ihre Prozesse und Produkte anzupassen. Solche Entwicklungen ändern das Paradigma und die gesamte Industrie wird neu gestaltet, was für den Oligopolisten existenzbedrohend sein kann (ebd., S. 266).

Katalysiert wird ein Paradigmenwechsel durch einen Schlüsselfaktor. Dieser besteht jedoch, ohne dass sein Potential erkannt wird, schon vor der eigentlichen Innovation (Tschmuck 2003, S. 250f.). Wird er erkannt, dient er im ersten Schritt zur Überwindung der alten Technologie und löst anschließend eine Vielzahl von innovativen Dienstleistungen und Praktiken aus. Er wird damit zum Kern des Paradigmenwechsels.

Eine Änderung des Paradigmas erfolgt nicht von heute auf morgen und stets unter Widerstand der Akteur_innen des alten Paradigmas, die sich in ihrer Definitionsmacht bedroht fühlen. Der Paradigmenwechsel erfolgt laut Tschmuck (2003, S. 278) in vier Phasen: Nach der ersten Phase der Ignoranz folgt eine Phase des Herunterspielens der Relevanz des Neuen. Die dritte Phase besteht im aggressiven Kampf gegen das Neue, der schließlich in der letzten Phase der Akzeptanz des Neuen mündet. Damit ist der Paradigmenwechsel vollzogen, die neuen Akteur_innen etablieren sich und werden zukünftige Innovationen und Paradigmenwechsel wieder ebenso energetisch ignorieren, relativieren, bekämpfen und schließlich akzeptieren (müssen).

Die Schlüsselfaktoren kommen selten aus der eigenen Industrie – das bestehende Paradigma und die darin herrschenden Handlungsheuristiken der Individuen und der Organisationen würden dies verhindern. Tschmuck (2008) beschreibt für die Musikindustrie, wie Innovationen aus anderen Sektoren in die Industrie kommen, um deren Strukturen

> vollständig umzuwandeln. Verantwortlich dafür ist eine ‚systemfremde' Kreativität, bei der die Art und Weise, wie mit Neuheit umgegangen wird, eine andere ist, als

im traditionellen kulturellen Paradigma. Die ‚systemfremde' Kreativität ist die Voraussetzung für den kulturellen Paradigmenwechsel. Dabei werden die routinierten Beziehungen zwischen den Handlungselementen aufgebrochen, wodurch sich neue Interaktionsmöglichkeiten ergeben. Neue technologische Möglichkeiten entstehen […], neue Musikpraktiken bilden sich heraus […], die Zahl der Handlungsakteure steigt und neue Akteure treten auf […] und neue Geschäftspraktiken etablieren sich […]. Es werden Verknüpfungen mit Handlungselementen, die zuvor außerhalb des alten paradigmatischen Rahmens lagen, eingegangen bzw. ins Handlungssystem integriert. (ebd., S. 159)

Die Auswirkungen der systemfremden Kreativität auf die Branchenstruktur lassen sich in drei Phasen unterteilen:

a. *Improvisierte und experimentelle Kreativität*: Handlungsbeziehungen zwischen den Elementen der systemfremden Kreativität und einigen alten Industrieelementen werden eingegangen, die Anzahl der Agierenden und damit die Komplexität und die Unsicherheit steigen. Es werden neue Verknüpfungen ausprobiert und es entscheidet oft der Zufall, welche Verbindungen sich als stabil erweisen und welche langfristig nicht funktionieren.

b. *Beeinflusste Kreativität*: Die Verknüpfungen festigen sich und bilden Regelhaftigkeit aus, trotz weiterhin gelegentlich stattfindender Experimente. Es beginnt eine neue Oligopolisierung, in der einige Agierende Dominanz innerhalb der Wertschöpfungskette aufbauen, während andere sich in Nischen durchsetzen und wiederum andere scheitern.

c. *Kontrollierte Kreativität*: Die oligopolistischen Marktstrukturen festigen sich, die Machthabenden innerhalb dieser neuen Strukturen dominieren die Produktions-, Distributions- und Rezeptionsbedingungen und bauen neue Markteintrittsbarrieren auf. Die ehemals treibenden Kräfte hinter dem Paradigmenwechsel sind nun die dominanten Organisationen, bis eine neue systemfremde Kreativität diese Struktur erneut aufbricht (Tschmuck 2003, S. 287ff.; 2008, S. 159ff.).

Der letzte Paradigmenwechsel der Musikindustrie kam mit Rock'n'Roll und Vinyl in den 1950er Jahren und löste das Paradigma des Jazz und der großen Radiostationen ab. Durch den Aufstieg der Record Labels entwickelte sich das neue Paradigma der physischen Produktion und Distribution von Tonaufnahmen. Seit der Digitalisierung in den späten 1990er Jahren ist dieses Paradigma in Gefahr – der Strukturwandel, der seit dem Jahr 2000 anhält, ist aber noch nicht abgeschlossen. Zwar hat sich die digitale Distribution über das Internet zweifellos breitenwirksam etabliert, das reicht laut Tschmuck (2012, S. 243) aber noch nicht aus, um einen Paradigmenwechsel auszulösen. Dazu müssen auch andere Faktoren dem neuen

Paradigma angepasst werden, wie z. B. das Patent- und Urheberrecht, und es müssen sich neue Konsum-, Geschäfts- und insbesondere Musikpraktiken herausbilden. Wie aber eingangs aufgezeigt, sind gerade einige Geschäftspraktiken noch dem alten Paradigma der physischen Distribution verhaftet.

Die Blockchain passt in das Muster eines Schlüsselfaktors und der *systemfremden Kreativität*: Sie besteht schon vor dem Paradigmenwechsel, ihr Potential wird anfangs nicht erkannt und die Innovator_innen versprechen sich von ihr geringere Distributionskosten und eine Änderung des Wertesystems. Auch die Einführung des MP3-Dateiformats und damit die Umstellung auf trägerlose Musikdistribution war ein solcher Schlüsselfaktor, der ein herrschendes Paradigma in Frage gestellt hat. Hingegen war die Umstellung von Vinyl auf den neuen Datenträger CD eine inkrementelle Innovation innerhalb des Paradigmas und hat zu keinen gravierenden Umstrukturierungen der gesamten Branche geführt (Tschmuck 2008, S. 157)[3].

Die Ablösung des Tonträgers durch die Digitalisierung ist den drei Phasen der Kreativität gefolgt (vgl. Tschmuck 2003, S. 225) und hat sich durchgesetzt. Branchenfremde Unternehmen wie Apple wandten Ideen des E-Commerce und der Datenspeicherung auf die Musikindustrie an. Auch wenn sich die Majorlabels dagegen wehrten oder ihre eigenen, dem Paradigma folgenden Ansätze versuchten, wie beispielsweise Sony Connect (Gilli 2004, S. 118ff.), konnten sich Unternehmen wie Apple, Amazon und mittlerweile auch Spotify am Markt als die neuen dominanten Unternehmen etablieren.

Was Tschmuck als „digital revolution" (2012, S. 232) bezeichnet, vollzieht sich offenbar in mehreren Durchgängen. Der Umbruch in der Distribution und Rezeption durch die Schlüsseltechnologien MP3 und Internet-Technologie ist mit der Etablierung der neuen Agierenden (vorläufig) abgeschlossen. Die Blockchain als neue Schlüsseltechnologie könnte nun eine neue Runde des Strukturbruchs einleiten, der vor allem die Geschäftspraktiken in den Bereichen Verwertungsrechte, Vertragsausführung und finanzielle Transaktionen betreffen würde.

Auch im hier untersuchten Fall der Blockchain kommt die Kreativität aus einem anderen System: der Finanzwirtschaft, beziehungsweise der IT. Für die Finanzindustrie stellt die Blockchain nur die Weiterentwicklung der Kreditkarte beziehungsweise digitaler Zahlungsmethoden dar. Sie orientiert sich an den Werten einer „cashless society" (Gießmann 2015, S. 305) und liegt der gleichen Interaktionsordnung zugrunde (ebd., S. 310). Für die Musikindustrie hingegen bedeutet sie einen Bruch des alten Paradigmas. Bei Marktdurchdringung könnte sie eine neue

---

3 Allerdings weist Tschmuck auch darauf hin, dass in der CD die Digitalisierung und damit der Kern des Strukturbruchs bereits angelegt war, das Paradigma physische Distribution aber dennoch bis um das Jahr 2000 erfolgreich beibehalten wurde.

Praxis der Lizenzierung und Rechteverwertung mit sich bringen, neue Player im Markt und neue Geschäftspraktiken zulassen. Dies würde mit einer Änderung des intraindustriellen Wertesystems einhergehen, in dem z. B. Transparenz, die Stellung der Kunstschaffenden sowie die Relevanz von rechtlichen und finanziellen Intermediären neu bewertet würden.

Es haben sich bereits neue Marktteilnehmer_innen etabliert, die versuchen, durch neue Handlungsroutinen, Standards und Technologien die dominanten Unternehmen zu verdrängen. Das heißt jedoch nicht, dass sie diesen Wettbewerb automatisch gewinnen werden. Um Erfolg zu haben, muss die Innovation so groß sein, dass der Nutzen größer als die Umstellungskosten für die Kund_innen ist, in diesem Falle: die Musikschaffenden und die Fans (Hellwig 2008, S. 57f.).

5.4 Exemplarische Analyse der Geschäftsmodelle

Die Möglichkeiten der Veränderung von Geschäftsprozessen, Wertschöpfungsketten und Geschäftsmodellen (nicht nur) in der Musikindustrie, die sich durch die Blockchain als *systemfremde Kreativität* ergeben, werden von zahlreichen Autor_innen betont (z. B. Gottfried 2015; O'Dair 2015; Rogers 2015; Tapscott & Tapscott 2016; Gupta 2017). Konkrete Ansätze aber, wie Geschäftsmodellinnovationen aussehen könnten, sind bisher kaum vorhanden. Die von Tapscott & Tapscott (2016) vorgestellten „Big Seven" (S. 128ff.) möglicher Geschäftsmodelle von sogenannten „Open Networked Enterprises" stellen einen relativ abstrakten Beschreibungsansatz dar.

Das hier vorgestellte Analyseinstrument hingegen gliedert die einzelnen Bestandteile eines Geschäftsmodells auf und bietet somit einen konkreten Beschreibungsrahmen, mit dem aktuelle oder auch potentielle Player am Markt beschrieben und analysiert werden können. Das Instrument wurde 2004 von Lorenz Gilli an der Wirtschaftsuniversität Wien aus etablierten Typologien als Beschreibungsrahmen für Geschäftsmodelle zur Distribution digitaler Musik entwickelt und auf neun in dieser Zeit am Markt tätige Player angewandt (u. a. Apple iTunes, Napster 2.0 und Sony Connect) (Gilli 2004). Dieses Modell wurde mit aktuellen Konzepten kontrastiert, aktualisiert und auf den Untersuchungsgegenstand hin angepasst. Die Analyse hat zwar lediglich exemplarischen Charakter, die Auswahl der drei Fallbeispiele wurde aber bewusst so getroffen, dass unterschiedliche Ansätze abgedeckt und Potentiale für neue, in den Markt drängende Organisationen aufgezeigt werden können.[4]

---

4 Die Analyse der ausgewählten Akteur_innen wurde im Juli 2016 erstmals durchgeführt und im Februar und März 2017 aktualisiert. Sofern nicht anders angegeben, stammen

5.4.1 Konzept

Das Analyseinstrument stellt das *Geschäftsmodell* als Analyseeinheit in den Vordergrund, da es mit Stähler (2001, S. 36) als „Hauptort der Innovation" verstanden wird. Eine konsistente Definition des Begriffs steht aber auch heute noch aus (Eckert 2014, S. 47). Als Ausgangsdefinition dient jene von Paul Timmers (1998, S. 4), in der er drei Hauptkomponenten identifiziert:

> 1) „an architecture for the product, service and information flows, including a description of the various business actors and their roles", 2) „[a] description of the potential benefits for the various business actors" und 3) „[a] description of the sources of revenues".

Diese von Stähler (2001, S. 40ff.) mit „Architektur der Leistungserstellung", „Value Proposition" und „Ertragsmodell" benannten Hauptkomponenten bilden die Basis für den Beschreibungsrahmen (Gilli 2004, S. 73f.).

Eckert (2014, S. 47ff.) untersucht mehrere Systematisierungsversuche und unterscheidet in seiner Metastudie fünf Arten von Geschäftsmodellansätzen: ökonomische, technologische, organisatorische, strategische und integrierte.

Technologische Ansätze konzentrieren sich insbesondere darauf, wie die Ressourcen in ein Unternehmen fließen und von diesem zu einem marktfähigen Produkt beziehungsweise einer marktfähigen Dienstleistung verwandelt werden. Dieser auf Prozesse und Technologie zentrierte Ansatz stellte in der Hochphase des E-Commerce die häufigste Orientierung dar, wurde aber später um organisationsorientierte Aspekte erweitert, um vor allem Fragen nach der Wertschöpfungsarchitektur zu integrieren. Aus diesem Grund fasst Eckert diese beiden zu „operativen Ansätzen" zusammen. Die ökonomischen Ansätze hingegen stellen die Frage nach der Umsatz- und Gewinnerzielung und die strategischen Ansätze – auf einer höheren Abstraktionsebene – maßgeblich die Marktsegmente, den Nutzen für Kund_innen und die Kernkompetenzen in den Vordergrund. Wirtz (2013) schlägt für solche Konzeptionen einen „integrierten" Ansatz vor, der die drei Hauptkomponenten Wertschöpfung, Kund_innen und Markt sowie Strategie beinhaltet, „um darzustellen, wie Wertschöpfung im Unternehmen abläuft und wie die Profitabilität des Unternehmens gewährleistet werden kann" (S. 161).

Die Wertschöpfungsaktivitäten in der Musikindustrie gruppiert Stähler (2002) in fünf Bereiche: Idee, Inhalt, Produkt, Reproduktion und Distribution (S. 267), während Tschmuck (2003) die vier Bereiche Talentsuche und -akquisition, Produk-

---

die Informationen von der Website der jeweiligen Akteure.

tion der Musik und der physischen Tonträger, Marketing und Promotion sowie Distribution ausmacht (S. 305). Dem hier vorgeschlagenen Analysemodell liegt die Kategorisierung von Stähler (2002) zugrunde, wobei durch die Digitalisierung die Bereiche Reproduktion und Distribution größtenteils zusammenfallen (ebd., S. 274ff.). Das Analysemodell kann nach der Systematik von Eckert (2014) als Kombination eines ökonomischen und eines operativen Ansatzes verstanden werden. Damit ist eine möglichst breite Beschreibung von Geschäftsmodellen und ihren realweltlichen Konkretisierungen möglich. Abb. 5.1 zeigt den schematischen Aufbau des Analysemodells.

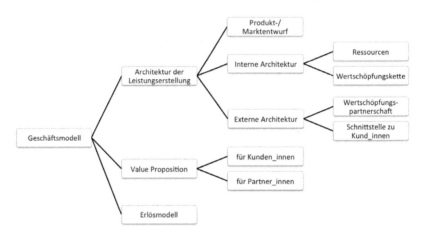

Abb. 5.1   Schematischer Aufbau des Analysemodells. (Darstellung nach Gilli 2004, S. 100)

Architektur der Leistungserstellung: Der *Produkt-/Marktentwurf* umfasst die Art und Qualität des angebotenen Produkts beziehungsweise der angebotenen Dienstleistung sowie evtl. vorhandene Produktbündelungen, Zusatzleistungen, komplementäre Produkte und Technologien. Darüber hinaus beinhaltet er auch evtl. vorhandene Marken und Markenimages sowie die Fokussierung auf bestimmte Zielgruppen und Marktsegmente. Die *interne Architektur* beschreibt die Vermögenswerte und Kompetenzen des Unternehmens, in welcher Form diese genutzt und zu einem Wert zusammengestellt werden (interne Wertschöpfungskette). Unter *Ressourcen* fallen sowohl materielle Vermögenswerte wie Rohstoffe, Halbfertigprodukte und Betriebsanlagen, aber auch immaterielle Vermögenswerte wie Verwertungsrechte,

Lizenzen und Patente. Technologien und technologische Kompetenzen, auch in Form von hochqualifiziertem Personal, die bestehende Kundschaft und die Möglichkeiten zur Ansprache dieser zählen ebenfalls hierzu. Bei der *Wertschöpfungskette* wird beschrieben, welche Stufen der Wertschöpfung von den Anbietenden selbst erfüllt werden und in welcher Weise diese damit Disintermediation betreiben. Die Beschreibung der *externen Architektur* beinhaltet die Schnittstelle nach außen – zu den Teilnehmenden an der Wertschöpfungspartnerschaft und zu den Kund_innen. *Wertschöpfungspartnerschaft* beschreibt die Rolle und Aufgabe der an der Wertschöpfung Beteiligten, also welche Ressourcen diese bereitstellen und welche Stufen der Wertschöpfung diese erfüllen. Die *Schnittstelle zu den Kund_innen* beschreibt, über welche Kanäle und Technologien mit den Endkund_innen in Kontakt getreten wird und welche Möglichkeiten zum Austausch der Produkte/Dienstleistungen, Inhalte und finanziellen Mittel bestehen.

Die *Value Proposition* beschreibt den angebotenen beziehungsweise versprochenen Mehrwert für die User und die Partner_innen. Der Nutzen für die *Endkund_innen* muss sich einerseits gegen konkurrierende Unternehmen, aber auch gegenüber anderen Märkten und Lösungen, die ebenfalls die Befriedigung desselben Bedürfnisses anbieten, abheben. Beim Nutzen im Rahmen der *Partnerschaft* muss die Frage in Abhängigkeit der jeweiligen Beteiligten beantwortet werden. Unterscheiden kann man zwischen materiellem Nutzen (Erlöse oder sonstige Leistungen) und immateriellem Nutzen (Werbung, Imagetransfer, Sicherung von Marktanteilen und Wettbewerbsvorteilen).

Das *Erlösmodell* wird von zwei Dimensionen bestimmt: 1) Transaktionsabhängige Erlösmodelle generieren Erlöse anhand der abgesetzten Stückzahl, transaktionsunabhängige Erlöse werden durch fixe Einnahmen (Abonnements, Serviceverträge u. ä.) generiert. 2) Direkte Erlöse stammen direkt von den Endkund_innen, während indirekte Erlöse von dritten Unternehmen (u. a. durch Werbung oder Datamining) stammen.

5.4.2 Fallbeispiel 1: PeerTracks

Bei PeerTracks (PT) handelt es sich um ein Startup, das als digitaler Servicedienstleister beziehungsweise als Verkaufs- und Streamingplattform in den Markt treten will[5] und deren Transaktionen über eine speziell für die Musikindustrie gestaltete

---

5 Derzeit (Stand: 10. März 2017) ist die Website von PT (www.peertracks.com) nicht erreichbar, der letzte Tweet (@PeerTracks) und Facebook-Eintrag (www.facebook.com/peertracks) stammen vom 10. Oktober 2016. CEO Cedric Cobban hat jedoch den Autoren

Blockchain (MUSE) abgewickelt werden. MUSE hat das Ziel, eine globale Daten-bank für Musikrechte aufzubauen und die kryptographischen Transaktionen sofort beim Kauf eines Musikstücks auszuführen. Im Gegensatz zu PT ist MUSE nicht kommerziell und wirbt mit den gleichen Eigenschaften wie andere Blockchains.

Architektur der Leistungserstellung: den *Produkt-/Marktentwurf* beschreibt PT als „music streaming, music retail (download), talent discovery and fan engagement platform" (Peertracks 2016). Neben dem Angebot von Musik zum Stream und Verkauf werden auch Konzerttickets und Merchandisingartikel verkauft. Zudem bietet PT sogenannte *Notes* an, bei denen Musikschaffende besondere Leistungen wie spezielle Fanartikel, Mitgliedschaften oder VIP-Tickets anbieten können. Diese Notes können auf Peertracks gehandelt werden: Den Ausgabepreis legen die Künstler_innen selbst fest, danach können sie von PT-Usern frei gehandelt werden. Sie sind keine Anteilsscheine an den Werken oder deren Verwertungsrechten, kön-nen aber als Spekulationsobjekte eingesetzt werden. Sie stellen also Möglichkeiten zum intensiveren Kontakt und zur Förderung der Künstler_innen dar. PT richtet sich an Musikschaffende genauso wie an Endkund_innen und Musikfans; über spezifischere Zielgruppen, Genres oder Marktsegmente können aber derzeit keine Angaben gemacht werden.

Eine der zentralen *Ressourcen* der *internen Architektur* wären die auf der Platt-form präsenten Künstler_innen und deren angebotene Musik. Über Details der Verwertungsrechte gibt es keine Information, aber die Formulierung *administration fee* legt nahe, dass PT sich als reine Distributionsplattform sieht, für die eine Ge-bühr eingehoben wird. Demgegenüber stellen die Notes eine exklusive Ressource dar, da diese nur auf PT erworben und gehandelt werden können. Die Nutzung der MUSE-Plattform inklusive aller technischen Implementierungen stellt eine weitere zentrale Ressource dar, während eine aktive Kundschaft derzeit noch nicht vorhanden zu sein scheint.

In der *Wertschöpfungskette* beziehungsweise dem *Wertschöpfungsnetzwerk* positioniert sich PT als Distributor und versucht, etablierte Player der digitalen Musikdistribution wie iTunes, Spotify oder Bandcamp zu disintermediieren. Im Gegensatz zu diesen aber fungiert PT nicht als Zahlungsintermediär, sondern lässt die Auszahlungen völlig automatisiert von der MUSE Blockchain über Smart Contracts abwickeln.

Externe Architektur: zu den *Teilnehmenden an der Wertschöpfungspartnerschaft* zählen die Produzent_innen der Inhalte, also die Künstler_innen, Labels etc., ge-

---

in einer Mail am 13. Februar 2017 versichert, Peertracks durchlaufe momentan interne Veränderungen und werde in Kürze mit einer neuen Website inkl. einem Testnetzwerk wieder online sein.

nauso wie Anbietende der Tickets, des Merchandising usw. Über die Notes werden Kundinnen und Kunden in das Wertschöpfungsnetzwerk integriert. Inwiefern PT Anteile dieser Wertschöpfung abschöpft (z. B. durch Transaktionsgebühren), ist derzeit unklar. Die *Schnittstelle zu den Kund_innen* bieten Web-Interfaces im Browser, die Entwicklung von Apps für mobile Endgeräte ist anzunehmen. Die Abwicklung der Zahlungsvorgänge, die aufgrund der technischen Komplexität der Blockchain noch für viele User ein Hindernis darstellt, versucht PT zu vereinfachen: über sogenannte *market pegged assets* von MUSE wird eine Bindung an etablierte und stabile Währungen wie dem US-Dollar erreicht und macht das Verfahren auch für unerfahrene User leicht bedienbar und verständlich (Aitken 2016). Für die Notes bietet PT ein sogenanntes *Notebook* an, also ein User-Konto zur Verwaltung und Transaktion der Notes. Die Anteile der Erlöse werden an die Musikschaffenden in Kryptowährung ausgezahlt und transferiert. Es soll sogar eine MUSE-eigene EC-Karte geben, die mit dem Kryptokonto verbunden ist und wie eine normale EC-Karte genutzt werden kann.

Die *Value Proposition* von PT für die User wie für die Musikschaffenden lautet „to make a living from music" und greift damit die bereits angesprochene Fairness als Hauptaspekt auf. Als zentraler Wert für die User wird die direkte Interaktion mit den Künstler_innen und die Förderung neuer Talente über die Notes versprochen. Auf Seite der Kunstschaffenden werden die hohe Beteiligung von 95 Prozent an den Erlösen und die direkte, sofortige und transparente Auszahlung derselben hervorgehoben – iTunes hingegen behält laut PT bis zu 40 Prozent ein. Darüber hinaus verspricht PT einfache Lizenzierung, z. B. für Werbeclips oder als Filmmusik.

Das *Erlösmodell* basiert zum einen auf transaktionsabhängigen und direkten Erlösen (Servicegebühren von 5 Prozent) und zum anderen auf indirekten Erlösen, die durch Gebühren für das Anbieten der Zusatzprodukte (transaktionsabhängig) und über Werbeschaltungen auf der Homepage (transaktionsunabhängig), nicht aber über Audio-Werbung im Stream, generiert werden sollen (Gottfried 2015).

5.4.3 Fallbeispiel 2: Ujo

Ujo sieht sich selbst als *neutral backbone* für Musikschaffende und deren Werke, und nutzt dazu die Ethereum-Blockchain. Im Oktober 2015 veröffentlichte die britische Singer-Songwriterin Imogen Heap ihren Song *Tiny Human* als Verbindung aus Alpha-Test und PR-Aktion auf alpha.ujomusic.com. Ujo ist als Website und in sozialen Netzwerken weiterhin aktiv, konkrete nächste Schritte oder Anwendungen stehen für die Öffentlichkeit aber derzeit aus.

Architektur der Leistungserstellung: den *Produkt-/Marktentwurf* beschreibt Ujo auf dem Blog als „shared ecosystem of creative content owned by artists and supported by fans". Obwohl die Alpha-Version direkt an die User verkauft, liegt der Fokus von Ujo auf dem Aufbau einer verteilten Datenbank zur Monetarisierung von Musikdateien. Wichtiger Teil des Produkt-/Marktentwurfs ist die Datenbank, die eindeutige, global gültige IDs (*persistent identifier*) für einzelne Künstler_innen und Musikstücke vergibt.

Interne Architektur: die wichtigsten *Ressourcen* sind auch hier die Künstler_innen, Musikwerke und Metadaten – bisher ist nur ein Song (*Tiny Human*) präsent. Die Implementierung und Adaption der Ethereum-Plattform (innerhalb der Wertschöpfungspartnerschaft) stellt ebenso eine Ressource dar. Nennenswert sind in diesem Stadium der Entwicklung die sehr für das Thema engagierte Künstlerin Imogen Heap und die funktionierende Alphaversion. Die Positionierung in der *Wertschöpfungskette* zielt primär auf eine Verdrängung etablierter Zahlungsintermediäre und Distributions-Backbones, weniger auf Distributions-Frontends wie iTunes oder Spotify.

Die *externe Architektur* bietet eine „shared infrastructure for all music services". Durch Erhalt bestehender Distributoren soll Ujo leichter von den Usern angenommen werden. Distribution direkt von den Kunstschaffenden an die Fans ist aber auch möglich. Ujo setzt auf eine vernetzte technische Infrastruktur, die sowohl als freie Software als auch von kommerziellen Unternehmen angeboten wird (Ujo 2016). Die Erlöse werden über die Ethereum-Blockchain direkt, sofort und transparent in Ether an die Künstler_innen ausbezahlt.

Die *Value Proposition* von Ujo verspricht Musikschaffenden die volle Kontrolle über die Verwertung der Werke sowie höhere Transparenz und Effizienz. Über direkte Lizenzierung werden verbesserte Kooperationsmöglichkeiten und über Kryptowährung schnellere Zahlungsabwicklungen zwischen Fans, Künstler_innen und Dienstleistungsunternehmen in Aussicht gestellt.

Das in der Alpha-Version vorgestellte *Erlösmodell* (direkt und transaktionsabhängig) wird wohl aufgrund der B2B-Ausrichtung von Ujo in Zukunft ersetzt werden. Über die konkrete Ausgestaltung des zukünftigen Erlösmodells gibt es bisher keine Informationen.

5.4.4 Fallbeispiel 3: Dot Blockchain

Dot Blockchain (dotBC) ist eine gemeinnützige Organisation (public benefit corporation), deren Ziel es ist, die Rechteverwertung von Musik zu vereinfachen. Dazu setzt dotBC auf ein eigenes Dateiformat (.bc), das als Container herkömmliche Dateiformate (wie .mp3, .m4a etc.) beinhaltet. Die zugehörigen Informationen werden in der Blockchain gesondert gespeichert, sodass der Container stets Zugriff auf sie hat und sich dadurch selbst aktuell halten kann (Tse 2017). Durch die getrennte Speicherung von Mediendateien und Blockchain wird die Datenmenge reduziert und die Prozesse beschleunigt. Außerdem will dotBC ein Set von Mindestanforderungen an die veröffentlichten Metadaten definieren (MVD), welches Informationen wie die Eigentums- und Urheberrechte, ISRC und ISWC, Lizenzierungsregeln, Nutzungsrechte etc. enthält. MVD soll als eine Art Fairnesssiegel fungieren.

Architektur der Leistungserstellung: Der *Produkt-/Marktentwurf* lässt sich als digitale, dezentrale Plattform von Eigentums- und Verwertungsrechten an Musikstücken beschreiben, die aufgrund der MVD und einem Container-Dateiformat von allen Beteiligten genutzt und in die eigenen Prozesse integriert werden kann. Die wichtigste *Ressource* der *internen Architektur* besteht aus der Entwicklung des Dateiformats und der MVD. Die Positionierung innerhalb der *Wertschöpfungskette* der Musikindustrie lässt sich mit „Metadaten-Intermediär" beschreiben, da dotBC vor allem um eine Aggregierung und Standardisierung aller notwendigen Metadaten zur effizienten Abwicklung von Geschäftsprozessen zwischen den Beteiligten (inkl. den Endkund_innen) bemüht ist. dotBC stellt explizit klar, dass sie keine der agierenden Unternehmen oder bestehende Vertragsverbindungen zwischen ihnen ersetzen oder obsolet machen wollen (Tse 2017).

Die *externe Architektur* bindet *Partner-Organisationen* über technische Schnittstellen (API) in die eigenen Prozesse ein. Konkret besteht die Partnerschaft derzeit aus der kanadischen Verwertungsgesellschaft SOCAN und ihrer Tochter Medianet, dem Musikverleger Songtrust, dem Musikdistributor CD Baby, dem Technologieanbieter FUGA sowie aus weiteren, nicht namentlich genannten Unternehmen (dotBC 2017). Diese Zusammenschlüsse können als improvisierte und experimentelle Kreativität im Sinne Tschmucks interpretiert werden. Weitere potentielle Partner_innen sind Einrichtungen zur musikalischen Erziehung, da dotBC verspricht, zwischen 5 und 25 Prozent des Umsatzes an solche Einrichtungen weiterzureichen. Die Schnittstelle zu den *Endkund_innen* besteht weiterhin indirekt über die etablierten Unternehmen.

Die *Value Proposition* für die *Wertschöpfungspartner_innen* besteht in der Optimierung der Geschäftsprozesse und in der Nutzung externer, standardisierter Daten. Über MVD und die eindeutige Identifikation von Songs wird für die Musikschaffenden Transparenz, Sicherheit vor Piraterie und Nachvollziehbarkeit der Erlöse hergestellt, weswegen dotBC oftmals von *Fair Trade* spricht. Inwiefern eine Value Proposition für die User nötig ist, da diese u. U. gar keine Kenntnis über dotBC haben müssen, bleibt offen.

Erlösmodell: Die genannten fünf Partner-Unternehmen haben „vital technical and financial resources" zum Projekt beigetragen, über weitere Einnahmen und

Erlösmodelle ist derzeit nichts bekannt. Da der Code und das Dateiformat Open Source sind, ist eine Finanzierung als *peer production*-Modell denkbar, wie es z. B. IBM mit Linux durchführt (Tapscott & Tapscott 2016, S. 129).

5.5   Fazit und Ausblick

Die Blockchain als dezentrales Registerbuch bietet technisch und strukturell Möglichkeiten zur Transformation der Musikindustrie, auch wenn es noch viele offene Fragen und Probleme bezüglich der Blockchain im Allgemeinen und für die Musikindustrie im Speziellen gibt. Vor dem Hintergrund des Konzepts der systemfremden Kreativität bietet die Blockchain das Potential eines Paradigmenwechsels, der von einer Schlüsseltechnologie ausgelöst wird, welche aus einem systemfremden Kontext in die Industrie eingeführt wird. Ob dies gelingt, oder ob die etablierten Unternehmen des Oligopols am Markt diese Schlüsseltechnologie erfolgreich abwehren oder evtl. auch in die eigenen Prozesse und Heuristiken aufnehmen können, ist derzeit noch offen. Aus Sicht vieler Musikschaffender ist ein solcher Paradigmenwechsel, der schlussendlich mit der Hoffnung auf höhere Beteiligung an der Wertschöpfung verbunden ist, schon länger fällig. Beklagt werden das Fehlen einer Datenbank der Musikrechte, die geringe Transparenz und die niedrige und langsame Umsatzbeteiligung. Durch Smart Contracts und Disintermediation erscheinen diese Probleme mit Hilfe der Blockchain potentiell lösbar. Wie schon in vorherigen Phasen des Strukturwandels (digitale Downloadshops und anschließend digitales Streaming) besteht auch hier Grund zur Annahme, dass die kritische Masse an Usern nur dann gewonnen werden kann, wenn ein breites und ein viele bekannte Künstler_innen umfassendes Repertoire angeboten werden kann und den Usern keine Suchkosten oder Plattform-Wechsel bevorstehen (Gilli 2004, S. 118, 155).

Von den untersuchten Geschäftsmodellen scheinen jene von dotBC und von Ujo erfolgversprechend. dotBC baut zwar zentral auf die neue Technologie, will aber so wenig wie möglich bestehende Allianzen und Handlungsroutinen der Industrie ersetzen. Damit bedrohen sie nicht das Paradigma als ganzes, sondern verbessern Technologien und Routinen und ersetzen lediglich einzelne Beteiligte, was eine Partnerschaft mit dominanten Unternehmen deutlich erleichtert. Auch Ujo sucht die Kooperation mit etablierten Playern der Industrie, insbesondere im Bereich der Distribution. Allerdings werden Verwertungsgesellschaften, Zahlungsintermediäre und Backbone-Unternehmen potentiell bedroht.

PeerTracks hingegen besitzt das offensivste Geschäftsmodell, da dieses stark auf die Substitution der etablierten Unternehmen abzielt. Mit Notes wird zudem ein Produkt angeboten, das nicht mehr auf das zu distribuierende Musikstück als zentrale Einheit setzt, sondern auch auf dieser Ebene das Paradigma der Blockchain – verteilte Wertschöpfung – durchzusetzen versucht. Dementsprechend ist ein solches Geschäftsmodell nur dann langfristig erfolgreich, wenn der Paradigmenwechsel auch eintritt. Sind die derzeitigen Player am Markt in der Abwehr erfolgreich, haben Innovatoren wie PeerTracks mit diesem Geschäftsmodell wohl wenig Aussichten auf Erfolg.

Dass dotBC und Ujo auch in der konkreten Umsetzung erste Erfolge erzielt haben, während PeerTracks zurzeit keine öffentliche Präsenz zeigt, mag als Hinweis auf die Erfolgspotentiale gedeutet werden, sollte aber in der aktuellen Phase der „experimentellen Kreativität" auch nicht überbetont werden. Nichtsdestotrotz scheint das Geschäftsmodell von PeerTracks das riskanteste, da es nur bei einem durchschlagenden Paradigmenwechsel nachhaltig erfolgreich sein kann.

Literatur

Aitken, R. (2016). MUSE: Leveraging Blockchain Technology to Revolutionize Music Industry. https://www.forbes.com/sites/rogeraitken/2016/01/23/muse-leveraging-blockchain-technology-to-revolutionize-music-industry/#227132802418 Zugegriffen: 16. März 2017.

Bergmann, C. (2015). Imogen Heap ruft die Revolution der Musikindustrie durch die Blockchain aus. https://bitcoinblog.de/2015/09/09/imogen-heap-ruft-die-revolution-der-musikindustrie-durch-die-blockchain-aus/. Zugegriffen: 16. März 2017.

Bøgelund Christiansen, R. (2016). Blockchain: An Exploded View. http://inpluslab.sysu.edu.cn/files/Paper/Summary/Further_Applications_Of_The_Blockchain.pdf. Zugegriffen: 16. März 2017.

Brooks, H. (1982). Social and technological innovation. In S., Lundstedt, & W., Colglazier, Jr. (Hrsg.), *Managing Innovation: The social Dimensions of Creativity, Invention and Technology* (S. 9-10). New York: Pergamon Press.

Christensen, C., & Raynor, M. (2003). *The Innovator's Solution: Creating and Sustaining Successful Growth.* Havard Business School Press.

Christensen, C., Raynor, M., & McDonald, R. (2015). What Is Disruptive Innovation? https://hbr.org/2015/12/what-is-disruptive-innovation. Zugegriffen: 16. März 2017.

Christiansen, L. (2016). Transfer of Value. *Virtuos. Das Mitglieder-Magazin der GEMA 3*, 12-17.

Crosby, M., Nachiappan, Pattanayak, P., Verma, S., & Kalyanaraman, V. (2015). Blockchain Technology: Beyond Bitcoin. http://scet.berkeley.edu/wp-content/uploads/Blockchain-Paper.pdf. Zugegriffen: 16. März 2017.

Dosi, G. (1988). Sources, Procedures, and Microeconomic Effects of Innovation. *Journal of Economic Literature 26*, 1120-1171.

dotBC (2017). dotBlockchain Music Project Announces First Industry Partners. http://www. prnewswire.com/news-releases/dotblockchain-music-project-announces-first-industry-partners-300400206.html. Zugegriffen: 16. März 2017.

Dredge, S. (2016). Benji Rogers and Imogen Heap: Building the Music Blockchain. musically.com/2016/02/02/benji-rogers-and-imogen-heap-talk-building-the-music-blockchain Zugegriffen: 16. März 2017.

Eckert, R. (2014). *Business Model Prototyping: Geschäftsmodellentwicklung im Hyperwettbewerb. Strategische Überlegenheit als Ziel.* Wiesbaden: Springer Gabler.

Ehrenhöfer, K., Koppensteiner, G., Pumberger, D., & Steinbauer, B. (2006). Musikwirtschaft und neue Medien: Veränderungen in der Musikwirtschaft durch die Digitalisierung aus der Sicht von österreichischen Musikexperten und Vertretern der Musikwirtschaft. *Schriftenreihe / Forschungsbereich Wirtschaft und Kultur 3.* Wien: Wirtschaftsuniversität Wien.

Forni, A., & van der Meulen, R. (2016). Gartner's 2016 Hype Cycle for Emerging Technologies Identifies Three Key Trends That Organizations Must Track to Gain Competitive Advantage. http://www.gartner.com/newsroom/id/3412017 Zugegriffen: 16.03.2017.

Giessmann, S. (2015). Geld, Kredit und digitale Zahlung 1971/2014: Von der Kreditkarte zu Apple Pay. In F., Sprenger, & C., Engemann (Hrsg.), *Internet der Dinge: Über smarte Objekte, intelligente Umgebungen und die technische Durchdringung der Welt* (S. 291-308). Bielefeld: transcript Verlag.

Gilli, L. (2004). *Distribution digitaler Musik: Eine empirische Bestandsaufnahme aktueller Geschäftsmodelle in der Praxis.* Diplomarbeit. Wien: Wirtschaftsuniversität Wien.

Gottfried, G. (2015). How "the Blockchain" Could Actually Change the Music Industry. www.billboard.com/articles/business/6655915/how-the-blockchain-could-actually-change-the-music-industry. Zugegriffen: 16. März 2017.

Graham, A. (2015). Understanding Music And Blockchain, Minus The Hype. http://www.hypebot.com/hypebot/2015/08/understanding-music-and-blockchain-minus-the-hype.html. Zugegriffen: 16. März 2017.

Gruber, A. (2015). Diese Technologie soll die Musikindustrie auf den Kopf stellen. http://www.sueddeutsche.de/digital/lieder-kaufen-im-internet-nach-bitcoin-blockchain-soll-musikindustrie-auf-den-kopf-stellen-1.2751548. Zugegriffen: 16. März 2017.

Gupta, V. (2017). The Promise of Blockchain Is a World Without Middlemen. https://hbr.org/2017/03/the-promise-of-blockchain-is-a-world-without-middlemen. Zugegriffen: 16. März 2017.

Hellwig, A. (2008). *Lernen in Standardisierungsprozessen Eine Analyse der Etablierung technologischer Innovationen im Markt.* Wiesbaden: Gabler.

Holmes, B. (2015). Transparency issues in the music industry could be solved by blockchain technology. https://bravenewcoin.com/news/transparency-issues-in-the-music-industry-to-be-solved-by-blockchain-technology. Zugegriffen: 16. März 2017.

Hutter, M., Knoblauch, H., Rammert, W., & Windeler, A. (2016). Innovationsgesellschaft heute: Die reflexive Herstellung des Neuen. In W., Rammert, A., Windeler, H., Knoblauch, & M., Hutter (Hrsg.), *Innovationsgesellschaft heute: Perspektiven, Felder und Fälle.* (S. 15-35). Wiesbaden: Springer VS.

Kannenberg, A. (2016). Nach dem DAO-Hack: Ethereum glückt der harte Fork. https://www.heise.de/newsticker/meldung/Nach-dem-DAO-Hack-Ethereum-glueckt-der-harte-Fork-3273618.html. Zugegriffen: 16. März 2017.

Koch, K. (2014). *Innovation in Kulturorganisationen. Die Entfaltung unternehmerischen Handelns und die Kunst des Überlebens* (neue Ausg.). Bielefeld: transcript.

Kusek, D., & Leonhard, G. (2006). *Die Zukunft der Musik: warum die digitale Revolution die Musikindustrie retten wird*. München: Musikmarkt-Verlag.

Leisert, O. (2015). Bitcoin und Blockchain. *POP, Kultur und Kritik 7*, 80-85.

Lemieux, V. (2016). Trusting records: is Blockchain technology the answer? *Records Management Journal 26*, 110139.

Lindvall, H. (2009). Behind the music: The real reason why the major labels love Spotify. https://www.theguardian.com/music/musicblog/2009/aug/17/major-labels-spotify. Zugegriffen: 10. Juni 2017.

Mansfield, E. (1968). *Industrial Research and Technological Innovation. An Econometric Analysis*. New York: Norton.

Mclean, S., & Deane-Johns, S. (2016). Demystifying Blockchain and Distributed Ledger Technology: Hype or Hero? https://media2.mofo.com/documents/160405blockchain. pdf. Zugegriffen: 16. März 2017.

Messitte, N. (2015). Inside The Black Box: A Deep Dive Into Music's Monetization Mystery. https://www.forbes.com/sites/nickmessitte/2015/04/15/inside-the-black-box-a-deep-dive-into-musics-monetization-mystery/#70a662805d4a. Zugegriffen 10. Juni 2017.

Milosic, K. (2015). *The Failure Of The Global Repertoire Database*. Music Business Journal, August 2015.

O'Dair, M. (2016). Music On The Blockchain: Blockchain For Creative Industries Research Cluster. *Middlesex University Report 1*.

Passman, D. (2015). *All You Need to Know About the Music Business*. New York: Simon & Schuster.

Peertracks (2016). General FAQs. http://web.archive.org/web/20160708204735/http://www. peertracks.com/faq.php. Zugegriffen: 16. März 2017.

Perez, S. (2017). Spotify acquires blockchain startup Mediachain to solve music's attribution problem. https://techcrunch.com/2017/04/26/spotify-acquires-blockchain-startup-mediachain-to-solve-musics-attribution-problem/. Zugegriffen: 10. Juni 2017.

Peters, G., & Panayi, E. (2015). Understanding Modern Banking Ledgers through Blockchain Technologies: Future of Transaction Processing and Smart Contracts on the Internet of Money. *Cs.CY Nov. 2015*. arXiv:1511.05740.

Revelator (o. J.). Blockchain: The operating system for music. https://www.weusecoins.com/ assets/pdf/library/Blockchain%20Solution%20for%20the%20Music%20Industry.pdf. Zugegriffen: 16. März 2017.

Rethink Music Initiative (2015). Fair Music: Transparency and Payment Flows in the Music Industry. https://www.berklee.edu/sites/default/files/Fair%20Music%20-%20 Transparency%20and%20Payment%20Flows%20in%20the%20Music%20Industry.pdf. Zugegriffen: 16. März 2017.

Rogers, B. (2015). How the Blockchain and VR can change the Music Industry (Part 1). medium.com/cuepoint/bc-a-fair-trade-music-format-virtual-reality-the-blockchain-76fc47699733#.xyluf0ps3. Zugegriffen: 16. März 2017.

Rogers, B. (2016). How the Blockchain and VR can change the Music Industry (Part 2). medium.com/cuepoint/how-the-blockchain-can-change-the-music-industry-part-2-c1f-a3bdfa848#.3v8bfrxyv. Zugegriffen: 16. März 2017.

Schwetter, H. (2015). *Teilen – und dann? Kostenlose Musikdistribution, Monetarisierung und Selbstmanagement unter besonderer Berücksichtigung von Creative-Commons-Lizenzen. Eine empirische Studie unter unabhängigen Musikern*. Kassel: Kassel University Press.

Sellin, D., & Seppälä, T. (2017). Digital Music Industry: Background Synthesis. https://www. etla.fi/wp-content/uploads/ETLA-Working-Papers-48.pdf. Zugegriffen: 16. März 2017.

Silver, J. (2016). Blockchain or the Chaingang? Challenges, opportunities and hype: the music industry and blockchain technologies. https://zenodo.org/record/51326/files/ CREATe-Working-Paper-2016-05.pdf. Zugegriffen: 16. März 2017.

Stähler, P. (2002). *Geschäftsmodelle in der digitalen Ökonomie: Merkmale, Strategien und Auswirkungen*. Lohmar: Josef Eul Verlag.

Tapscott, D. (2000). *Digital capital: Harnessing the power of business webs*. London: Brealey.

Tapscott, D., & Tapscott, A. (2016). *Blockchain Revolution: How the Technology Behind Bitcoin Is Changing Money, Business, and the World*. New York: Portfolio / Penguin.

Timmers, P. (1998). Business Models for Electronic Markets. *EM. Electronic Markets 8*, 3-8.

Tschmuck, P. (2003). *Kreativität und Innovation in der Musikindustrie*. Innsbruck u. a.: StudienVerlag.

Tschmuck, P. (2008). Vom Tonträger zur Musikdienstleistung: Der Paradigmenwechsel in der Musikindustrie. In G., Gensch, E., Stöckler, & P., Tschmuck (Hrsg.), *Musikrezeption, Musikdistribution, Musikproduktion* (S. 141-162). Wiesbaden: Springer Gabler.

Tschmuck, P. (2012). *Creativity and innovation in the music industry* (2nd ed.). Heidelberg: Springer.

Tschmuck, P. (2016). Das Musikbusiness in der Blockchain. https://musikwirtschaftsfor-schung.wordpress.com/2016/07/28/das-musikbusiness-in-der-blockchain/#more-3879. Zugegriffen: 16. März 2017.

Tschmuck, P. (2017). Die Musikstreaming-Ökonomie – ein Einblick. https://musikwirt-schaftsforschung.wordpress.com/2017/04/20/die-musikstreaming-oekonomie-ein-einblick/#more-4161. Zugegriffen 06. Juni 2017.

Tse, C. (2017). dotBC Concentric Architecture Preview https://www.youtube.com/watch?-v=PH5gi92tXyE. Zugegriffen: 16. März 2017.

Ujo (2016). Building Ujo #1: From The Technical Underground To The Future. https://blog. ujomusic.com/building-ujo-1-from-the-technical-underground-to-the-future-a39e-825612ef#.myj8k5tl3. Zugegriffen: 16. März 2017.

Umeh, J. (2016). Blockchain: Double Bubble or Double Trouble. *Oxford University Press. ITNOW 58*, 58-61.

VISA Inc. (2015). VISA Inc. at a Glance. https://usa.visa.com/dam/VCOM/download/cor-porate/media/visa-fact-sheet-Jun2015.pdf. Zugegriffen: 10. Juni 2017.

Wagner, T. (2016). *Robokratie: Google, das Silicon Valley und der Mensch als Auslaufmodell* (2. Aufl.). Köln: Papyrossa.

Wirtz, B. (2013). *Business Model Management: Design, Instrumente, Erfolgsfaktoren von Geschäftsmodellen*. Wiesbaden: Springer Gabler.

Wood, G. (2016). Ethereum: A secure decentralised generalised transaction ledger. http:// gavwood.com/paper.pdf. Zugegriffen: 16. März 2017.

Yli-Huumo, J., Ko, D., Choi, S., Park, S., & Smolander, K. (2016). Where Is Current Research on Blockchain Technology? A Systematic Review. *PLoS One 11*. doi: 10.1371/journal. pone.0163477.

Yu, D., & Hang, C. (2010). A Reflective Review of Disruptive Innovation Theory. *International Journal of Management Reviews 12*, 435-452.

Big Data in der Praxis – Marketing in der Musikindustrie

Eine Momentaufnahme des Social Web1

6

Anita Carstensen

Zusammenfassung

Die Digitalisierung der Musikbranche und die Einführung von non-physischen Musikinhalten haben die Vermarktungsmöglichkeiten von Musikinhalten tiefgreifend verändert, indem einerseits durch Download- und später Streaming-Plattformen die Beschaffung und Verbreitung von Musik grundlegend vereinfacht worden ist und sich andererseits durch Social Web-Angebote wie Facebook, Twitter und Instagram eine partizipative Medienkultur entwickelt hat, die maßgeblich die Künstler-Fan-Beziehung verändert hat. Anhand einer explorativen Analyse der deutschen Chart-Erhebungen für das Jahr 2016 durch das Charts- und Marktforschungsunternehmen media control wird eine Momentaufnahme der Musikvermarktung mittels der Social Web-Angebote Facebook und Twitter beispielhaft charakterisiert. Somit wird die Relevanz von Big Data für die Musikindustrie aufgezeigt und es wird skizziert, dass Social Web-Angebote und deren Daten zur systematischen Informationsgewinnung dienen und somit ein weitreichendes Potenzial zur Prognose von gesellschaftlichen Entwicklungen sowie für datenbasierte Kommunikationsaktivitäten bieten.

---

1 Dieser Beitrag ist im Rahmen eines Forschungsprojekts unter Leitung von Prof. Dr. Wolfgang Mühl-Benninghaus in Zusammenarbeit mit der Berlin Music Commission (BMC) – Netzwerk der Berliner Musikwirtschaft – entstanden, das sich dem durch die Digitalisierung initiierten tiefgreifenden Wandel der Musikindustrie widmet. Das Forschungsprojekt liefert einen umfassenden Blick auf die sich gerade vollziehenden Änderungsprozesse, indem sowohl die wissenschaftliche als auch praxisorientierte Perspektive dargestellt und in einem interdisziplinären und multiperspektivischen Blick auf die aktuellen Entwicklungen der Musikindustrie zusammengebracht werden.

© Springer Fachmedien Wiesbaden GmbH, ein Teil von Springer Nature 2019
M. Ahlers et al. (Hrsg.), *Big Data und Musik*, Jahrbuch für Musikwirtschafts- und Musikkulturforschung, https://doi.org/10.1007/978-3-658-21220-9_6

Abstract

The digitalization of the music industry as well as the creation and distribution of non-physical music content have radically transformed the marketing possibilities of music content. On the one hand have digital music stores and streaming services changed the consumer behavior regarding music consumption and distribution and on the other hand have social web services like Facebook, Twitter and Instagram created a participatory media culture that has had great implications on the artist-fan relationship. An exploratory analysis of the German charts for the year 2016, compiled by the chart and market research company media control, is used to exemplify a snapshot of music marketing through the social web services Facebook and Twitter. Thus, the relevance of big data for the music industry is emphasized, and it is depicted that social web offers and their data serve to systematically obtain information and thus offer a wide potential for forecasting social developments as well as for data-based communication activities.

Schlüsselbegriffe

Big Data, Social Media, Digitalisierung, Streaming, Marktforschung

Keywords

big data, social media, digitalization, streaming, market research

6.1 Einleitung

Sei es AnnenMayKantereit, die sich mittels Social-Media-Superhype von Straßenmusikern zum Major-Label-Deal entwickelten, oder Lena Meyer-Landrut, die 2015 den Start ihres eigenen YouTube-Kanals mit *non-music content* verkündete – das traditionelle Geschäftsmodell der Musikvermarktung wird derzeit in Frage gestellt. Die Digitalisierung der Musikbranche und die Einführung von non-physischen Musikinhalten haben das Musikmarketing tiefgreifend verändert, indem einerseits durch Download- und später Streaming-Plattformen die Beschaffung und Verbreitung von Musik grundlegend vereinfacht worden ist und sich anderseits durch Social Web-Angebote wie Facebook, Twitter und Instagram eine partizipative Medienkultur (Jenkins 2006) entwickelt hat, die maßgeblich die Künstler-Fan-Beziehung verändert hat. So gewinnt das Internet für die Verbreitung und Bekanntmachung von Musikangeboten beständig an Bedeutung – das gilt vor allem für die Angebote des Social Web, die vielfältige Kommunikations- und Vernetzungsmöglichkeiten eröffnen. Eine entscheidende Herausforderung für Musiker_innen im Hinblick auf die Nutzung dieser neuen Kommunikationsangebote besteht in der unüberschaubaren Menge an verfügbaren Kommunikationskanälen und Inhalten.

Die hierin angelegten Möglichkeiten und Risiken für Künstler im Social Web gilt es zu analysieren. Unter dem Sammelbegriff Social Web werden hierbei digitale Medien und Technologien verstanden, die von Konsument_innen zur Vernetzung, Kommunikation, individueller oder gemeinsamer Gestaltung von Inhalten sowie deren Bewertung und Verbreitung genutzt werden (Ebersbach et al. 2016, S. 30ff.). Mittels einer explorativen Untersuchung eines Datensatzes der media control Chart-Erhebungen für das Jahr 2016 sollen die Veränderungen im Musikmarketing offengelegt werden. Die Auswertung von Daten in der Musikindustrie ist bei weitem keine Entwicklung, die erst seit der Digitalisierung eine Rolle spielt. Bereits seit 1959 werden Musikcharts veröffentlicht, anhand derer sich der relative Erfolg eines Titels innerhalb eines bestimmten Zeitraumes ablesen lässt. Im Zuge der Digitalisierung beschreibt das Schlagwort Big Data jedoch „nicht nur wissenschaftliche Datenpraktiken, sondern steht auch für einen gesellschaftlichen Wandel und eine Medienkultur im Umbruch" (Reichert 2014, S. 163). Es stellt sich die Frage, ob und wie diese Datennutzung von beispielsweise Unternehmen wie Spotify das Konsumverhalten von Musik verändern und den Musikhörer_innen neue Möglichkeiten bieten. Spotify ist insbesondere deswegen als Forschungsgegenstand interessant, da das Unternehmen anders als vergleichbare Musik-Streaming-Anbieter seinen Nutzenden eine Vielzahl an datenbasierten, personalisierten Services anbietet. Mit Wiedergabelisten wie *Dein Mix der Woche* oder *Release Radar* stellt Spotify in seinen auf Algorithmen basierenden Empfehlungs-Playlists Songs von Künstler_innen vor, die auf den persönlichen Geschmack des individuellen Nutzers abgestimmt sind.

In diesem Aufsatz soll analysiert werden, wie etablierte und innovative Akteure_innen der Musikbranche dieser Umbruchsituation und dem tiefgreifenden Wandel der Musikindustrie gerecht werden können und neue Wertschöpfungspotenziale realisieren können. Dieser Frage wird sich einleitend mit einem dogmenhistorischen Abriss der Entwicklung der Musikindustrie und der Relevanz und dem Wandel der Vermarktung von Musikinhalten durch Digitalisierung und Entwicklung des Internets genähert. Hierbei soll insbesondere die Perspektive des Konsumenten dargestellt werden. In diesem Zusammenhang soll auch untersucht werden, inwiefern sich das Musiknutzungsverhalten von digitalen Musikangeboten z. B. durch Musik-Streaming-Anbieter wie Spotify verändert und den Weg für eine neue nutzergetriebene Medienkultur ebnet. Es stellt sich hierbei die Frage, ob die nutzergetriebene Medienkultur Spotifys den medienkulturellen Wandel widerspiegelt und inwieweit sich auch die Musikbranche von einer durch die Organisation einer Massenkultur durch professionelle Akteure_innen geprägten Push- zu einer Pull-Kultur entwickelt, in der die konsumierende Zielgruppe vermehrt ihre eigene Kultur über Netzwerkmedien wie Spotify organisiert. Insbesondere Playlists mit Musikempfehlungen sollen in diesem Zusammenhang hervorgehoben werden, da sie den Streaming-Nutzer_innen häufig als Ausgangspunkt dienen, um neue Musik zu entdecken (Haupt und Grünewald 2014, S. 103). Um diesen veränderten Ansprüchen der Konsumentenzielgruppe gerecht zu werden, sollen existierende Marketingprozesse der Musikbranche und deren Entwicklung aufgrund der Digitalisierung näher betrachtet werden, um anschließend mit einer explorativen Untersuchung von aktuellen Marketingaktivitäten ausgewählter Künstler_innen im Social Web die zentrale Forschungsfrage nach dem Potenzial und den Auswirkungen neuer Kommunikationsmaßnahmen auf den Erfolg von Künstlern und Künstlerinnen und ihre Musikangeboten zu erörtern. Abschließend wird ein Ausblick in Bezug auf zukünftige Forschungsoptionen gegeben.

6.2   Musikrezeption: Quo vadis?

Bevor die Veränderung der Musikvermarktung erörtert wird, soll eine Betrachtung des Musiknutzungsverhaltens aus Nutzerperspektive Aufschluss über veränderte Konsumentenbedürfnisse geben. Denn im Zusammenhang mit der Digitalisierung

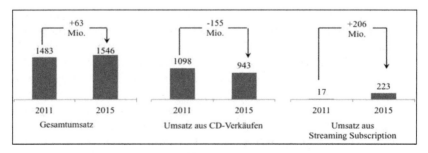

Abb. 6.1   Gegenüberstellung des Gesamtumsatzes der Musikindustrie und den Einnahmen aus CD-Verkäufen und Streaming Subscriptions für die Jahre 2011 und 2015 (Quelle: Eigene Darstellung, zitiert nach BMVI 2016)

und der Verbreitung von non-physischen Musikinhalten stellt sich die Frage, inwiefern sich der generelle Umgang mit Musik sowie die Einstellung zu Musik unter den Nutzern verändert hat und wie Musikakteur_innen bei der Musikvermarktung auf das veränderten Nutzungsverhalten eingehen müssen.

Ein Blick auf die Umsatzentwicklungen der deutschen und globalen Musikindustrie zeigt, dass sich in den Absatz- und Umsatzzahlen über alle Formate – CDs, DVDs, Vinyl, Downloads und Streaming – ein verändertes Musiknutzungsverhalten beobachten lässt. Global gesehen gehen die Verkäufe von CDs seit Jahren zurück und die weltweite Musikindustrie generierte 2015 erstmals mit ihrem non-physischen Geschäft (6,7 Milliarden US-Dollar) einen höheren Umsatz als mit physischen Tonträgern (5,8 Milliarden US-Dollar) (IFPI Global Music Report 2016).

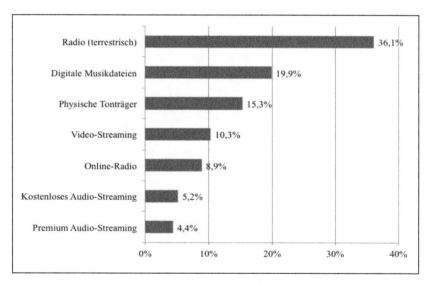

Abb. 6.2 Hörgewohnheiten in Deutschland (Eigene Darstellung nach BVMI 2016)

Während nach dem Bundesverband der Musikindustrie (BVMI) die CD in Deutschland weiterhin die Leitwährung des deutschen Musikmarkts darstellt und auch 2015 mit 943 Millionen Euro für 60,8 Prozent des Umsatzes sorgte (BVMI 2016, S. 10), zeichnen sich auch hierzulande seit einigen Jahren rückläufige Umsatzzahlen für CDs ab. So sank das Umsatzvolumen aus CD-Verkäufen innerhalb der letzten fünf Jahre um rund 14 Prozent und machte 2011 noch 74 Prozent des Gesamtumsatzvolumens aus. Im Gegensatz dazu haben sich kostenpflichtige Download- und Streamingangebote weiter etabliert, sodass der Marktanteil von non-physischen Musikinhalten im Jahr 2015 bereits 31,4 Prozent des Gesamtumsatzes betrug, mit einem Umsatzvolumen von 486 Millionen Euro. Insbesondere die Erlöse aus Streaming-Subscriptions tragen maßgeblich zu dieser Entwicklung bei, sodass sich das Umsatzvolumen in den letzten fünf Jahren vervierfacht hat (vgl. Abb. 6.1). Die wachsende Vielfalt der Umsatzquellen der Musikbranche spiegelt sich auch auf Nutzerseite in einer globalen Medienvielfalt wider, über die Musik konsumiert werden kann. Ob als CD, Schallplatte, Download oder Stream, im Radio, am Computer oder über das Smartphone, unterwegs oder zu Hause – die Nutzungs- und Zugangsmöglichkeiten sind vielseitig. Da medial vermittelte Musik den größten Teil des täglichen Musikkonsums ausmacht (Schramm 2008, S. 135), soll im Folgenden nur dieses Format der Musikrezeption betrachtet werden. Wie eine repräsentative Online-Umfrage des BVMI zu Hörgewohnheiten in Deutschland zeigt, war das Radio mit 36,1 Prozent 2015 das beliebteste Rezeptionsmedium für Musik (vgl. Abb. 6.2).

Auch wenn das Radio weiterhin das am meisten genutzte Musikmedium ist, haben sich Musik-Streaming-Dienste als zentraler Bestandteil des Wettbewerbs um Mediennutzer entwickelt und es stellt sich die Frage, inwiefern sich das Musikkonsumverhalten durch neue Player verändert. Eine aktuelle Studie der International Federation of the Phonographic Industry (IFPI) zeigt, dass bereits 32 Prozent der Deutschen Musik-Streaming-Angebote nutzen (2016). Demgegenüber stehen laut jüngsten Analysen der Arbeitsgemeinschaft Media-Analyse e. V. (agma) 78,1 Prozent der Bevölkerung bzw. rund 57 Millionen Personen, die täglich Radio hören (agma 2017a).

Eine von Spotify im Zusammenarbeit mit TNS durchgeführte Studie stellte das Mediennutzungsverhalten von Spotify Free-Nutzern und Hörern von regionalen Radiostationen gegenüber und zeigte einerseits, dass Spotify mit einer wöchentlichen Reichweite von 12 Prozent für sein kostenloses Programm im Vergleich zur Konkurrenz Marktführer unter den Musik-Streaming-Angeboten ist. Anderseits zeigen die Vergleiche von regionalen Radiosendern und der regionalen Spotify Free-Nutzung, dass beispielsweise Radio Hamburg mit 41 Prozent Reichweite der Marktführer ist, jedoch elf Prozent der untersuchten Zielgruppe der 14- bis 34-Jährigen Spotify hört, aber kein Radio Hamburg (vgl. Schröder 2016). Laut Mediaanalyse ma 2016 II entsprechen die Reichweitezahlen des Senders Radio Hamburg hierbei 78.000 Hörern pro Durchschnittsstunde (vgl. Verband Privater Rundfunk und Telemedien 2016). Natürlich soll nicht der Eindruck erweckt werden, die Abonnentenzahlen von Spotify Free, die eher eine potenzielle und sicher nur zum Teil regelmäßige Nutzung beschreiben, seien vergleichbar mit den von der Arbeitsgemeinschaft Media-Analyse e. V. gemessenen Hörerzahlen für rund 200 öffentlich-rechtliche und private Einzelsender und Kombinationen. Die zitierten Daten gestatten jedoch die Frage, inwiefern Spotify das Musikkonsumverhalten verändert.

Es zeigt sich, dass die Freiheit des vielfältigen Zugangs zu Musik und des selbstbestimmten Musikhörens im Rahmen des Streaming-Modells die Grundlage bietet für die Entwicklung eines „souveränen Rezipiententyps", der in jeder beliebigen Situation zu jeder beliebigen Zeit und an jedem beliebigen Ort seine Musik auswählen und konsumieren kann (Smudits 2007, S. 131). Somit hat sich aber auch die Beziehung zwischen Musik und Konsument_innen verändert und „Musik muss heute ihren Weg durch das Netz zu seinen Hörern finden – nicht umgekehrt" (Hesse 2012, S. 47). Der durch die Digitalisierung initiierte Medienwandel hat dazu geführt, dass traditionelle Medien wie TV und Radio ihre traditionelle Gatekeeper-Rolle zwischen Künstler und Konsumenten eingebüßt haben und der Nutzer zunehmend eine partizipative Rolle einnimmt (Jerong 2014, S. 107). So sind für die „Beteiligung am öffentlichen Diskurs im Internet […] neue soziale Arenen entstanden […], die als postmassenmedial bezeichnet werden können" (Biermann et al. 2014, S. 8), da sie das Verhältnis zwischen Medien und der Öffentlichkeit verändern und den Wandel zu einer partizipativen Medienkultur (Jenkins 2006) prägen. Allgemein werden diese neuen Medien als Social Media bezeichnet. Nach Gundlach und Hofmann (2012) beschreibt der Begriff Social Media „sowohl die weniger intensiven (z. B. zusätzliche Kommentarfunktionen, Empfehlungsfunktionen bei Abrufmedien) als auch die intensiveren (z. B. Weblogs, Facebook, Wikipedia) Angebote der partizipativen Informationsvermittlung" (S. 209). Im Zuge des durch die Digitalisierung initiieren Medienwandels haben somit partizipative Unterhaltungsangebote in Umfang und Variationsreichtum gegenüber traditionellen Informationsangeboten zugenommen und spiegeln die Relevanzverschiebung von Information und Wissen zu Teilhabe und Erfahrung wider (Klaus & Lüneborg 2004, S. 203).

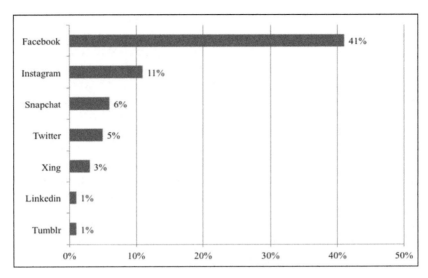

Abb. 6.3 Wöchentliche Nutzungshäufigkeit von Social Media-Angeboten in Prozent
in Deutschland (Eigene Darstellung nach ARD/ZDF-Onlinestudie 2016, vgl.
Koch & Frees 2016, S. 434)

Auch im Hinblick auf die Musikindustrie hat sich mittlerweile eine Vielzahl an
einflussreichen Social Media-Angeboten etabliert, die sich sowohl in Bezug auf die
Intensität der Partizipation als auch in Bezug auf den inhaltlichen Schwerpunkt
und ihren Nutzen für die Konsument_innen unterscheiden. Die folgende Analyse
konzentriert sich vor allem auf Angebote, die aufgrund ihrer Reichweite massen-
wirksam sind. Wie die jährliche Untersuchung der ARD-/ZDF-Onlinestudie zeigt,
war Facebook mit 41 Prozent wöchentlicher Nutzung auch 2016 weiterhin das
meistgenutzte Social Media-Angebot in Deutschland (vgl. Abb. 6.3). Eine explorative
Untersuchung der Social Media-Angebote Facebook und Twitter soll im Hinblick
auf die zentrale Forschungsfrage nach dem Potenzial und dem Einfluss neuer Kommunikationsmaßnahmen auf den Erfolg von Künstlern und ihren Musikangeboten
die Kommunikation im Rahmen dieser Medienangebote beispielhaft analysieren.

6.3   Methodische Vorgehensweise und Datengrundlage

Da der gegenwärtige Kenntnisstand des Untersuchungsgenstands zur Relation von Social Media-Aktivitäten und Musikverkäufen noch sehr gering ist, wurde ein explorativer Forschungsansatz gewählt, um Einblicke in den Gegenstandsbereich von Einflüssen von Social Media auf die Musikindustrie zu gewinnen (Stein 2014 für die Einordnung von explorativen Studien in den Kontext des Forschungsdesigns). Hierbei wurde auf eine quantitative Datenanalyse der media control Charts aus dem Jahre 2016 zurückgegriffen, um eine Forschungsgrundlage für weitergehende Untersuchungsansätze zu schaffen. Konkret fokussiert sich die Untersuchung dabei auf das Ziel, den Einfluss innovativer Kommunikationsmaßnahmen, vorrangig Social Media-Aktivitäten, auf die Chart-Positionierungen zu untersuchen, um Aussagen zur Erfolgsrelevanz von neuen Kommunikationsmaßnahmen abzuleiten.

Neben den Umsatz- und Absatzzahlen stellen die Charts ein wichtiges Auswertungstool dar, da sie „für die Öffentlichkeit deutlich gemacht [haben], welche Künstler mit ihren Musikstücken neu einsteigen, in der Chartposition steigen oder fallen oder aber gar nicht in den Charts vertreten sind" (Burghart & Hempel 2007, S. 148). Entsprechend der allgemeinen Managementrelevanz von Ranglisten erfahren Charts auch in der Musikindustrie eine große Bedeutung, da sie „nicht nur als statistische Darstellung von Trends und als Orientierungshilfe [dienen], sie haben […] eine bedeutende Auswirkung auf den Handel, die Medien, die Endkonsumenten und damit auf die Vermarktung und den Erfolg von Musikprodukten" (ebd., S. 151). Neben media control erhebt auch GfK Entertainment im Auftrag des BVMI eine Rangliste der aktuellen Musikveröffentlichungen, die Offiziellen Deutschen Charts, und darüber hinaus werden auch von weiteren Institutionen wie Radiosendern, vorrangig von Formatradios, Hörercharts erhoben wie beispielsweise die RTL Top 40. Während diese nicht den gleichen Grad der Objektivität aufweisen, können sie dennoch zur Bildung einer virtuellen Gemeinschaft beitragen (Hemming 2016, S. 415). Um das Potenzial von Kommunikationsmaßnahmen mittels Social Media-Angeboten für den Erfolg von Künstlern zu untersuchen, sollen neben den Verkaufszahlen für physische und digitale Musikinhalte auch Erhebungen zu der Social Media-Präsenz hinzugezogen werden, sodass für den Datensatz auf die folgenden Chart-Erhebungen von media control zurückgegriffen wurde: Social Media Charts, Album Charts und Song Charts. Diese werden alle wöchentlich erhoben und in Anlehnung an den weltweit einheitlichen Veröffentlichungstag bezeichnet eine Chartwoche im Rahmen der wöchentlichen Erhebung jeweils den Zeitraum von Freitag (0:00 Uhr) bis Donnerstag (23:59 Uhr). Um mögliche saisonale Effekte der Musikindustrie auch erfassen zu können, wurde das gesamte Jahr 2016 ausgewählt und somit 52 Chartwochen untersucht. Da sich die Rahmenbedingungen der

Musikindustrie für den Untersuchungsgegenstand dieser Studie im betrachteten Zeitraum nicht maßgeblich verändert haben, sind keine besonderen Verzerrungen zu erwarten. Diese drei Datensätze wurden für die vorliegende Untersuchung bereinigt und zusammengefasst, sodass die Grundgesamtheit des zu untersuchenden Datensatzes 218.400 Datenpunkte umfasst. Die Datengrundlage besteht insbesondere aus Informationen zu Künstlernamen, deren Alben und Songs sowie weiteren künstlerbezogenen Daten, die im betrachteten Zeitraum eine Platzierung innerhalb der Top100 der jeweiligen Charts erhielten. Tabelle 6.1 beinhaltet eine deskriptive Statistik der Chart-Daten.

Allen hier untersuchten Chart-Erhebungen liegt das Mengenprinzip zugrunde, sodass auch kostenlose Nutzungen wie beispielsweise via YouTube einbezogen werden[2] (Schmich 2016). Im Hinblick auf die Album Charts werden hierbei sowohl Verkaufszahlen physischer als auch digitaler Verkäufe sowie Audio-Streams erhoben. Der untersuchte Datensatz der Album Charts umfasst 898 Künstler_innen, die 2016 mit 1.082 Albumtiteln in den Top100 Charts vertreten waren. Darüber hinaus stehen Daten zur Label-Zugehörigkeit (n = 339 Labels), der digitalen (n = 27 Vertriebsfirmen) und physischen Distribution (n = 23 Vertriebsfirmen) der Alben sowie deren Genre (n = 33 Genres) und Sprache (n = 9 Sprachzugehörigkeiten) für die Untersuchung zur Verfügung. Diese Informationen wurden von media control auch in Bezug auf die Song Charts erhoben, sodass sich hier eine Datengrundlage von 241 Künstlern_innen ergibt, die 2016 mit 563 Songtiteln eine Top100-Platzierung erzielt haben. Darüber hinaus stehen entsprechend den Album Charts Daten in Bezug auf die Label-Zugehörigkeit (n = 148 Labels), die digitale (n = 19 Vertriebsfirmen) und physische (n = 9 Vertriebsfirmen) Distribution der Songs sowie deren Genre (n = 18 Genres) und Sprache (n = 8 Sprachzugehörigkeiten) zur Verfügung. Mit dem Datensatz zu den Social Media Charts wurde die Chart-Entwicklung von 241 Künstler_innen erfasst. Einerseits umfasst dies künstlerbezogene Daten wie das Herkunftsland (n = 25 Länder), oder ob es sich um Einzelkünstler_innen oder Künstlergruppen handelt (n = 3 Kategorien), sowie auch Daten zu den Social Media-Aktivitäten wie die absolute Reichweite (Fans bei Facebook sowie Follower bei Twitter) und die Anzahl der Interaktionen (Likes, Comments, Shares für Facebook sowie Mentions und Retweets für Twitter). Diese Datensätze bilden die Datengrundlage für die vorliegende Untersuchung, die mittels einer sogenannten statistischen Datenfusion zusammengeführt wurden. Die Künstler_innen bilden hierbei das für die Datenfusion gemeinsame Merkmal, das also in allen Datensätzen enthalten ist.

---

2   Im Gegensatz dazu richtet sich die Wertung für die *Offiziellen Deutschen Charts* der GfK nach dem Umsatz, der mit einem Titel oder Album gemacht wird.

Tab. 6.1 Datengrundlage media control Charts 2016[345]

Charts	Chart-wochen	Grundgesamtheit der Datenpunkte	Songs/ Alben	Künstler_ innen	Künstler_innen mit Top1-Platzierung
Album Charts[3]	52	67.600	1.082	898	43
Song Charts[4]	52	67.600	563	441	11
Social Media Charts[5]	52	83.200	n/a	241	6

(Quelle: Eigene Berechnung)

Wie bereits die Gesamtanzahl der untersuchten Künstler_innen der jeweiligen Chart-Erhebungen zeigt, weisen die Social Media Charts die geringste Vielzahl an Künstlern_innen auf. Hierbei ist zu beachten, dass für diese Chart-Erhebung nur die individuellen Profile der Künstler_innen, sei es als Solo-Künstler_in oder Band auf den Social Media-Plattformen Facebook und Twitter erfasst wurden. Im Gegensatz dazu wurden Künstler_innen in den Album, Song und Streaming Charts im Hinblick auf ihre jeweiligen Veröffentlichungen erfasst. Aufgrund dieser unterschiedlichen Erhebungsmethoden ergibt sich daher nur bedingt eine Vergleichbarkeit der hier untersuchten Charts. Es zeigt sich jedoch, dass in den unterschiedlichen Charts verschiedene Künstler_innen im Jahr 2016 die Top-Platzierungen der Charts besetzt haben (vgl. Tabelle 6.2). So gab es keine Übereinstimmungen unter den drei Chart-Erhebungen in Bezug auf die fünf Künstler_innen, die in den jeweiligen Charts die meisten Top1-Platzierungen erzielten (vgl. Tabelle 6.2).

---

3 Album Charts: Wöchentliche, mengenbasierte Rangfolge der relevantesten Alben in Deutschland. Die Ermittlung erfolgt aus physischen und digitalen Verkäufen sowie Audio-Streams.

4 Song Charts: Wöchentliche, mengenbasierte Rangfolge der relevantesten Songs in Deutschland. Die Ermittlung erfolgt aus physischen und digitalen Verkäufen, Audio und Video-Streams sowie Radio Airplay.

5 Social Media Charts: Wöchentliche Rangfolge der Musikkünstler mit höchsten Fan- und Interaktionsperformances, erstmals basierend auf Nutzerdaten von Facebook und Twitter aus Deutschland.

Tab. 6.2 Übersicht der Top-Platzierungen der jeweiligen media control Charts 2016

Album Charts		Song Charts		Social Media Charts	
Künst-ler_in	Anzahl Top 1-Platzierungen	Künst-ler_in	Anzahl Top 1-Platzierungen	Künst-ler_in	Anzahl Top 1-Platzierungen
Andrea Berg	3	Rag'n'Bone Man	15	Rihanna	27
Udo Lindenberg	3	Imany	12	Kay One	17
Helene Fischer	3	Alan Walker	9	Liont	3
AnnenMay-Kantereit	2	Justin Timberlake	4	Jan Böhmer-mann	3
Metallica	2	Sia	2	Die Lochis	1

(Quelle: Eigene Berechnung)

Darüber hinaus zeigen die Auswertungen, dass insbesondere bei den Album Charts die Top1-Position häufig wechselte, sodass nur Andrea Berg mit ihrem Album *Seelenbeben* (CW 15-17), das Album *Stärker als die Zeit* von Udo Lindenberg (CW 18-20) und Helene Fischer mit dem Album *Weihnachten* (CW 50-52) jeweils drei Wochen die Charts anführten. Diese Top1-Platzierungen traten größtenteils auch im Umfeld des Veröffentlichungstages des entsprechenden Albums oder im Rahmen von saisonalen Anlässen auf, wie bei *Weihnachten* von Helene Fischer. In den Song Charts hingegen war nicht nur die Gesamtanzahl an Künstler_innen mit einer Top1-Platzierung um das Vierfache geringer als in den Album Charts, auch waren beispielsweise Künstler wie Rag'n'Bone Man (CW 38-52) sowie die Künstlerin Imany (CW 26-37) mit 15 bzw. 12 Wochen weitaus länger an der Spitze der Charts. Diese sogenannten Dauerbrenner gibt es heutzutage weitaus häufiger, „weil auch die Downloads und Streamings in die Charts einfließen und sich Titel so länger in den Charts halten können" (Schramm et al. 2017, S. 20). Während Imany mit ihrem Song *Don't Be So Shy* der Sommerhit des Jahres 2016 war, entwickelte sich *Human* von Rag'n'Bone Man Ende des Jahres 2016 zum Chart-Erfolg. Bei diesen zwei Beispielen ist jedoch zu beachten, dass es sich jeweils um die erste Veröffentlichung der Künstler_innen mit globaler Aufmerksamkeit und Erfolg handelt. Daher ist zu vermuten, dass der Neuheitsfaktor hier eine entsprechende positive Auswirkung auf die erfolgreiche Chart-Platzierung hatte.

Tab. 6.3 Übersicht Reichweite und Social Media Interaktionen der fünf Künstler_innen mit Top1-Platzierungen der media control Social Media Charts im Jahr 2016

Künstler_in	Rihanna	Kay One	Liont	Jan Böhmermann	Die Lochis
Facebook Fans (CW 52)	2.058.817	1.597.515	516.528	833.661 (CW 34)	645.260
Wachstum Facebook Fans	-1,2 %	-3,8 %	-6,99 %	+126,25 %	+0,5 %
Facebook Reaktionen (gesamt)	394.155	13.460.208	541.677	1.703.637 (bis CW 34)	3.645.221
Facebook Kommentare (gesamt)	11.031	2.503.057	27.891	170.702 (bis CW 34)	629.261
Facebook Shares (gesamt)	12.951	627.910	1.136	150.374 (bis CW 34)	120.055
Twitter Follower (CW 52)	1.730.947	76.222	753.953	1.092.924	224.649
Wachstum Twitter Follower	+24,4 %	-2,8 %	+7,8 %	+126,2 %	+26,7 %
Twitter Retweets (gesamt)	58.060	222	289.965	175.970	172.235
Twitter Mentions (gesamt)	240.351	776	269.056	269.056	280.598

Anzahl der Platzierungen in den Top100-Charts					
Album Charts	28	4	n/a	n/a	15
Song Charts	85	2	n/a	n/a	3

(Quelle: Eigene Berechnung)

Im Gegensatz zu den Album und Song Charts ist die Anzahl der Künstler_innen mit Top1-Platzierungen in den Social Media Charts deutlich geringer, jedoch unterliegt die Chartspitze hier mehr Abwechslung, indem sich beispielsweise die Künstler_innen Rihanna und Kay One jeweils häufig an der Spitzenposition ablösten. Ein Blick auf die Social Media-Kennzahlen der Künstler_innen an der Chart-Spitze zeigt, dass sich – mit Ausnahme von Jan Böhmermann – deren absolute Reichweite insbesondere bei Facebook über das Jahr 2016 nur geringfügig verändert hat (vgl. Tabelle 6.3). Demgegenüber konnten bei Twitter sowohl Jan Böhmermann (126 Prozent), die Lochis (27 Prozent) und Rihanna (24 Prozent) ein starkes Wachstum verzeichnen. Außerdem zeigt sich, dass Social Media-Kanäle insbesondere im Hinblick auf die rückläufigen Reichweite-Zahlen traditioneller

Medien durchaus eine vergleichbare Kommunikationsreichweite vorzuweisen haben. Beispielsweise erreichte der Rahmenprogrammanbieter radio NRW als reichweitenstärkster Hörfunkanbieter im bundesweiten Vergleich laut der jüngsten Radio-Analyse ma 2017 Radio I in der Durchschnittsstunde eine Bruttoreichweite von 1,716 Mio. Hörern (Schröder 2017).

Ein Vergleich der verschiedenen, verfügbaren Social Media-Kanäle zeigt, dass sich bei den meisten Künstler_innen Unterschiede in den Reichweite- und Interaktionszahlen von Facebook und Twitter feststellen lassen. Insbesondere bei dem Rapper Kay One zeigt sich, dass er eine deutliche größere Facebook- als Twitter-Community hat und hier auch deutliche Unterschiede im Hinblick auf die Interaktionen zu beobachten sind. Während Kay One insgesamt auf seiner Facebook Fanpage 541.677 Reaktionen, 27.891 Kommentare und 1.136 Shares verzeichnete, war die Interaktion seiner Twitter Follower mit 222 Retweets und 776 Twitter Mentions deutlich geringer (vgl. Tabelle 6.3).

Im Kontext der weiteren Chart-Erhebungen wie den Album und Song Charts lässt sich nur eine begrenzte Korrelation zwischen einer hohen Interaktionsrate und Top100-Platzierungen in den anderen Chart-Erhebungen feststellen. So weist das gewählte Untersuchungsbeispiel von Rihanna eine deutlich höhere Anzahl an Top100-Platzierungen auf als Kay One. Ähnliche Vermutungen lassen sich im Hinblick auf Twitter bei den Künstlern Die Lochis im Vergleich zu Rihanna anstellen. Jedoch stellt die Untersuchung der Top 1-Platzierungen nur einen sehr begrenzten Ausschnitt der Chart-Entwicklungen für das Jahr 2016 dar, sodass im Folgenden insbesondere die Social Media Charts näher erörtert werden sollen, um die Auswirkungen von Social Media-Aktivitäten auf den Absatz von Musikangeboten genauer zu untersuchen.

6.4 Facebook in der Musikkommunikation

Facebook dient Nutzer_innen vor allem als Kommunikationsplattform, auf der die Mitglieder sich vernetzen, gemeinschaftlich kommunizieren und vielfältige Inhalte – von eigenen Statusmeldungen bis zu Fotos und Webvideos – austauschen können. Insbesondere die Funktionen des Likens, Kommentierens und Teilens sind zentrale Elemente der Kommunikation innerhalb des Netzwerkes (Gerlitz 2011, S. 104ff.). So können die Mitglieder eigene Inhalte veröffentlichen oder Inhalte anderer Nutzer_innen liken bzw. diese kommentieren oder mittels der Sharing-Funktion weiter in dem Netzwerk verbreiten. Das Liken eines Inhalts bei Facebook stellt hierbei die niedrigste Form des Engagements dar, wohingegen das Kommentieren als Ausdrucksform schon weitaus wertiger ist, da dies einer intensiveren Auseinandersetzung der Nutzer_in mit dem Inhalt bedarf. Die offensichtlichste und wertigste Multiplikationsmethode stellt das Sharing dar, weil eine Nutzer_in hier ihrem eigenen Netzwerk einen Inhalt weiterempfiehlt (Wetzel & Cauret 2012, S. 93f.). Da soziale Bindungen ein wesentlicher Bestandteil der Künstler_innen-Konsument_innen-Beziehung sind (Herzberg 2012, S. 182), ist es Ziel der Kommunikationsaktivitäten bei Facebook diese durch zielgerichtete Kommunikation zu intensivieren. Facebook ist sowohl für Unternehmen und Marken, Medienunternehmen sowie auch Künstler_innen inzwischen nahezu alternativlos geworden, denn mittels keiner vergleichbaren Plattform erreicht man so viele Menschen (Koch & Frees 2016, S. 434). Da die Interaktionsmechanismen des Likens, Kommentierens und Teilens innerhalb des Netzwerks öffentlich ersichtlich sind, speichert, verwertet und verknüpft Facebook diese Nutzerdaten, sodass „im Social Web [...] der „Gläserne Mensch" längst Realität geworden [ist]" (Wiesinger 2014, S. 197). Vor allem aufgrund seiner hohen Mitgliederzahlen eignet sich Facebook für Künstler_innen als Kommunikationskanal für die massenhafte Verbreitung ihrer vielseitigen Inhalte, sowohl in Bezug auf Musikangebote als auch in Form von Bildmaterial oder non-music content. Im Folgenden soll die Nutzung dieses Social Web-Angebots in Bezug auf den Datensatz der Künstler_innen mit Top100-Chartplatzierungen näher untersucht werden.

Die Analyse zeigt, dass insbesondere männliche Künstler in den Social Media Charts vertreten waren (vgl. Tabelle 6.4). Jedoch lässt ein Vergleich der Reichweitezahlen von den Facebook-Auftritten der 241 Künstler_innen, die 2016 in den media control-Charts vertreten waren, vermuten, dass sich insbesondere Einzelkünstlerinnen bei Facebook einer großen Beliebtheit erfreuten, da sie im Durchschnitt 5,8 Prozent mehr deutsche Facebook Fans hatten als männliche Einzelkünstler und 9,8 Prozent mehr deutsche Facebook Fans als Künstler_innen der Kategorie Band/Gruppe/Orchester. Auch internationale Künstler_innen konnten im Untersuchungszeitraum eine größere Facebook-Reichweite als Künstler_innen mit deutscher Herkunft vorweisen, so war deren durchschnittliche Anzahl an deutschen Facebook Fans um 6,2 Prozent höher als bei deutschen Künstler_innen. Eine genauere Analyse der Interaktionskennzahlen zeigt jedoch, dass Facebook-Nutzer_innen weitaus aktiver mit deutschen Künstler_innen interagierten. So erhielten im Untersuchungszeitraum Beiträge von deutschen Künstler_innen im Durchschnitt viermal so viele Reaktionen pro 1.000 Fans als internationale Künstler_innen zu verzeichnen hatten. Auch wurden die Beiträge von deutschen

Künstler_innen doppelt so oft (2 Shares pro 1.000 Fans) verbreitet als die Beiträge von internationalen Künstler_innen (1 Share pro 1.000 Fans).[6]

Tab. 6.4   Facebook Reichweiten- und Interaktionskennzahlen media control Social Media Charts 2016 für Gesamtanzahl der Künstler_innen

	Alle Künstler_innen (n=241)	Band/ Gruppe/ Orchester (n=58)	Einzelkünstler (w) (n=44)	Einzelkünstler (m) (n=139)	Herkunft: Deutschland (n=107)	Herkunft: außerhalb von Deutschland (n= 134)
Facebook Fans (Ø)	850.907	816.174	895.906	846.668	819.836	871.258
Facebook Reaktionen (Ø)	27.631	21.602	33.796	27.553	51.932	11.713
Facebook Reaktionen pro 1.000 Fans (Ø)	32	26	38	33	63	13
Facebook Kommentare (Ø)	2.204	1.628	1.586	2.680	4.672	588
Facebook Kommentare pro 1.000 Fans (Ø)	2,6	2,0	1,8	3,2	5,7	0,7
Facebook Shares (Ø)	1.209	1.293	539	1.443	1.737	863
Facebook Shares pro 1.000 Fans (Ø)	1,4	1,6	0,6	1,7	2,1	1,0

(Quelle: Eigene Berechnung)

Die nachfolgende Übersicht listet die fünf populärsten Künstler_innen mit den meisten und höchsten Top100-Platzierungen innerhalb der media control Social Media Charts für das Jahr 2016 auf. Deren durchschnittliche Reichweite innerhalb des Social Web-Angebotes Facebook verdeutlicht das große Potenzial der sozialen Netzwerke, um eine breite Öffentlichkeit zu erreichen und direkt mit ihnen interagieren zu können (vgl. Tabelle 6.5).

---

6   Im Hinblick auf den Vergleich von deutschen und internationalen Künstler_innen ist zu beachten, dass diese basierend auf Nutzerdaten von Facebook und Twitter aus Deutschland erhoben werden.

Tab. 6.5 Facebook Reichweiten- und Interaktionskennzahlen media control Social Media Charts 2016 der fünf höchst platzierten Künstler_innen

	Rihanna	Kay One	David Guetta	Cro	Kate Perry
Position in Social Media Charts (Ø)	2	4	5	6	7
Facebook Fans (Ø)	2.086.997	1.626.023	2.276.621	1.670.215	1.135.854
Facebook Reaktionen (Ø)	7.580	258.850	6.965	7.833	2.013
Facebook Reaktionen pro 1.000 Fans (Ø)	4	159	3	5	2
Facebook Kommentare (Ø)	212	48.136	345	606	40
Facebook Kommentare pro 1.000 Fans (Ø)	0,1	29,6	0,2	0,4	0,0
Facebook Shares (Ø)	249	12.075	447	116	43
Facebook Shares pro 1.000 Fans (Ø)	0,1	29,6	0,2	0,4	0,0

(Quelle: Eigene Berechnung)

Insbesondere im Vergleich mit klassischen Medien, wie beispielsweise dem eingangs erwähnten regionalen Radiosender Radio Hamburg mit einer Reichweite von 78.000 Hörern pro Durchschnittsstunde, zeigt sich das Potenzial von Social Web-Angeboten wie Facebook für Künstler_innen und deren kommunikativen Zielen des Aufbaus und der Pflege sozialer Bindungen mit ihren Fans. Interessant ist in diesem Zusammenhang auch das Verhältnis von Fans zu Interaktionen und hierbei zeigt sich, dass Kay One bei den drei Engagement-Funktionen der Facebook Reaktionen, des Kommentierens als auch des Sharens deutlich vorne liegt. Für eine tiefergehende Analyse und Gegenüberstellung der Auswirkung von Reichweite und Interaktion auf den Erfolg von Künstler_innen sind weitergehende Informationen, wie beispielsweise Angaben zum Werbebudget und der Aussteuerung von bezahlten Kommunikationsmaßnahmen wie Facebook Ads erforderlich, die im Rahmen der vorliegenden Untersuchung nicht zur Verfügung standen.

6.5   Twitter in der Musikkommunikation

Im Gegensatz zu Facebook, wo zwischen Profilen von Privatpersonen und öffentlichen Facebook-Seiten unterschieden wird, existiert bei Twitter nur eine Art von
Profil, sodass „der Fan bei Twitter einen gefühlt näheren Draht zum Künstler hat
und der Eindruck entsteht, mit dem Künstler direkt zu sprechen und nicht mit
seinem Marketingteam" (Bräunig 2015, S. 21). Darüber hinaus unterscheiden sich
die beiden Social Web-Angebote auch in Bezug auf ihre Nutzung. So ist Twitter
vorrangig ein Microblogging Dienst. Dieser ermöglicht Künstler_innen sowie den
Nutzenden des Netzwerkes, Inhalte in Form von Mitteilungen von bis zu 140 Zeichen
Länge zu kommunizieren. Die Folgen-Funktion ermöglicht Nutzenden, andere
Profile zu abonnieren, sodass ihnen deren Inhalte in ihrer persönlichen Timeline
angezeigt werden. Zudem können Twitter-Nutzer mittels der Retweet-Funktion
einen Beitrag anderer Nutzender weiter verbreiten. Es ist das Ziel der Kommunikationsaktivitäten bei Twitter, „durch zielgerichtete Kommunikation eine hochwertige
Followerschaft zu erlangen, die [...] Inhalte nicht nur als lesenswert, sondern auch
als mitteilenswert erachten [...und somit die...] Sichtbarkeit in diesem Kanal [zu]
vergrößern" (Wetzel & Cauret 2012, S. 87).

Die Analyse der Reichweiten zeigt, dass sich ähnlich wie bei Facebook insbesondere Einzelkünstlerinnen bei Twitter einer großen Beliebtheit erfreuen, da
sie im Durchschnitt knapp doppelt so viele deutsche Twitter Follower hatten als
männliche Einzelkünstler und rund viermal so viele deutsche Twitter Follower
als Künstler_innen der Kategorie Band/Gruppe/Orchester (vgl. Tabelle 6.6). Auch
internationale Künstler_innen konnten im Untersuchungszeitraum eine größere
Twitter-Reichweite als Künstler_innen mit deutscher Herkunft vorweisen. So war
deren durchschnittliche Anzahl an deutschen Twitter Followern um 50 Prozent höher
als bei deutschen Künstler_innen. In diesem Zusammenhang soll jedoch kritisch
auf die zahlreichen Fälle von unechten Profilen der Twitter Follower hingewiesen
werden, welche die Reichweite-Kennzahlen innerhalb des Social Media-Angebots
massiv verfälschen können. Im Gegensatz zu Facebook können sich Nutzer_innen
bei Twitter mittels eines Pseudonyms anmelden und es ist keine eindeutige Na-
menszuweisung erforderlich (Bräunig 2015, S. 30). Eine Untersuchung von Statista
und den Social Web Analyse-Diensten Socialbakers und Twitaholic im Jahr 2013
zeigte, dass sich unter den weltweit populärsten Künstler_innen und deren Twitter
Community eine große Anzahl von inaktiven oder Fake-Nutzer_innen bei den
Followern befand (Richter 2013). Eine genauere Analyse der Interaktionskennzahlen zeigt jedoch, dass, ähnlich wie bei dem Interaktionsverhalten auf Facebook,
Twitter-Nutzer weitaus aktiver mit deutschen Künstler_innen interagierten. So
erhielten im Untersuchungszeitraum Beiträge von deutschen Künstler_innen im

Durchschnitt rund 30 Prozent mehr Retweets pro 1.000 Follower als internationale Künstler_innen.

Tab. 6.6 Twitter Reichweiten- und Interaktionskennzahlen media control Social Media Charts 2016 für Gesamtanzahl der Künstler_innen

	Alle Künst-ler_innen (n=241)	Band/ Gruppe/ Orchester (n=58)	Einzel-künstler (w) (n=44)	Einzel-künstler (m) (n=139)	Herkunft: Deutsch-land (n=107)	Herkunft: außerhalb von Deutschland (n= 134)
Twitter Follower (Ø)	312.995	124.574	520.617	304.599	237.279	362.589
Twitter Retweets(Ø)	494	307	409	602	576	441
Twitter Retweets pro 1.000 Follower (Ø)	1,6	2,5	0,8	2,0	2,4	1,2
Twitter Mentions (Ø)	708	431	802	781	726	697
Twitter Mentions pro 1.000 Follower (Ø)	2,3	3,5	1,5	2,6	3,1	1,9

(Quelle: Eigene Berechnung)

Einhergehend mit den eingangs erwähnten geringen Nutzungszahlen von Twitter unter deutschen Konsumenten zeigt die Analyse die fünf populärsten Künstler_innen mit den meisten und höchsten Top100-Platzierungen innerhalb der media control Social Media Charts für das Jahr 2016, dass deren durchschnittliche Reichweite innerhalb des Social Web-Angebotes Twitter bei den meisten Künstler_innen geringer ist als bei Facebook (vgl. Tabelle 6.7).

Tab. 6.7   Twitter Reichweiten- und Interaktionskennzahlen media control Social Media
Charts 2016 der fünf höchst platzierten Künstler_innen

	Rihanna	Kay One	David Guetta	Cro	Kate Perry
Position in Social Media Charts (Ø)	2	4	5	6	7
Twitter Follower (Ø)	1.584.927	77.063	831.179	1.165.349	1.419.983
Twitter Retweets (Ø)	1.117	4	77	405	711
Twitter Retweets pro 1.000 Follower (Ø)	0,7	0,1	0,1	0,3	0,5
Twitter Mentions (Ø)	4.622	15	310	927	1.041
Twitter Mentions pro 1.000 Follower (Ø)	2,9	0,2	0,4	0,8	0,7

(Quelle: Eigene Berechnung)

Während beispielsweise Kay One im Jahr 2016 keine proaktive Kommunikation
über dieses Social Web-Angebot mit seinen Fans betrieben hat, kommunizierte Cro
regelmäßig mit seinen Followern. So konnte er einerseits Retweets seiner eigenen
veröffentlichten Beiträge erreichen und wurde auch in zahlreichen Tweets von
deutschen Twitter-Nutzern proaktiv erwähnt. Interessant ist in diesem Zusammenhang die vergleichsweise hohe Anzahl an Twitter Mentions, die ungefähr mit den
Twitter Mentions von Kate Perry zu vergleichen ist, wobei in dem Zusammenhang
aufgrund der Gegenüberstellung der Twitter Follower-Zahlen – Cro mit 1.165.349
Followern im Vergleich zu Katy Perry mit 1.419.983 Followern (vgl. Tabelle 6.6) –
anzunehmen ist, dass Katy Perry eine weitaus größere Bekanntheit unter deutschen
Konsument_innen genießt. Diese beispielhafte Gegenüberstellung soll das Potenzial
von Social Media-Aktivitäten für Künstler_innen aufzeigen.

6.6   Fazit

Im Rahmen des vorliegenden Beitrags wurde untersucht, inwiefern sich die Vermarktung von Künstler_innen und deren Musikinhalten verändert hat und welche
Möglichkeiten und Risiken sich für Künstler_innen im Social Web ergeben. Anhand
einer explorativen Analyse der Chart-Erhebungen für das Jahr 2016 durch das
Charts- und Marktforschungsunternehmen media control wurde eine Moment-

aufnahme der Musikvermarktung mittels der Social Web-Angebote Facebook und Twitter beispielhaft charakterisiert. In dem Zusammenhang zeigen insbesondere Aspekte wie die hohen Reichweite-Zahlen der individuellen Künstler sowie deren hohen Interaktionsraten mit ihrer Social Media-Community, dass Social Media-Angebote wie Facebook und Twitter ein wirksames Tool für das Entstehen und die Pflege von sozialen Bindungen sind, die einen wesentlichen Bestandteil der Künstler_in-Konsument_in-Beziehung bilden.

Eine Gegenüberstellung der Social Web-Kennzahlen und Absatzzahlen der Musikindustrie für das Jahr 2016 zeigt jedoch, dass aufgrund von hohen Social Web-Reichweiten von Künstler_innen nicht automatisch entsprechend positive Auswirkungen auf die Verkaufserwartungen folgen können. Hierbei ließ sich im Vergleich der untersuchten Chart-Erhebungen der Album, Song und Social Media Charts feststellen, dass es insbesondere unter den Top-Platzierungen der einzelnen Charts keine Überschneidungen gab. Für eine genauere Analyse dieser Beobachtung sind jedoch weitere Daten in Bezug auf das Musik- und Social Media-Nutzungsverhalten der Zielgruppen der Künstler_innen nötig.

In Bezug auf die Relevanz von Big Data für die Musikindustrie wurde in den vorangegangenen Abschnitten versucht aufzuzeigen, dass Social Web-Angebote und deren Daten zur systematischen Informationsgewinnung dienen und somit ein weitreichendes Potenzial zur Analyse und Prognose von wirtschaftlichen Entwicklungen sowie für datenbasierte Kommunikationsaktivitäten bieten. Während Social Web-Angebote neue Möglichkeiten der Datenerschließung eröffnen, soll in diesem Zusammenhang auch darauf hingewiesen werden, dass die von Social Web-Angeboten ermittelten Einblicke in das Konsumentenverhalten häufig nicht allen Beteiligten gleichermaßen zur Verfügung stehen (Reichert 2014, S. 177). Dies stellt die Akteure_innen der Musikindustrie vor neue Herausforderungen, die einen interessanten Forschungsgegenstand für weitere Auseinandersetzungen mit Big Data in der Praxis der Musikindustrie darstellen.

Literatur

agma (01.03.2017). ma 2017 Radio I. Pressemitteilung mit Eckdaten. https://www.agma-mmc.de/presse/pressemitteilungen/details/artikel/ma-2017-radio-i-pressemitteilung-mit-eckdaten.html. Zugriffen: 02. März 2017.

Biermann, R. et al. (2014). Partizipative Medienkulturen als Transformation von Beteiligungsmöglichkeiten – Einleitung. In R. Biermann et al. (Hrsg.), *Partizipative Medienkulturen* (S. 7-17). Wiesbaden: Springer.

Bräunig, K. (2015). *Der Einsatz von Social Media in der Musikindustrie*. Hamburg: Diplomica Verlag.

Burghart, M., & Hampl, C. (2007). *Künstleraufbau und -vermarktung auf dem deutschen Musikmarkt: Grundlagen und Prozesse*. Saarbrücken: VDM Verlag Dr. Müller.

BVMI (2016). Musikindustrie in Zahlen 2015. http://www.musikindustrie.de/fileadmin/ bvmi/upload/06_Publikationen/MiZ_Jahrbuch/bvmi-2015-jahrbuch-musikindustrie-in-zahlen-epaper.pdf. Zugegriffen: 10. August 2017.

Geißler, J. (2008). Mobile Music. In M. Clement et al. (Hrsg.), *Ökonomie der Musikindustrie*, 2. Aufl. (S. 229-242). Wiesbaden: Gabler.

Gerlitz, C. (2011). Die Like Economy. Digitaler Raum, Daten und Wertschöpfung. In O. Leistert, & T. Röhle (Hrsg.), *Generation Facebook. Über das Leben im Social Net* (S. 101-122). Bielefeld: transcript.

Gundlach, H., & Hofmann, U. (2012). Social Media als Treiber des Medienwandels? Eine Conjoint-Analyse. In C. Kolo (Hrsg.), *Wertschöpfung durch Medien im Wandel* (S. 209-225). Baden-Baden: Nomos.

Haupt, J., & Grünewald, L. (2014). Vom Produkt zum Produktionsmittel: Was Medienunternehmen von Spotify lernen können. In H. Rau (Hrsg.), *Digitale Dämmerung* (S. 97-115). Baden-Baden: Nomos.

Hesse, D. (2012). Musikkonsum im digitalen Zeitalter. In B. Anda et al. (Hrsg.), *SignsBook-Zeichen setzen in der Kommunikation* (S. 45-50). Wiesbaden: Gabler.

Jenkins, H. (20.10.2006). Confronting the Challenges of Participatory Culture: Media Education For the 21st Century, Cambridge (MA). The MIT Press. http://henryjenkins. org/2006/10/confronting_the_challenges_of.html. Zugegriffen: 13. Januar 2017.

Jerong, J. (2014). Partizipation und Public Value Management im Journalismus. In J. Einspänner-Pflock et al. (Hrsg.), *Digitale Gesellschaft – Partizipationskulturen im Netz* (S. 106-127). Münster: LIT.

Hemming, J. (2016). *Methoden der Erforschung populärer Musik*. Wiesbaden: Springer.

Herzberg, M (2012). *Musik und Aufmerksamkeit im Internet. Musiker im Wettstreit um Publikum bei YouTube, Facebook & Co.* Marburg: Tectum.

Klaus, E., & Lünenborg, M. (2004). Cultural Citizenship. Ein kommunikationswissenschaftliches Konzept zur Bestimmung kultureller Teilhabe in der Mediengesellschaft. *M&K Medien & Kommunikationswissenschaft 52.2*, 193-213.

Koch, W., & Frees, B. (2016). Ergebnisse der ARD/ZDF-Onlinestudie 2016. Dynamische Entwicklung bei mobiler Internetnutzung sowie Audios und Videos. *Media Perspektiven 9/2016*, 418-437.

Reichert, R. (2014). Facebook und das Regime der Big Data. *Österreichische Zeitschrift für Soziologie 39.1*, 163-179.

Richter, F. (09.04.2013). Justin Bieber's Fake Fans Revealed, Statista. https://www.statista. com/chart/1031/top-10-twitter-accounts/. Zugegriffen: 19. März 2017.

Schramm, H. et al. (2017). There's a Song on the Jukebox – Vom Musiktonträger zum Streaming. In K. Beck, & G. Reus (Hrsg.), *Medien und Musik* (S. 7-20), Wiesbaden: Springer.

Schröder, J. (16.06.2016). TNS-Studie: Spotify wächst massiv und freut sich über großen Anteil von Kopfhörer-Nutzern, MEEDIA. http://meedia.de/2016/06/16/tns-studie-spotify-waechst-massiv-und-freut-sich-ueber-grossen-anteil-von-kopfhoerer-nutzern/. Zugegriffen: 17. März 2017.

Schröder, J. (08.03.2017). Radio-MA-Blitz-Analyse: Antenne Bayern bricht ein, R.SH und Radio 21 legen kräftig zu, MEEDIA. http://meedia.de/2017/03/08/radio-ma-blitz-analyse-antenne-bayern-bricht-ein-r-sh-und-radio-21-legen-kraeftig-zu/. Zugegriffen: 04. April 2017.

Smudits, A. (2007). Wandlungsprozesse der Musikkultur. In H. Motte-Haber, & H. Neuhoff (Hrsg.), *Musiksoziologie, Handbuch der Systematischen Musikwissenschaft, 4* (S. 111-145). Laaber: Laaber.

Stein, P. (2014). Forschungsdesigns für die quantitative Sozialforschung. In N. Baur, & J. Blasius (Hrsg.), *Handbuch Methoden der empirischen Sozialforschung* (S. 135-151). Wiesbaden: Springer.

Verband Privater Rundfunk und Telemedien (19.07.2016). ma 2016 II – Landesauswertung für Hamburg. http://www.vprt.de/thema/marktentwicklung/medienmessung/radio-messung/ma-radio/ma-2016-ii/content/ma-2016-ii-landesau-5?c=0. Zugegriffen: 19. März 2017.

Wiesinger, A. (2014). Politische Kommunikation im Social Web – eine Momentaufnahme im Datenstrom. In H. Ortner et al. (Hrsg.), *Datenflut und Informationskanäle* (S. 195-208), Innsbruck: innsbruck university press.

Talententdeckung und -förderung im Zeitalter von Big Data

7

Der Einfluss von Datenanalyse auf das A&R-Management der Musikindustrie

Ulrika Müller

Zusammenfassung

Big Data gilt als innovativer Ansatz, um das Verhalten von Konsumierenden vorherzusagen. In diesem Beitrag wird danach gefragt, ob Big Data auch dazu dienen kann, Talente in der Musikindustrie zu entdecken und zu fördern. Dafür wird zunächst beschrieben, wie vor allem beim Streaming und im Social Web digitale Daten anfallen. Anschließend wird dargelegt, wie diese Daten als Basis für Big-Data-Analysen genutzt werden können. Daraufhin werden drei Anwendungsbeispiele von Datenanalysen im A&R-Management aufgezeigt: die Analyse onlinegenerierter musikbezogener Daten, die Nutzung von Datenaggregatoren sowie die Berechnung des Erfolgspotentials eines Musikschaffenden mithilfe von Big-Data-Technologien. Um die theoretisch gewonnenen Erkenntnisse mit Erfahrungen aus der Medienpraxis abzugleichen, wurden mehrere leitfadenge- stützte Interviews mit Branchenkenner_innen durchgeführt. In der empirischen Untersuchung wurde deutlich, dass Big Data bereits heute eine wichtige Rolle bei der Talententdeckung und -förderung spielt, es aber noch einen erheblichen Bedarf gibt, die Daten mit einem hohen Maß an Zuverlässigkeit auszuwerten.

Abstract

Big Data is considered as an innovative approach to predict consumer behavior. This paper asks whether big data can also be used to discover and develop talents in the music industry. First, the paper describes how digital data is generated, especially in the case of streaming and the social web. Then it explains how this data can be used as the basis for big data analytics. After that, three fields of application for data analysis in A&R management are presented: the analysis of online generated music-related data, the use of data aggregators and the prediction of an artist's success potential using big data technologies. In order to enrich theoretical findings with experiences from media practice, several guided interviews with industry insiders were conducted. The empirical study shows that big data already plays an important role in talent discovery and development, but there is still a considerable need to reliably evaluate the data.

Schlüsselbegriffe

Big Data, A&R-Management, Datenanalyse, Digitalisierung, digitale Daten, Talententdeckung, Talentförderung, Musikindustrie, Streaming, Social Web

Keywords

big data, A&R management, data analysis, digitalization, digital data, talent discovery, talent development, music industry, streaming, social web

7.1   Einleitung

Der Musikkonsum verlagert sich gegenwärtig zunehmend in die digitale Welt. Die Voraussetzung dafür schaffen zahlreiche unterschiedliche und zeitlich unbegrenzt zur Verfügung stehende Online-Angebote, weshalb auch von einer Ära der Musikdienstleistungen gesprochen werden kann. Die vermehrte Rezeption von Musik im Internet, der rege Austausch über Musik im Social Web sowie die zielgerichtete Suche nach Informationen zu Musik auf virtuellen Plattformen bieten detailliertere Einblicke in den Umgang mit Musik als je zuvor. Und dies liegt vor allem an einem Aspekt: Daten[1]. Denn der digitale Konsum von Musik lässt sich in viel genauerem Maße quantifizieren. Dementsprechend können etwa die Anzahl der Streams, Likes und Suchanfragen auf den verschiedenen Kanälen Auskunft über die Popularität von Künstler_innen[2] geben. Zugleich zeichnen die Online-Musikdienste präzise auf, wann, wo und mit welchem Gerät welche musikalischen Inhalte konsumiert werden. Anhand dieser Informationen ist es möglich, auch vielfältige Rückschlüsse

---

1   Der Begriff *Daten* bezeichnet in diesem Beitrag in erster Linie digitale, meist onlinegenerierte Daten.

2   Als Künstler_innen werden im Folgenden sowohl die Interpret_innen bzw. Bands als auch die Urheber_innen, also Komponist_innen und Songwriter_innen, bezeichnet.

über die Hörgewohnheiten einzelner Nutzergruppen zu ziehen. Zudem können die Inhalte der Aussagen über Musik, die die Nutzenden im Netz hinterlassen, untersucht werden. Allein über Twitter wurden im Jahr 2013 mehr als eine Milliarde Kurznachrichten über Musikthemen verschickt (Hernandez 2014), was den Umfang an potentiell nützlicher Information veranschaulicht. Zu der bestehenden Masse kommen jede Sekunde neue Daten hinzu.

Die auf diese Weise entstandene Datenmenge und die damit einhergehenden neuen Analysemöglichkeiten werden unter dem Begriff Big Data zusammengefasst. Dieser Terminus bezieht sich auf die „Fähigkeit, Informationen so zu nutzen, dass neue Erkenntnisse, Güter oder Dienstleistungen von bedeutendem Wert gewonnen werden" (Mayer-Schönberger & Cukier 2013, S. 9). Durch die Analyse dieser Daten erhält die Musikindustrie eine wesentlich aktuellere und präzisere Abbildung der digitalen Musikwelt, ihrer Protagonist_innen und Konsumierenden – und dies bei Bedarf auch in Echtzeit. Diese Erkenntnisse sind für alle Bereiche der Musikindustrie von Interesse. Doch besonders beim Artist & Repertoire-Management (A&R) können die digitalen Daten über das Hörverhalten und die musikalischen Präferenzen der Rezipient_innen in besonderem Maße hilfreich sein. Da im Rahmen der Talententdeckung und -förderung die Beobachtung des Musikmarktes und der Musikszenen unerlässlich ist, dienen diese Zahlen derzeit immer häufiger als eine der Quellen für das A&R-Management.

Die Suche nach unbekannten Künstler_innen und die Begleitung der Entwicklung bereits unter Vertrag stehender Musikschaffender stellt die Kernkompetenz von Musiklabels und -verlagen dar. Dabei ist die traditionelle A&R-Arbeit in erster Linie von subjektiven Entscheidungen geprägt, obwohl diese mit einem immensen finanziellen Risiko behaftet sind. In Branchenkreisen wird darauf verwiesen, dass erfahrungsgemäß rund 90 Prozent der Tonträger, die veröffentlicht werden, die Kosten ihrer Produktion nicht wieder einspielen (Mahlmann 2008, S. 212; IFPI 2016, S. 10). Allein schon aus wirtschaftlichen Gesichtspunkten drängt sich somit die Implementierung datengestützter Entscheidungsfindungsprozesse geradezu auf. Dass innerhalb der Musikindustrie bereits ein Paradigmenwechsel bezüglich der Akzeptanz von Big Data eingesetzt hat, lässt sich einerseits an der Etablierung von Unternehmen wie The Echo Nest, die sich auf Datenanalyse im musikalischen Bereich spezialisiert haben, sowie andererseits an Kooperationen mit diesen Firmen von Seiten der Musikindustrie ablesen. So hat zum Beispiel die Warner Music Group die Vorteile von Big Data erkannt und ist im Jahr 2014 eine Zusammenarbeit mit Shazam eingegangen (Pham 2014). Dadurch erhält das Major Label umfangreiche Einblicke in die Datensätze des Musikerkennungsdienstes, die für den A&R-Prozess genutzt werden.

Aus diesen Gründen erscheint es sinnvoll zu erforschen, wie mithilfe von Datenanalyse musikalische Talente entdeckt und gefördert werden können. Ziel dieses Beitrags ist es, Chancen und Herausforderungen sowie den Mehrwert von Big Data für das A&R-Management aufzuzeigen. Methodisch nutzt diese Forschungsarbeit einerseits theoretische Grundlagen und andererseits eine empirische Untersuchung auf Basis von Interviews mit Expert_innen. Der Theorieteil stützt sich dabei auf eine Literaturanalyse von Quellen aus musik-, sozial-, kultur- und medienwissenschaftlicher Forschung sowie der Informatik. Für die empirische Untersuchung wurden mehrere erfahrene A&R- und Musikmanager_innen zum Einsatz von Datenanalyse für die Talententdeckung und -förderung in ihrem Unternehmen befragt. Die Ergebnisse sind in dieser Form noch nicht in der Literatur abgebildet worden und tragen in Ergänzung zu den theoretischen Ausarbeitungen zur abschließenden Klärung des Untersuchungsvorhabens bei.

7.2   Datafizierung des Musikkonsums

Heutzutage eröffnen sich im Internet – in Ergänzung zur analogen Welt – vielfältige Wege, um Musik zu beziehen (z. B. mittels Streaming), sich mit Künstler_innen und Fans auszutauschen (z. B. im Social Web) und Informationen über Musikschaffende und ihre Werke zu erhalten (z. B. über Software zur Musikerkennung). Für diese drei Dimensionen des Musikkonsums etablieren sich unterschiedliche und teilweise miteinander kooperierende Internetplattformen. Diese modernen Kanäle des Musikkonsums sind gekennzeichnet durch ein ambivalentes Verhältnis in Bezug auf den Umgang mit Daten. Einerseits gewähren sie den Nutzenden Zugang zu den von ihnen gewünschten Informationen; im Gegenzug sammeln sie allerdings auch Informationen unterschiedlicher Art über ihre Anwender_innen, die aufgezeichnet, verknüpft und ausgewertet werden können.

Die musikbezogenen Daten produzieren die Nutzenden dabei teilweise aktiv, beispielsweise durch das Hochladen von Musikstücken oder Verfassen von Kommentaren. Der Großteil der Daten entsteht allerdings beiläufig während der Nutzung der Dienste. Dies hängt damit zusammen, dass auf Internetplattformen potentiell jede Interaktion durch die Betreibenden protokolliert werden kann (Parry et al. 2014, S. 265). Diese beiläufige Abgabe von Daten ist systemimmanenter Bestandteil der meisten Anbieter für digitalen Musikkonsum, da „[d]ie Messung von Nutzerdaten […] in der Architektur des Netzes, als einem Medium, das sich selbst dokumentiert, bereits eingeschrieben [ist]" (Herzberg 2012, S. 232). Gesammelt werden die nutzergenerierten Daten im Rahmen der in den allgemeinen Geschäftsbedingungen festgelegten Datenschutzbestimmungen, ohne deren Zustimmung die Nutzung der Dienste nicht möglich ist.

Das beschriebene Phänomen des aktiven, sowie beiläufigen Produzierens digitaler Daten während des Musikkonsums soll nach Mayer-Schönberger und Cukier (2013) als Datafizierung bezeichnet werden. Der Begriff umfasst "die Umwandlung von allem nur Vorstellbaren – auch von Dingen, die wir nie als Informationen betrachtet hätten, etwa den Standort eines Menschen […] – in Datenform, um sie damit quantifizieren zu können" (ebd., S. 24). Online lässt sich faktisch jede Interaktion mit Musik datafizieren, also in eine quantifizierbare Form bringen. Die dadurch entstehenden Werte gewähren neue Einblicke in den Musikkonsum und können „auf ganz neue Arten verwende[t werden], zum Beispiel für Analysen und Vorhersagen" (ebd.).

Eines der ersten Unternehmen mit Zugang zu onlinegenerierten musikbezogenen Daten ist Apple. Seit 2001 stellt die Firma mit iTunes eine kostenfreie Software zur Verwaltung von Musikdateien bereit. Mit der Integration des iTunes Music Stores zwei Jahre später sind erste Statistiken zum Downloadverhalten der Onlinekäufer_innen öffentlich verfügbar. So werden beispielsweise Kaufempfehlungen unter Verwendung eines kollaborativen Empfehlungssystems[3] gegeben (Collins & O'Grandy 2016, S. 163).

Heute greift die Erhebung von Musiknutzungsdaten noch bedeutend weiter, wie Tina Funk, Deutschland-Chefin des Musikvideodienstes Vevo, beschreibt:

> Wo hat er [der Nutzer] den Einstieg hergenommen, ist er direkt auf die Plattform gekommen, guckt er über die iPad-App, was hat er danach geguckt […], macht er lauter oder leiser, lässt er's im Hintergrund laufen oder guckt er […] wirklich auch die Videos an. (ZDFinfo 2015, 0:36-0:49)

Durch den zunehmenden Gebrauch von Onlinediensten zum Musikkonsum verfügen die digitalen Plattformen über Zugang zu einer umfangreichen und stetig wachsenden Datenbasis. Für die Onlinedienste, die oft kostenlos, wenngleich werbebegleitet genutzt werden können, stellen diese Daten einen wichtigen Teil ihrer Wertschöpfung dar.[4] Das Speichern und Auswerten musikbezogener Daten ermöglicht dabei einerseits die Nutzungserfahrung durch Personalisierung an-

---

3   Bei der Methode des kollaborativen Filterns werden Informationen zum Kauf- und Nutzungsverhalten einer großen Anzahl von Anwender_innen gesammelt. Dabei werden die Verhaltensmuster der Nutzenden miteinander verglichen, um Ähnlichkeiten festzustellen und somit die ausgespielten Empfehlungen zu individualisieren (Dengel 2012, S. 394).

4   Daher werden diese Firmen auch als datengetrieben (engl.: data-driven) bezeichnet.

hand des Musikgeschmacks zu verbessern. Andererseits dienen die Daten dazu, Werbung zielgerichtet zu schalten, was zu einer Erhöhung der Werbeeinnahmen führt (Prey 2016, S. 32).

Schon vor der Digitalisierung spielte die Betrachtung von Daten innerhalb der Musikindustrie bei der Erhebung von Charts eine zentrale Rolle. Musikcharts gelten traditionell als zentrales Messinstrument für den kommerziellen Erfolg eines Musiktitels oder -albums. Seit den späten 1970er Jahren werden in Deutschland die offiziellen deutschen Charts veröffentlicht, anhand derer sich der kommerzielle Erfolg eines Titels innerhalb eines bestimmten Zeitraums ablesen lässt. Die in diesen Musikcharts statistisch erhobenen Werte geben jedoch nicht die absoluten Verkaufszahlen der einzelnen Produktionen wieder, sondern stellen lediglich eine Übersicht über ihre relative Beliebtheit in Form einer Rangordnung dar (Zombik 2003, S. 67).

Zwar wird in den von der GfK Entertainment ermittelten deutschen Charts der digitale Musikgebrauch gegenwärtig zumindest in Teilen abgebildet, da die Anzahl der Premium-Streams in die Berechnung einfließt (BVMI 2017). Dennoch geben die Verkaufscharts – im Vergleich zu der durch den digitalen Musikkonsum eingeleiteten Datafizierung – nur bedingt Auskunft über den tatsächlichen Umgang mit Musik, wie Paul Smernicki, der ehemalige Digitaldirektor von Universal Music UK, treffend erläutert: „The traditional metrics like sales told us a record or CD was sold, but nothing about what happened after that" (zitiert nach Shubber 2014). Die Information, dass ein Tonträger verkauft wurde, gibt noch keine Angaben darüber, wie oft er gespielt bzw. oder ob er überhaupt jemals gehört wurde.

Ergänzend dazu weist der Medienwissenschaftler Robert Prey (2016, S. 41) auf die Schwierigkeit der Messung des analogen Radiokonsums hin. Ferner stellen die Soziologen David Beer und Mark Taylor (2013) fest, dass auch die traditionellen sozialwissenschaftlichen Methoden wie Umfragen oder Interviews nur bedingt die reale Interaktion mit Musik erfassen können:

> One clear advantage of by-product data is that they reveal what individuals and 'taste communities' are actually listening to rather than what it is that they report that they are listening to. (ebd., S. 2)

Die während des digitalen Musikkonsums erhobenen Daten kehren diese Aspekte um und machen den vormals kaum nachvollziehbaren Umgang mit musikalischen Inhalten nun sehr viel genauer sichtbar.

7.3 Analyse von Big Data

Für Big Data gibt es in der wissenschaftlichen Literatur zum gegenwärtigen Zeitpunkt keine allgemeingültige Definition.[5] So werden je nach Fachgebiet und Zielsetzung andere Schwerpunkte gelegt. Im Rahmen dieses Beitrags wird der Begriff in Anlehnung an BITKOM (2012, S. 7) wie folgt verwendet: Big Data bezeichnet im Ganzen die Anwendung technischer und methodischer Innovationen im Bereich der Erfassung und Verarbeitung großer, vielfältiger und stetig wachsender Datenmengen mit dem Ziel, aussagekräftige Erkenntnisse zu erarbeiten und bessere Entscheidungen treffen zu können.

Um die Daten als fundierte Grundlage für Geschäfts- und Entscheidungsprozesse zu nutzen, „[stellt] Big Data [verschiedene] Konzepte, Technologien und Methoden zur Verfügung" (ebd., S. 11). Dezidierte Big-Data-Analysen basieren dabei auf Korrelationen[6], die identifiziert werden, indem Algorithmen in den gesammelten Daten nach Mustern suchen und diese automatisiert erkennen. Mit dieser Art von Analyse geht die Erwartung einher, dass „Entscheidungen, die bisher auf Spekulationen beruhten, [...] nun auf der Basis von Daten getroffen werden [können]" (King 2013, S. 37).

Die Analyse von Big Data ermöglicht es, nicht nur interne, sondern auch externe Datenquellen miteinander in Verbindung zu bringen. Dafür werden die Daten aggregiert, mittels statistischer Verfahren analysiert und die Ergebnisse im Anschluss visualisiert, um diese zu interpretieren. Im Kontext der zeitgemäßen Datenanalyse soll nicht nur vergangenes oder gegenwärtiges Verhalten möglichst genau beschrieben, sondern auch eine Prognose für die nähere Zukunft gegeben werden können:

> Durch Big Data entsteht die Möglichkeit, Verhaltensmuster von Einzelpersonen und Personengruppen zu analysieren und daraus Wahrscheinlichkeiten über deren zu erwartendes Verhalten in einem definierten Zukunftsszenario abzuleiten. (Bachmann et al. 2014, S. 164)

---

5   Ebenso ist der Ursprung des Begriffs nicht eindeutig geklärt, da „die beiden Wörter [Big und Data] mitunter seit Jahrzehnten miteinander verbunden [werden]" (Mayer-Schönberger & Cukier 2013, S. 253). Wrobel et al. (2014, S. 371) weisen darauf hin, dass Big Data ursprünglich als Trendbegriff konzipiert worden ist.

6   In der Statistik wird der Zusammenhang zwischen zwei statistischen Variablen als Korrelation bezeichnet. Korrelationen beschreiben jedoch keine Ursache-Wirkung-Beziehung, geben also in der Regel keine unmittelbare Auskunft über die Ursachen (Mayer-Schönberger 2015, S. 789). Demnach liefern sie Einsichten über das *Was*, aber nicht das *Warum*.

Wie bei anderen Prognosen auch, stützen sich die Voraussagen auf eine rückwirkende Analyse von gesammelten Daten. So behauptet beispielsweise Shazam in Bezug auf die Vorhersage von Charterfolgen, dass der Musikerkennungsdienst mittels Datenanalyse 33 Tage im Voraus mit hoher Wahrscheinlichkeit berechnen kann, ob ein Musiktitel die Spitze der amerikanischen Charts erreichen wird (Knopper 2014). Insofern hilft Big Data als neuartige Praxis der Datenerfassung und -verarbeitung der Musikindustrie, neue Erkenntnisse zu gewinnen, die auch für das A&R-Management genutzt werden können.

7.4 Anwendungsbeispiele für Big-Data-Analysen im A&R-Management

Der Bereich Artist & Repertoire steht für den kreativen Produktionsprozess von Musik, der die Auswahl und den Aufbau der Künstler_innen sowie die Gestaltung des Repertoires beinhaltet. Die A&R-Arbeit spielt gleichermaßen für Labels und als auch für Verlage eine zentrale Rolle und schafft die wesentliche Basis für jegliche Wertschöpfung. Diese Aufgabe ist mit einem entsprechend hohen Kostenaufwand verbunden. Der Studie *Investing in Music* der IFPI zufolge wurden 2015 weltweit geschätzt 2,8 Milliarden US-Dollar in den A&R-Abteilungen umgesetzt, was durchschnittlich mehr als 17 Prozent des Gesamtumsatzes der Musikfirmen entspricht (IFPI 2016, S. 10).

Eine wesentliche und gleichzeitig risikobehaftete Funktion der A&R-Arbeit liegt darin, musikalische Trends zu erkennen sowie erfolgversprechende Talente und Titel zu identifizieren. Zur Abwägung des Risikos stehen der Musikindustrie heute vielfältige digitale Daten und verschiedene Analysemöglichkeiten zur Verfügung, mit deren Hilfe die Musikkonsumierenden und deren Geschmack untersucht sowie das Potential von Musiker_innen und deren Songs ermittelt werden können. Bei den neuen Technologien, die den A&R-Prozess erweitern, handelt es sich erstens um die Analyse onlinegenerierter musikbezogener Daten, zweitens um die Nutzung von Datenaggregatoren und drittens um die Berechnung des Erfolgspotentials mittels Algorithmen.

7.4.1 Analyse onlinegenerierter musikbezogener Daten

Die während des digitalen Musikkonsums auf den Onlineplattformen produzierten Daten können vom A&R-Management beispielsweise für die Suche nach neuen

Talenten genutzt werden. Aufgrund des erleichterten Zugangs zu Produktionsmitteln, Distributionswegen und Kommunikationsplattformen sind durch die Digitalisierung und das Internet die Markteintrittsbarrieren für Musikschaffende gesunken, wodurch diese heutzutage „auf einfache Weise eine zuvor nicht existente Reichweite internationaler Hörerkreise […] erschließen" können (Ingold 2013, S. 43). Als Erfolgsbeispiele für Künstler_innen, die sich im Social Web eine große Fangemeinde erspielt haben, bevor sie einen Plattenvertrag unterzeichneten, werden in der Literatur häufig Justin Bieber, die Arctic Monkeys und The XX genannt (Tschmuck 2013, S. 301). Der Musikwissenschaftler Martin Herzberg stellt dabei fest:

> Klickzahlen und Gästebucheinträge produzieren zwar keine Umsätze, sie könnten aber einen interessierten A&R-Manager in seinem Bestreben motivieren, eine Band aufgrund der bereits vorhandenen Fancommunity unter Vertrag zu nehmen. (Herzberg 2012, S. 115)

Tatsächlich ist es heute gängige Praxis, dass Künstler_innen, die sich bei einem Label beziehungsweise Verlag vorstellen, als Nachweis für ihren Erfolg onlinegenerierte Statistiken mitsenden (Jensen 2015).

Neben den Internetdiensten fungieren auch Digitalvertriebe für Musikschaffende ohne Plattenvertrag als Entdeckungsportal für das A&R. So bietet beispielsweise der Digitalvertrieb Spinnup seinen Nutzenden gegen Gebühr an, ihre Musik weltweit via Streamingdienste und Downloadshops zu vertreiben. Die Plattform gehört zur Universal Music Group und wirbt damit, dass Scouts mit Verbindungen zum Label auf der Plattform nach neuen Talenten suchen. Diese „behalten dabei immer auch die Profile und Social Media Statistiken der Künstler im Auge" (Spinnup 2017). Insofern kann das Geschäftsmodell von Spinnup als ein Anwendungsbeispiel für die Auswertung onlinegenerierter musikbezogener Daten im A&R-Management gesehen werden.

Ein weiteres Beispiel sind kollaborative Entdeckungsplattformen wie SoundCloud, Bandcamp oder ReverbNation. Auf der offenen Online-Plattform Music Xray können Künstler_innen gegen Gebühr ihre Lieder hochladen, die anhand ihrer musikalischen Parameter mithilfe eines Algorithmus an potentiell interessierte A&Rs weitergeleitet werden, die den Titel daraufhin bewerten (Chemi 2014). Music Xray gibt an, dass durchschnittlich etwa 1.300 Songs pro Monat in die engere Auswahl der Musikexperten genommen werden.

Zuletzt sei in diesem Zusammenhang auf die bereits beschriebene strategische Allianz zwischen Shazam und der Warner Music Group verwiesen, durch die das Label auf die internen Daten des Musikerkennungsdienstes zugreifen kann. Da auch unabhängige Künstler_innen ihre Musik bei Shazam registrieren können, werden diese Daten von Warner im Rahmen des A&R-Prozesses zur Suche nach und Akquise von Newcomern genutzt (Warner Music Group 2014). Warner ist eigenen Angaben zufolge somit „das erste auf Crowdsourcing und Big Data basierende Musiklabel" (ebd.; Übersetzung der Autorin). Einen ähnlichen Ansatz verfolgt auch das Label 300 Entertainment, das für die Talentsuche interne Daten von Twitter analysiert (Gottfried 2014).

7.4.2 Nutzung von Datenaggregatoren

Ein weiteres Anwendungsbeispiel für Datenanalyse im A&R sind Analyseplattformen, die musikbezogene Daten von unterschiedlichen Onlinediensten zusammentragen. Aufgrund der Nutzungsrechte lassen sich zwei Varianten abgrenzen. Zum einen gibt es öffentlich zugängliche, cloudbasierte Monitoring-Services und zum anderen interne Datenanalyse-Systeme, auf die nur die entsprechenden Musikfirmen zugreifen können.

Zur ersten Kategorie zählt die Firma Next Big Sound. Sie hat eine Analyseplattform entwickelt, auf der die Popularität von etwa einer halben Million Künstler_innen im Social Web, auf Streamingdiensten sowie im Radio ermittelt wird. Die Daten, die insgesamt aus mehr als 200 verschiedenen Quellen stammen (Jensen 2015), werden in einem intuitiven Dashboard visualisiert. So können bei Next Big Sound unter anderem die Anzahl der Seitenaufrufe, Likes, Followers, Streams, Verkäufe und Airplays von Musikschaffenden eingesehen werden. Zudem gibt es die Möglichkeit, die Statistiken mehrerer Künstler_innen miteinander zu vergleichen. Konkurrenten wie Soundcharts und BigChampagne bieten ähnliche Funktionen für die Musikindustrie an. Bei Next Big Sound werden die Künstler_innen außerdem auf Basis der Größe der Fangemeinde von einem Algorithmus in fünf Kategorien eingeteilt: undiscovered, promising, established, mainstream sowie epic (Next Big Sound 2017). All diese Informationen kann das A&R-Management nutzen, um im Vorfeld der Vertragsunterzeichnung die Resonanz von Künstler_innen im Web zu überprüfen. Neben der kostenlosen gibt es auch eine kostenpflichtige Version, die detailliertere Reports über die demografische und geografische Zusammensetzung des Publikums enthält. Darin werden auch automatisch Korrelationen dargestellt – beispielsweise wie sich Veröffentlichungen, Konzerte, Presseartikel oder Fernsehauftritte auf das Engagement der Fans auswirken. Somit kann das A&R-Management die Entwicklung der Interpret_innen genau verfolgen und Rückschlüsse auf seine Arbeit ziehen.

Des Weiteren entwickeln Musikfirmen auch eigene Datenaggregatoren, die Informationen zum Verhalten der Zielgruppen und zu Interaktionen im Web in Bezug auf die bei ihnen unter Vertrag stehenden Künstler_innen sammeln und auswerten. So verfügt Universal über ein Big-Data-Analysetool namens Artist Portal, das es seinen Nutzenden ermöglicht, die Kennzahlen zu Verkäufen, Streaming, Social-Media-Interaktionen sowie Radioeinsätzen weltweit und in Echtzeit zu überwachen (Karp 2014). Die Software ermittelt außerdem die treibenden Faktoren für die Hoch- beziehungsweise Tiefpunkte der jeweiligen Werte:

> By overlaying data sets such as an artist's television appearances and concert dates, airing times of TV shows or commercials featuring the artist's songs, social-media posts, Internet leaks, and the amount of money spent on promotion, marketing executives using the system can quickly see which efforts moved the needle and adjust their marketing plans accordingly. (ebd.)

Auch die beiden anderen Majors (Sony und Warner) besitzen innerbetriebliche Systeme für die Datenanalyse (ebd.). Diese Tools dienen weniger der Entdeckung neuer Talente, können aber dem A&R-Management helfen, das Potential von Bewerbern durch einen Vergleich mit ähnlichen Künstler_innen abzuschätzen.

7.4.3   Berechnung des Erfolgspotentials

Die vielfältigen onlinegenerierten musikbezogenen Daten können auch zur Ermittlung des Erfolgspotentials eines Titels, von Künstler_innen oder Genres genutzt werden. Dies geschieht, indem Algorithmen in den gesammelten Daten nach spezifischen Mustern suchen, die für besonders populäre Musik charakteristisch sind. Diese Erkenntnisse können beispielsweise dafür genutzt werden, um die Erfolgschancen eines Titels schon kurz nach seiner Veröffentlichung zu extrapolieren. Diesbezüglich soll Shazam „in Echtzeit feststellen [können], ob ein Stück das Potenzial hat, ein Hit zu werden" (Jensen 2014). Somit fungiert der Dienst auch als Früherkennungssystem für Hits (Thompson 2015) – von dem nun Warner profitieren kann. Auch Next Big Sound nutzt Mustererkennung, um erfolgversprechende Musik zu identifizieren. Durch den Vergleich mit älteren Daten soll die Firma die Verkaufszahlen von Alben für etwa 85 Prozent der Künstler_innen mit einer Fehlerquote von rund 20 Prozent voraussagen können (O'Malley Greenburg 2013). Sowohl Next Big Sound als auch Shazam veröffentlichen außerdem jährlich Prognosen in Bezug auf aussichtsreiche Künstler_innen, die im nächsten Jahr in den US-amerikanischen Charts vertreten sein werden. In diesem Zusammenhang ist zu fragen, inwieweit solche Vorhersagen die tatsächlichen Chartplatzierungen im Sinne einer selbsterfüllenden Prophezeiung beeinflussen, was an dieser Stelle jedoch nicht näher untersucht werden kann.

Nicht nur Datenanalysefirmen sondern auch Forschende versuchen, sich in diesem Feld zu betätigen. So wurde an der School for Electrical Engineering der Universität Tel Aviv im Jahr 2007 ein Algorithmus entwickelt, der die Daten des damals populären Filesharing-Netzwerks Gnutella analysiert. Dabei stellte das Forscherteam fest, dass erfolgsversprechende Newcomer oft schon eine große Anhängerschaft in ihrer Heimatregion vorweisen. Wächst diese exponentiell, erhöhen sich die Chancen auf einen nationalen Durchbruch (Borel 2008). Ein entgegengesetzter Ansatz, bei dem die Erfolgschancen eines Titels noch vor seiner Veröffentlichung auf Basis von musikalischen Parametern statistisch berechnet werden, wird Hit Song Science genannt. Bereits 2003 entwickelte die Firma Poly-phonic HMI eine Software, die neue Songs anhand von 20 Aspekten wie Melodie, Harmonie, Akkordfolge, Beat, Tempo und Tonhöhe mit Hits aus der Vergangenheit vergleicht (Tatchell 2005). Eine Studie widerspricht allerdings der Idee hinter Hit Song Science und kommt zum Ergebnis, dass die Popularität von Musik nicht al-lein aufgrund von akustischen Merkmalen ermittelt werden kann (Pachet & Roy 2008). Dennoch haben einige Jahre später Wissenschaftler_innen der Universität Antwerpen ein Hitanalyse-Tool speziell für Titel aus dem Genre Dance entwickelt, das mit einer hohen Wahrscheinlichkeit voraussagen kann, ob es ein Song in die Top 10 der Dance Charts schafft (Herremans et al. 2014).

7.5   Empirische Untersuchung

In Hinblick auf die Forschungsthematik über den Einfluss von Datenanalyse auf das A&R-Management wurde im Frühjahr 2017 eine empirische Untersuchung auf Basis von leitfadengestützten Interviews mit Expert_innen durchgeführt. Insgesamt fanden fünf mündliche Interviews, darunter ein Gruppeninterview, mit acht Experten statt. Um den Einsatz von Big Data für die Talententdeckung und -förderung aus möglichst verschiedenen Perspektiven zu betrachten, wurde dabei auf eine vielfältige Zusammensetzung der Spezialisten geachtet. Daher wurden Mitarbeiter_innen von Labels und Verlagen sowie von Majors und Independents befragt, wobei die Firmengröße zwischen einer Person und mehreren tausend variierte. Die Ergebnisse der Befragung wurden unter Einsatz der qualitativen Inhaltsanalyse in Anlehnung an Mayring (2015) ausgewertet. Dadurch konnte eine systematische und intersubjektiv überprüfbare Analyse gewährleistet werden.

Ausgangspunkt der empirischen Forschung ist der Vergleich theoretischer Positionen mit den aus der Praxis gewonnen Erkenntnissen hinsichtlich des Un-tersuchungsgegenstandes. Mithilfe der Befragung soll ermittelt werden, inwiefern

Daten im A&R-Prozess gewinnbringend in Bezug auf die Suche und Entwicklung von musikalischen Talenten genutzt werden können. Während der Interviews wurde daher versucht, einerseits die aktuelle Bedeutung der Datenanalyse zu erfassen und andererseits auch die potentiellen Möglichkeiten des Einsatzes von Big Data im A&R-Management zu identifizieren.

So ergaben sich bei der Erarbeitung von Fragen zur Forschungsthematik zunächst vier leitführende Themenkomplexe: Voraussetzungen, Chancen, Herausforderungen und Innovationen (vgl. Tab. 7.1). Allerdings wurden in allen Interviews in verschiedener Hinsicht Aussagen zum Wandel des A&R-Managements gemacht, auch wenn dieser Aspekt nicht explizit abgefragt wurde. Daher ist diese forschungsgrundlegende Kategorie nach der Durchführung der Interviews in das vorher entworfene Kategoriensystem aufgenommen worden.

Tab. 7.1 Kategoriensystem mit Themenkomplexen für die empirische Untersuchung

Voraussetzungen	Chancen
• Verfügbarkeit und Nutzung von Daten und Analysetools	• Einsatzmöglichkeiten und
	• Potentiale von Datenanalysen:
• Einstellungen zu Daten und deren Analyse	• *für die Talententdeckung*
	• *für die Talentförderung*

Wandel des A&R-Managements	

Herausforderungen	Innovationen
• Probleme und Gefahren bei der Datenanalyse	• Eindringen branchenfremder Akteure in den A&R-Bereich
• Schwierigkeiten bei der Implementierung eines Big-Data-Systems	• Kooperation von Musikfirmen mit Onlinediensten im A&R
	• Ermittlung des Hitpotentials

(eigene Darstellung)

In Bezug auf den Wandel des A&R-Managements konstatieren zwei Expert_innen, dass sich die A&R-Arbeit im Zuge von Digitalisierung und Online-Musikkonsum deutlich verändert hat. Dies hängt damit zusammen, dass Künstler_innen mithilfe der digitalen Technologien unabhängiger von den Musikfirmen geworden sind und ihre Werke heutzutage selbstständig im Internet veröffentlichen können. Eine Expertin bestätigte, dass die Suche nach neuen Talenten heute weniger in Clubs oder auf Konzerten, sondern vermehrt im Internet stattfindet. Ein weiterer Gesprächspartner berichtete von der gegenwärtigen Praxis während A&R-Meetings, bei neuen Talenten zunächst die Abspielzahlen auf den digitalen Kanälen zu überprüfen. Auch der Aufbau von Künstler_innen hat sich durch die digitalen Dienste verändert. In diesem Zusammenhang wurde darauf verwiesen, dass Musikfirmen bereits vor der Digitalisierung mit großer Anstrengung mittels Fragebögen unter DJs musikbezogene Daten erhoben haben. Aufgrund der Datafizierung des Musikkonsums können die Musikfirmen ihre Kundschaft heutzutage genauer analysieren. Sie wissen zwar noch immer nicht konkret, wer die Konsumierenden sind, können über die digitalen Plattformen aber eher eine Kundenbeziehung aufbauen.

Die Untersuchung der Voraussetzungen ergab, dass – unabhängig von der Größe und dem Tätigkeitsfeld des Unternehmens – die Betrachtung von onlinegenerierten Daten im A&R-Management mittlerweile alltägliche Praxis ist. Dabei werden sowohl interne als auch externe Datenquellen verwendet und beispielsweise unter demografischen und geografischen Gesichtspunkten untersucht. Die vorrangige Nutzung liegt bisher in den strukturierten Daten. Als wichtige Indikatoren wurden die Anzahl der Plays und monatlichen Hörer sowie Angaben darüber, wie viele Konsumierende den Titel gespeichert haben und wie oft er geteilt wurde, genannt. Anderseits werden – neben den quantitativen Werten – teilweise auch qualitative Aspekte untersucht. So zeigen etwa Meinungen, die im Internet zu einem Musikschaffenden hinterlassen wurden, die Akzeptanz der Zielgruppe. Außerdem spielt im Zusammenhang mit Playlists die Skip-Rate, also wie oft die Wiedergabe abgebrochen wurde, eine große Rolle. Der Umfang der Datenanalyse divergiert allerdings zwischen den Befragten und hängt zum Beispiel davon ab, auf welcher Plattform sich die Künstler_innen bewegen. Während ein Gesprächspartner beispielsweise hauptsächlich die beiden Portale Facebook und Twitter benutzt, greift die Mehrzahl der interviewten A&Rs auch auf andere Plattformen zu. Neben Facebook und Twitter wurden außerdem Spotify, SoundCloud, Shazam, Snapchat und Instagram sowie die Entdeckungsplattformen Hype Machine und ReverbNation genannt. Auch Blogs, Onlinemagazine und kleinere Webseiten sowie die darauf präsentierten Charts spielen für das A&R-Management eine Rolle. Ein Interviewpartner gab an, dass sich die Nutzungsweise zwischen den jeweiligen Plattformen differenziert, da zum Beispiel Facebook eher gezielt und SoundCloud eher explorativ genutzt wird. In Bezug auf die Verfügbarkeit von Datenanalysetools konnte festgestellt werden, dass die öffentlich zugänglichen Plattformen teilweise genutzt werden. Genannt wurden die Tools Next Big Sound, Spot On Track und Soundcharts. Zudem gibt bereits Versuche, eigene Analysesysteme zu implementieren. So verfügt einer der Befragten über ein eigenes Datenanalyse-System, mit dem interne sowie externe Daten verwaltet werden können. Gegenüber den neuen Möglichkeiten ist die Mehrheit der Befragten insgesamt positiv eingestellt.

Chancen sieht die Mehrzahl der Interviewten in der Datenanalyse sowohl für die Talententdeckung als auch für die Talentförderung. Auch hier differieren die konkreten Anwendungsfälle je nach Unternehmen. Die Einsatzmöglichkeiten und

Potentiale ergeben sich dadurch, dass die befragten Unternehmen die Interaktion auf den Onlineplattformen gezielt beobachten, um Erkenntnisse für ihre A&R-Arbeit zu gewinnen. Diese helfen den Unternehmen dabei, ihr Risiko zu minimieren. Für die Suche nach neuen Talenten geben die onlinegenerierten Daten den Musikfirmen eine erste Orientierungshilfe. Ein Experte stellte fest, dass die Onlineplattformen dem Musikschaffenden ermöglichen, sich eine Reichweite aufzubauen, was dazu führt, dass sie immer schneller von A&Rs entdeckt werden können. In einem anderen Interview wurde darauf verwiesen, dass es die Aufmerksamkeit einer Musikfirma erregt, wenn Künstler_innen innerhalb kürzester Zeit deutliche Resonanz hervorrufen. Die onlinegenerierten Daten zeigen für einen weiteren Interviewpartner ebenfalls, inwiefern ein neuer Künstler bereits beim Publikum akzeptiert ist. Im Hinblick auf die Talentsuche wurde die Relevanz der öffentlichen Datenanalysetools wie Next Big Sound, der Kennzahl *Monatliche Hörer* sowie der firmeneigenen Entdeckungsplattformen betont. In Bezug auf die Entwicklung von Talenten haben die Daten Einfluss auf den Kreationsprozess der Musik, die Positionierung des Künstlers und auch auf die anschließende Vermarktung. Es wurden vielfältige Beispiele genannt, bei denen Entscheidungen mittels Daten unterstützt werden können. So nimmt die Interaktion auf den Plattformen laut Angaben der Expert_innen beispielsweise Einfluss auf die Repertoiregestaltung. Wenn das Musikunternehmen anhand der Daten feststellt, dass ein bestimmter Stil derzeit besonders gefragt ist, versuchen sie, ähnliche Titel zu produzieren. Außerdem werden die Titel für bestimmte Playlisten optimiert. Auf den digitalen Plattformen können darüber hinaus sogenannte AB-Tests durchgeführt werden. Dabei werden verschiedene Versionen eines Stücks an unterschiedliche Zielgruppen ausgespielt und die Resonanz getestet. Für die Künstlerpositionierung betonte ein Experte die Vorteile von Data Science, um damit Schnittstellen zu aggregieren und sich dadurch einen Wettbewerbsvorteil zu verschaffen. Er berichtete, dass in seinem Unternehmen auf Basis einer Big-Data-Analyse bereits Content kreiert wurde. Dabei wurde festgestellt, dass eine Interpretin eine große Übereinstimmung mit der Manga-Community hat, sodass das Künstlerimage passend dazu gestaltet wurde. Außerdem werden die Daten für die Analyse der Wettbewerbsfähigkeit genutzt, indem verschiedene Künstler_innen miteinander verglichen werden, was in der Betriebswirtschaftslehre als Benchmarking bezeichnet wird. Auf Grundlage dieser Erkenntnisse kann das A&R-Management auch beurteilen, auf welchen Plattformen ein Thema besonders gut funktioniert und das Marketing entsprechend anpassen. Darüber hinaus können die Daten Firmen bei ihrer Entscheidung unterstützen, auf welche Single sie sich bei der Vermarktung konzentrieren sollten. Die Auswertung der Daten erfolgt meist manuell, aber es wird in Unternehmen bereits daran gearbeitet, Big-Data-Analysen in diesem Bereich zu realisieren.

Im Zuge der Befragung konnten neben den Chancen auch Herausforderungen der Datenanalyse im A&R-Bereich identifiziert werden. Generell ist im Hinblick auf die Verwendung von Daten im A&R-Bereich erkennbar, dass sich alle interviewten Expert_innen davon distanzieren, Daten als alleinige Entscheidungsgrundlage zu betrachten. Insbesondere die Qualität der internen und externen Daten muss gründlich geprüft werden, wofür es notwendig ist, die Daten stets zu hinterfragen. Hierbei wurde mehrfach auf die Gefahr der Manipulation der Daten durch gekaufte Likes verwiesen. Ferner wurde in einem Gespräch darauf aufmerksam gemacht, dass bei der Interpretation der Daten nicht nur auf die Anzahl der Hörer geachtet werden darf, sondern auch stets die Anbindung zur richtigen Zielgruppe überprüft werden muss. Kritisch angemerkt wurde auch, dass die Firmen keinen Einblick in die Zusammensetzung der gesamten Online-Hörerschaft auf den einzelnen Plattformen haben, was für die Analyse jedoch relevant ist. Kleinere Unternehmen sehen sich unter anderem mit Problemen in Bezug auf die Datenverfügbarkeit, den Zeitaufwand sowie die Zuverlässigkeit von Systemen konfrontiert. Größere Firmen hingegen führten einen Bedarf an Spezialist_innen im Bereich der Datenanalyse, den sogenannten Data Scientists, an.

Insgesamt zeigt die Erhebung, dass die gesammelten Daten in den Unternehmen bislang vordergründig manuell analysiert und in der Regel nicht dokumentiert werden. In Abschnitt 7.3 wurde allerdings bereits dargelegt, dass bei Big-Data-Analysen mit Algorithmen gearbeitet wird, die automatisch Muster in den gesammelten Daten erkennen. Die individuelle Sichtung und händische Auswertung von Daten bilden somit nur den ersten Schritt der Nutzung von Big Data. Das volle Potential der Datenmenge entfaltet sich erst durch die Verwendung von dafür ausgelegten IT-Systemen und Analyseverfahren.

Im abschließenden Themenblock Innovationen wurden die Expert_innen um eine Einschätzung zu den neuesten Entwicklungen und Technologien im A&R-Bereich gebeten. Als erstes wurde dabei gefragt, inwieweit sich die traditionellen Musikfirmen durch die eindringenden branchenfremden Akteure im Bereich der Musikproduktionen bedroht fühlen. Während ein Experte diese Entwicklung als eine Gefahr für die Labels und Verlage sieht, bewerteten die anderen dies weniger kritisch. Als nächstes wurde am Beispiel der bereits genannten Kooperation zwischen Shazam und Warner eruiert, ob der exklusive Zugang zu onlinegenerierten Daten als Wettbewerbsvorteil für die A&R-Abteilung empfunden wird. Alle Befragten bewerten diese als eine strategisch sinnvolle Initiative, da die Daten des Musiker-kennungsdienstes ein genaues Abbild davon geben, welche Titel aktuell besonders gefragt sind. Einen Wettbewerbsvorteil in Bezug auf das A&R-Management durch den exklusiven Zugang zu Daten sieht hingegen keiner der Interviewten. Das liegt für drei der befragten Unternehmen daran, dass deren Geschäftsmodell nicht darin besteht, nach fertigen Produktionen zu suchen. Für einen anderen Experten stellt diese Zusammenarbeit keinen Wettbewerbsvorteil dar, sondern den Unterschied zwischen kleinen und großen Unternehmen. Schließlich berichtete ein Gesprächspartner, dass er keinen Wettbewerbsvorteil von Warner sieht, da sein Unternehmen eine eigene Kooperation mit Shazam hat. Zum Schluss wird nochmals auf das Forschungsgebiet Hit Song Science eingegangen und ermittelt, inwiefern nach Ansicht der Expert_innen das Erfolgspotential eines Titels mittels Algorithmen berechnet werden kann. Diesbezüglich äußerten sich alle Interviewten skeptisch. Im Zusammenhang mit Musikproduktionen kam auch das Thema der maschinell hergestellten Musik auf. Zwei der Befragten sehen darin eine Anwendbarkeit, jedoch nur in begrenzten Bereichen bzw. Genres, wie beispielsweise instrumentale Ambient-Musik.

Insgesamt stimmten alle Interviewten darin überein, dass bei der Kreation von Musik auch die Authentizität der Künstler_innen und die Weckung von Emotionen eine große Rolle spielen. Laut den Befragten sei dies schwer automatisch zu ersetzen. Daher sollte trotz aller Möglichkeiten, die mit fortschreitender Digitalisierung einhergehen, ein Aspekt nicht vernachlässigt werden – die Kreativität. Denn letztendlich ist sie das, was gute Musik ausmacht.

7.6   Fazit

Der digitale Musikkonsum und die darauf aufbauenden Geschäftsmodelle wären ohne die neuartigen Möglichkeiten der Speicherung und Verbreitung großer Datenmengen nicht realisierbar. Im Gegenzug erhält die Musikindustrie ohne zusätzlichen Aufwand ein immenses Volumen an Nutzungsdaten. Big Data hat sich zu einem wichtigen Produktionsfaktor nicht nur für die Online-Dienste, sondern auch die traditionelle Musikindustrie entwickelt. Dies wird bereits in Bezug auf die Entdeckung und Förderung von Talenten deutlich, wo es um strategische Entscheidungen geht. Im Zentrum der Verarbeitung und Analyse von Big Data stehen dabei nicht die individuellen Daten einzelner Nutzender, sondern aggregierte Daten verschiedener Nutzungsgruppen, die Einblicke in deren Zusammensetzung und Vorlieben eröffnen.

Die traditionellen Musikfirmen haben bereits begonnen, innovative Spielräume und Technologien im Hinblick auf Big Data für sich zu erschließen. Im vorliegenden Beitrag wurde gezeigt, wie das A&R-Management, dem bei der Kreation und Produktion von Musik eine Schlüsselrolle zukommt, mit diesen neuen Handlungsoptionen umgeht. Der Einfluss von Big Data auf das A&R-Management konnte in der empirischen Untersuchung weitestgehend bestätigt werden. In den Interviews wurde deutlich, dass onlinegenerierte Daten im A&R-Management der Labels und Verlage eine relevante Stellung einnehmen, da sie von allen Befragten regelmäßig ausgewertet und im Entscheidungsprozess herangezogen werden.

Die Mehrzahl der befragten Unternehmen nutzt die Potentiale von Big Data im Rahmen der Talententdeckung und -förderung. Die aufbereiteten Daten unterstützen die Auswahl von Newcomern und helfen bei repertoirebezogenen Entscheidungen. Öffentlich verfügbare Daten werden bei der Suche nach neuen Talenten als Indikator für den bisher erzielten Erfolg angesehen. Dabei wurde aber auch deutlich, dass der Interpretation der verwendeten Daten eine entscheidende Rolle zukommt. Das Urteilsvermögen der A&R-Manager_innen ist hier besonders gefragt, um Manipulationen entgegenzuwirken. Ebenso werden interne Daten gezielt ausgewertet, um Rückschlüsse über den Erfolg der eigenen Produkte zu erhalten. Diese Informationen fließen in den zukünftigen Produktions- und Vermarktungsprozess mit ein.

Allerdings ist festzustellen, dass sich der Bedarf an Daten zwischen den Interviewten deutlich unterscheidet. Dies kann in erster Linie auf die Ausrichtung des Unternehmens zurückgeführt werden. So haben Musikfirmen, die vorrangig mit etablierten Künstler_innen zusammenarbeiten, andere Erfolgsindikatoren als Firmen, die aktiv Künstler_innen aufbauen. Ein weiteres Ergebnis der Befragung ist, dass je nach Intensität der Datenauswertung zwei verschiedene Auswertungsstrategien zu erkennen sind. Während Indies die verfügbaren Daten vor allem manuell auswerten, verfügen Majors über eigene Systeme zur automatischen Datenanalyse.

Zusammenfassend kann daher festgehalten werden, dass in Anbetracht der bereits jetzt verfügbaren Möglichkeiten in Bezug auf die Analyse von Big Data das A&R-Management in weiten Teilen erst am Anfang steht. Um die Potentiale der gestiegenen Datenmenge in vollem Umfang zu nutzen, sind statistische Verfahren und entsprechende Technologien, wie Mustererkennung mittels Korrelationen, notwendig.

Im Zusammenhang mit Big Data treffen komplementäre Entscheidungskriterien aufeinander: Objektivität vs. Subjektivität, Algorithmen vs. Intuition, mathematische Genauigkeit vs. künstlerische Undurchdringbarkeit. Big-Data-Analysen helfen der Musikindustrie, die richtigen Entscheidungen zu treffen. Sie können aber nur begrenzt darüber Aufschluss geben, warum eine Künstlerin, Titel oder Genre populärer ist als andere. Dies können die modernen Analyseverfahren nicht leisten. Noch nicht.

Literatur

Bachmann, R., Kemper, G., & Gerzer, T. (2014). *Big Data – Fluch oder Segen? Unternehmen im Spiegel gesellschaftlichen Wandels.* Heidelberg u. a.: Mitp.

Beer, D., & Taylor, M. (2014). The Hidden Dimensions of the Musical Field and the Potential of the New Social Data. *Sociological Research Online 18 (2),* 1-11.

BITKOM (2012). Big Data im Praxiseinsatz. Szenarien, Beispiele, Effekte. https://www.bitkom.org/noindex/Publikationen/2012/Leitfaden/Leitfaden-Big-Data-im-Praxiseinsatz-Szenarien-Beispiele-Effekte/BITKOM-LF-big-data-2012-online1.pdf/. Zugegriffen: 24. März 2017.

Borel, B. (2008). How to Predict Tomorrow's Hit Songs Today. http://www.popsci.com/entertainment-amp-gaming/article/2008-12/how-predict-tomorrows-hit-songs-today. Zugegriffen: 24. März 2017.

BVMI (2017). Die offiziellen deutschen Charts. http://www.musikindustrie.de/offizielle-deutsche-charts/. Zugegriffen: 24. März 2017.

Chemi, E. (2014). Can Big Data Help Music Labels Find That Perfect Backbeat? https://www.bloomberg.com/news/articles/2014-03-07/can-big-data-help-music-labels-find-that-perfect-backbeat. Zugegriffen: 24. März 2017.

Collins, S.. & O'Grandy, P. (2016). Off the Charts: The Implications of Incorporating Streaming Data into the Charts. In R. Nowak, & A. Whelan (Hrsg.), *Networked Music Cultures. Contemporary Approaches, Emerging Issues* (S. 151-169). London: Palgrave Macmillan.

Dengel, A (Hrsg.). (2012). *Semantische Technologien. Grundlagen – Konzepte – Anwendungen.* Heidelberg: Spektrum.

Gottfried, G. (2014). Lyor Cohen geht mit Twitter-Daten auf Talentsuche. http://www.musikmarkt.de/Aktuell/News/Lyor-Cohen-geht-mit-Twitter-Daten-auf-Talentsuche. Zugegriffen: 24. März 2017.

Hernandez, B. A. (2014). Twitter Partners With Billboard to Create Real-Time Music Chart. http://mashable.com/2014/03/27/billboard-twitter-real-time-music-chart/. Zugegriffen: 24. März 2017.

Herremans, D., Martens D., & Sörensen, K. (2014). Dance Hit Song Prediction. *Journal of New Music Research 43 (3),* 291-302. doi:10.1080/09298215.2014.881888.

Herzberg, M. (2012). *Musik und Aufmerksamkeit im Internet. Musiker im Wettstreit um Publikum bei YouTube, Facebook & Co.* Marburg: Tectum.

IFPI (2016). Investing in Music. The Value Of Record Companies. http://www.ifpi.org/content/library/investing_in_music.pdf. Zugegriffen: 24. März 2017.

Ingold, S. (2013). *Showbühne der Selbstdarstellung. Social-Web-Nutzung von Musikschaffenden am Beispiel MySpace.* Berlin: Frank & Timme.

Jensen, L. (2015). Talentsuche per App. https://www.brandeins.de/archiv/2015/talent/shazam-talentsuche-per-app/. Zugegriffen: 24. März 2017.

Karp, H. (2014). Music Business Plays to Big Data's Beat. Analysis Tool Tracks Artists' Sales, Helps Universal Evaluate Employees. https://www.wsj.com/articles/music-business-plays-to-big-datas-beat-1418603548, Zugegriffen: 24. März 2017.

King, S. (2013). *Big Data. Potential und Barrieren der Nutzung im Unternehmenskontext.* Wiesbaden: Springer.

Knopper, S. (2014). Can Shazam Predict the Next Big Hit? Industry insiders look to song identification app as new measure of success. http://www.rollingstone.com/music/news/can-shazam-predict-the-next-big-hit-20140220. Zugegriffen: 24. März 2017.

Mahlmann, C. (2008). Marketing und Promotion von Musikprodukten. In G. Gensch, E. M. Stöckler, & P. Tschmuck (Hrsg.), *Musikrezeption, Musikdistribution und Musikproduktion. Der Wandel des Wertschöpfungsnetzwerks in der Musikwirtschaft* (S. 205-238). Wiesbaden: Gabler.

Mayer-Schönberger, V. (2015). Big Data. Eine Revolution, die unser Leben verändern wird. In *Bundesgesundheitsblatt 58*, 788-793.

Mayer-Schönberger, V., & Cukier, K. (2013). *Big Data. Die Revolution, die unser Leben verändern wird.* 2. Aufl. München: Redline.

Mayring, P. (2015). *Qualitative Inhaltsanalyse. Grundlagen und Techniken.* 12., überarb. Aufl. Weinheim u. a.: Beltz.

Next Big Sound (2017). The Taxonomy of Artists Laying the foundation for performance benchmarks. https://www.nextbigsound.com/industry-report/2016. Zugegriffen: 24. März 2017.

O'Malley Greenburg, Z. (2013). Moneyball For Music: The Rise of Next Big Sound. https://www.forbes.com/sites/zackomalleygreenburg/2013/02/13/moneyball-for-music-the-rise-of-next-big-sound/#12b9eb866d98. Zugegriffen: 24. März 2017.

Pachet, F., & Roy, P. (2008). Hit Song Science is Not yet a Science. In *Proc. of the 9th International Conference on Music Information Retrieval (ISMIR 2008)*, (S. 355-360).

Parry, G., Vendrell-Herrero, F., & Bustinza, O. F. (2014). Using Data in Decision-Making Analysis from the Music Industry. *Strategic Change, Special Issue: Strategic Foresight 23 (3-4)*, 265-277.

Pham, A. (2014). Warner Music's Shazam Deal: What It Means For Music. http://www.billboard.com/biz/articles/news/digital-and-mobile/5915488/warner-musics-shazam-deal-what-it-means-for-music. Zugegriffen: 24. März 2017.

Prey, R. (2016). Musica Analytica. The Datafication of Listening. In R. Nowak und A. Whelan (Hrsg.), *Networked Music Cultures. Contemporary Approaches, Emerging Issues* (S. 31-48). London: Palgrave Macmillan.

Shubber, K. (2014). Music analytics is helping the music industry see into the future. https://www.theguardian.com/technology/2014/apr/09/music-analytics-is-helping-the-music-industry-see- into-the-future. Zugegriffen: 24. März 2017.

Spinnup (2017). Werde entdeckt und starte deine Karriere als Musiker. https://spinnup.com/de/werde-entdeckt/. Zugegriffen: 24. März 2017.

Tatchell, J. (2005). Together in electric dreams. https://www.theguardian.com/music/2005/jan/17/popandrock. Zugegriffen: 24. März 2017.

Thompson, D. (2014). The Shazam Effect. https://www.theatlantic.com/magazine/archive/2014/12/the-shazam-effect/382237/. Zugegriffen: 24. März 2017.

Tschmuck, P. (2013). Das 360°-Musikschaffen im Wertschöpfungsnetzwerk der Musikindustrie. In B. Lange, H.-J. Bürkner, & E. Schüßler (Hrsg.), *Akustisches Kapital. Wertschöpfung in der Musikwirtschaft* (S. 285-315). Bielefeld: Transcript

Warner Music Group (2014). Warner Music Group and Shazam Announce Landmark Strategic Alliance. http://www.wmg.com/news/warner-music-group-and-shazam-announce-landmark-strategic-alliance-20366. Zugegriffen: 24. März 2017.

Wrobel, S., Voss, H., Köhler, J., Beyer, U., & Auer, S. (2014). Big Data, Big Opportunities. Anwendungssituation und Forschungsbedarf des Themas Big Data in Deutschland. *Informatik Spektrum 38*, 370-378.

ZDFinfo (2015). Big Data in der Musikindustrie. https://www.youtube.com/watch?v=MfL7Pts-ZeI. Zugegriffen: 24. März 2017.

Zombik, P. (2003). Die Bedeutung der Charts für die Musikwirtschaft. In R. Moser, & A. Scheuermann (Hrsg.), *Handbuch der Musikwirtschaft* (S. 67-75). 6., vollst. überarb. Aufl., Starnberg u. a.: Joseph Keller.

„Täglich ein Terrabyte Daten…"
Interview mit Michael Krause, Deezer

8

Martin Lücke und Lorenz Grünewald-Schukalla

Deezer

Deezer ist mit über 12 Millionen aktiven Nutzern in mehr als 180 Ländern einer der ersten globalen Musikstreamingdienste. Fans haben direkten Zugriff auf einen der größten Musikkataloge der Welt mit über 43 Millionen Songs, tausenden Hörbüchern und Hörspielen, 40.000 Podcasts sowie Live-Inhalten im Bereich Sport. Deezer wurde 2007 in Paris gegründet und hat seit 2012 einen deutschen Standort in Berlin. Deezer ist derzeit auf dem iPhone, iPad, Android- und Windows-Geräten zum kostenlosen Download erhältlich oder im Internet unter deezer.com weltweit verfügbar.

Das Interview wurde Anfang 2017 geführt, als Michael Krause als Vice President für Zentral- und Osteuropa und CEO EMEA (Europa, Mittlerer Osten und Afrika) bei Deezer tätig war. Seit Oktober 2017 bekleidet er nun beim schwedischen Streaminganbieter Spotify die neu geschaffene Position als Managing Director EMEA. Sein Fokus dort ist neben der Steuerung der internationalen Märkte auch das deutschsprachige Geschäft, mit Konzentration auf die Bereiche Content und lokale Partnerschaften.

Martin Lücke und Lorenz Grünewald-Schukalla: Michael, stelle dich doch bitte einmal vor. Was ist dein Werdegang und was machst du bei Deezer.
Michael Krause: Nach dem Studium der angewandten Kulturwissenschaften in Lüneburg habe ich zunächst für Labels, u. a. für Universal Music, gearbeitet und wechselte dann zum Startup Handy.de, das damals gerade von Bertelsmann gekauft worden war. Bei Handy.de war ich für die Lizenzierung, das Contentmanagement sowie das Produktmanagement tätig. Zuletzt hatte ich auch die Funktion als Prokurist

© Springer Fachmedien Wiesbaden GmbH, ein Teil von Springer Nature 2019
M. Ahlers et al. (Hrsg.), *Big Data und Musik*, Jahrbuch für Musikwirtschafts- und Musikkulturforschung, https://doi.org/10.1007/978-3-658-21220-9_8

in der Geschäftsleitung inne. Im Anschluss an Handy.de war ich Geschäftsführer der ProSiebenSat1-Plattform MyVideo und gründete dort mit Kollegen den Musikstreamingdienst AMPYA, der ein Jahr später von Deezer übernommen wurde. Ab 2014 zeichnete ich dann für Deezer DACH und anschließend Zentraleuropa verantwortlich. Mittlerweile gehören Europa, Afrika sowie der Mittlere Osten zu meinem Verantwortungsbereich. Vor allem die Gewinnung neuer Kunden über Marketing, Partnerschaften, lokale Contentkooperationen und der Verkauf unserer Werbeflächen stehen für mich dabei im Fokus.

ML/LGS: Der Sammelband erscheint zum Thema Musik und Big Data. Welche Bedeutung hat Big Data aus Deiner Sicht allgemein, für die Musikwirtschaft und speziell für Deezer?

MK: Durch die Digitalisierung ist es allgemein möglich, riesige Datenmengen zu sammeln und zu analysieren. Die Auswertung und Analyse dieser Datenberge bietet gerade auch im Zusammenspiel mit künstlicher Intelligenz extrem große Chancen. Kunden können z. B. Zeit sparen, weil sie passendere Angebote erhalten und Unternehmen können Produkte besser auf den Konsumenten anpassen und damit die Chancen erhöhen, Absatz zu finden.

Mittlerweile resultieren weltweit mehr als die Hälfte aller Umsätze der produzierenden und distribuierenden Musikindustrie aus digitalem Musikkonsum, vor allem Download-on-Demand sowie Streaming. Dabei werden extrem viele Daten gesammelt, sowohl über die Musik selbst als auch über das Verhalten der Konsumenten. Dadurch können Anbieter digitaler Musik dem Kunden u. a. personalisierte Musikempfehlungen anbieten. Die große Herausforderung dabei ist aber auch für die Unternehmen, dass die Konsumenten durch diese abgestimmten Empfehlungen nicht in einer sogenannten *Filterblase* oder auch *Echokammer* landen, also immer dasselbe hören, sondern weiterhin neue Musik entdecken. Dies ist für die Weiterentwicklung der Musik von großer Bedeutung. Unser Unternehmen Deezer hat derzeit über 43 Millionen Musiktitel lizenziert. Aktiv sind wir in 182 Ländern und haben über 12 Millionen aktive Kunden. Im Schnitt hören unsere Nutzer monatlich ca. 600 Musiktitel. Dabei entstehen enorme Datenmengen, die wir vor allem für unseren USP, den personalisierten Soundtrack Flow, auswerten und nutzen. Flow wertet diverse Informationen wie zum Beispiel Likes, Skips oder Hördauer in Echtzeit aus und stellt darauf basierend ein personalisiertes Musikprogramm für unsere Kunden zusammen. Dabei lernt der Algorithmus kontinuierlich dazu und trifft somit fortdauernd noch besser den derzeitigen Geschmack des Nutzers.

MLU/LGS: Kannst du einmal darauf eingehen, wie sich für euch die Herausforderung einer Filterblase darstellt und wie ihr damit umgeht?

MK: Wenn z. B. der Frontmann der Band Deichkind ein Album herausbringt, welches stilistisch komplett vom gemeinsamen Bandprojekt Deichkind abweicht (z. B. Singer-Songwriter-Folk), dann werden es die Algorithmen dem Deichkind Fan ggf. vorenthalten, da dieser bisher nur elektronische Musik gehört und favorisiert hat. Unsere Redakteure kennen jedoch den Zusammenhang und können über ihre Einflussmöglichkeiten dafür sorgen, dass die Fans auch die Soloprojekte der Bandmitglieder mitbekommen und so ihren musikalischen Horizont vielleicht erweitern können.

MLU/LGS: Bleiben wir bei Deezer. In welchen Bereichen ist Big Data von Bedeutung (z. B. Playlists, Produktentwicklung, Business Intelligence etc.)? Kannst Du diese Aussagen auch begründen?

MK: Der gerade schon angesprochene Flow ist als eines unserer wichtigsten Features bei Deezer komplett von Big Data gesteuert. Aber auch alle anderen Bereiche im Produkt basieren auf Daten: Der Nutzer bekommt zum Beispiel personalisierte Empfehlungen passend zu seinen Vorlieben. Auch unsere kuratierenden Redakteure können bei der Erstellung von neuen Playlisten auf Big Data zurückgreifen. Last but not least stellen wir Künstlern und Labels unentgeltlich Informationen über Hördauer, Skiprate und Performance ihrer Songs zu Verfügung, die diese wiederum für ihre internen Zwecke nutzen können.

MLU/LGS: Welche unterschiedlichen Arten von Daten und Methoden sind in den verschiedenen Bereichen wichtig?

MK: Für die verschiedenen Bereiche des Produkts Deezer sind natürlich ganz unterschiedliche Daten ausschlaggebend. Für die optimale Nutzung von Flow sind vor allem die Hörgewohnheiten der Konsumenten entscheidend. Unsere Redaktion wiederum kann anhand bestimmter Daten ihre Playlist-Performance optimieren. Indikatoren sind hier zum Beispiel besonders beliebte Songs oder Musiktitel, die zu einem häufigen Abbruch der Playlisten beitragen. Auch für unsere Anzeigenkunden, die wir im kostenlosen Bereich von Deezer benötigen, bieten wir optimale Lösungen, die auf Daten beruhen. So können wir passgenau die Werbeinhalte ausspielen und dem Nutzer gleichzeitig einen Mehrwert liefern, zum Beispiel mit gesponserten Tracks, die bei Free-Usern in geeignete Playlists eingefügt werden. Auch in meinen anderen Verantwortungsbereichen, wie z. B. dem Marketing, arbeiten wir streng datengesteuert. In der digitalen Akquise von Kunden werden die Kooperationspartner sekundengenau ausgewertet, um zu schauen, welche Werbefläche uns wie viele Registrierungen zu welchem Preis anbietet und dadurch Platzierungen optimiert. Selbst in der TV-Werbung arbeiten wir ähnlich. Hier nutzen wir einen externen Partner, der von uns die Einschaltpläne bekommt und einen Zugriff auf unsere neuen Registrierungen. So lassen sich Umfelder auswerten und anpassen, in denen die Kunden am besten konvertieren (d. h. die App herunterladen und sich kostenlos anmelden). Im Bereich der Partnerschaften werten wir auch alle Aktionen, die von unseren Partnern gemacht werden (wie z. B. einen Facebook-Post) aus und geben den Partnern Feedback, was gut funktioniert hat. So können wir die gemeinsamen Aktionen optimieren. Durch interne Systeme stehen diese Daten dann allen Key-Account-Managern von Deezer zur Verfügung, die dann schon im Vorfeld wissen, welche Aktionen vermutlich erfolgversprechend sind.

MLU/LGS: Wie groß sind die Datenmengen und mit welcher Velocity werden sie erhoben und analysiert?
MK: Bei uns werden jeden Tag mehr als 1 Terabyte (TB) Datenvolumen angeliefert, das sind 1.000.000.000.000 Byte – vor Jahren noch eine unvorstellbare Datenmenge, heute Alltag. Wir arbeiten derzeit mit Hadoop Technologien und bald auch mit HortonWorks.

MLU/LGS: In Bezug auf die Entscheidungsfindung des Managements: Wie ist die Nutzung von Big Data mit anderen Dingen verzahnt? In welchem Verhältnis stehen also noch Dinge wie Persönlichkeit, Instinkt, qualitative Daten oder Vertrauen?
MK: Wir arbeiten nach wie vor mit einem emotionalen Produkt: Musik. Dafür haben wir Experten eingestellt, wie zum Beispiel unseren Head of Content & Editorial Richard Wernicke, der zusammen mit seinem Team gezielt unseren Nutzern Empfehlungen ausspricht. Mit unserem Projekt Deezer Next haben wir zudem 2016 eine Aktion gestartet, die Newcomer aufbaut und ihnen dabei eine große Reichweite bietet. Wir wollen damit unseren Kunden Stars schon dann präsentieren, bevor sie weltbekannt sind und unsere Kunden damit langfristig an uns binden. Auch von den Künstlern erhoffen wir uns später besseren Support, wenn diese dann Weltstars geworden sind. Deezer setzt auf eine Mischung aus Mensch und Maschine. Big Data hilft dabei, die Nutzung zu optimieren und reine Bauchentscheidungen zu vermeiden. So dachten wir vor einigen Jahren noch, dass soziale Features, mit denen Musik mit Freunden geteilt werden und man anderen Freunden folgen kann, sehr wichtig sein würden. Die Auswertung der Daten haben dann allerdings sehr schnell gezeigt, dass wir komplett falsch lagen und Musik eher persönlich genutzt wird.

Auch im Produkt selbst spielen Daten eine große Rolle. Jeden Monat laufen ca. 100 A/B Tests über verschiedenen Nutzergruppen, um die Feinheiten des Produkts Deezer stetig zu justieren und intuitive Nutzung zu verbessern. Dies können z. B. Buttons sein, Größen und Farben von Interfaces oder Einstellungen in den Details von Flow.

MLU/LGS: Welche Tools und Partner sind für Deezer in der Beschaffung, Auswertung und Visualisierung von Big Data zentral?
MK: Unsere Systeme wurden – zumindest bislang – alle intern gebaut und ständig weiterentwickelt. Wir nutzen allerdings Tableau zur Darstellung und als Dashboarding Plattform.

MLU/LGS: In welche Richtung will Deezer seinen Umgang mit Big Data weiterentwickeln.
MK: Wir arbeiten stetig weiter daran, mit Hilfe der von uns erhobenen Daten die Empfehlungen und somit den Produktnutzen von Deezer zu verbessern. Unser Kernfokus dabei ist eben Deezer Flow. Hier haben wir verschiedene Ansätze, mit denen wir die Personalisierung noch weiter vorantreiben möchten – zum Beispiel mit lokalen News, die zu bestimmten Zeiten im Flow abgespielt werden oder Podcasts zum Einschlafen. Das ist aber noch längst nicht in Stein gemeißelt. Es bleibt also mit Sicherheit sehr spannend, wie wir die Daten, die wir ja haben, zu neuen Ideen weiterentwickeln. Dabei arbeiten wir zum einen intern an Innovationen und veranstalten mehrmals pro Jahr Hackathons, in denen neue Ideen ausprobiert werden können. Zum Anderen schauen wir uns natürlich auch den Markt an und evaluieren, welche spannenden Techniken wir einbinden oder sogar übernehmen können.

MLU/LGS: Welche Rolle spielt Big Data für die Entwicklung und Etablierung neuer Geschäftsmodelle, sowohl allgemein für die Musikwirtschaft als auch für Deezer?
MK: Inzwischen hat sich Streaming als Geschäftsmodell sowohl bei den Konsumenten als auch innerhalb der uns beliefernden Musikindustrie durchgesetzt und wird auch in Zukunft weiter wachsen, zumindest deuten darauf auch alle Prognosen hin. Big Data spielt also bei den Verfeinerungen und Verbesserungen unseres Produkts eine wichtige Rolle, sowie ggf. bei der schnellen und direkten Ausschüttung der Einnahmen an die Musikindustrie. Bei Deezer arbeiten wir z. B. gerade an einem neuen Ausschüttungsmodell, bei dem die Einnahmen pro Kunde nicht zuerst in einen Topf geworfen werden und dann entsprechend der Gesamtabrufe an die Labels ausgeschüttet werden. Stattdessen wollen wir pro Kunden den entsprechenden Betrag (gut 70 Prozent vom monatlichen Preis) individuell ausschütten. Wenn ein Kunde also nur seine Lieblingsband gehört hat, dann gehen die Einnahmen aus seinem Abo auch nur an diese Band.

MLU/LGS: Wie geht Deezer mit ethischen Fragestellungen um (Richtlinien, Ethikkommissionen, Datenschutzbestimmungen etc.)?

MK: Deezer ist ein französisches Unternehmen und damit den europäischen Richtlinien verbunden. Darüber hinaus halten wir uns natürlich in jedem Land streng an die jeweils dort gültigen Datenschutzbestimmungen.

MLU/LGS: Muss das Thema Big Data auch in der Ausbildung des Nachwuchses für die Musikwirtschaft an Hochschulen platziert werden? Inwiefern könnte dies geschehen?
MK: Hochschulen sollten auf jeden Fall sehr detailliert auf die Gegebenheiten des digitalen Marktes eingehen und vermitteln, wie sich die Streaming Economy für Künstler, Labels und Vermarkter auswirkt. Big Data ist da aber nur einer von vielen Punkten, die in einem Curriculum gelehrt werden sollten. Wichtig wären in meinen Augen alle Möglichkeiten, die sich Künstlern und Vermarktern von Musik im digitalen Bereich bieten. Zudem ist auch die aktuell wichtige Rolle des Playlistmarketings zu berücksichtigen. Auch Themen wie Blockchain oder künstliche Intelligenz sollen betrachtet werden, da diese Bereiche auch im musikalischen Umfeld ihren Einfluss haben werden.

MLU/LGS: Wie bist du denn selber mit der Big Data Praxis in Kontakt gekommen? Musstest du dir alles selber aneignen?
MK: Bei meiner ersten beruflichen Station bei Universal Music ging es noch eher um Bauchgefühl, Emotionen und Erfahrung, die nötig waren, um einen guten Job zu machen. Erfolg oder Misserfolg wurde einmal die Woche dann konkreter, wenn die Verkaufszahlen und Chartplatzierungen offiziell wurden. Mit (Big) Data bin ich das erste Mal bei Handy.de in Berührung gekommen. Auch wenn die Daten noch überschaubar waren, war es faszinierend, einen neuen Klingelton bei Handy.de oder den Partnern zu veröffentlichen und in Realtime zu sehen, wie oft er heruntergeladen wird. Hier haben wir auch angefangen, die Produktion auf die Auswertung der Daten anzupassen. So sind z. B. Titelmelodien von TV-Serien in Deutschland sehr oft abgerufen worden und wir konnten entsprechend nachproduzieren. Bei ProSiebenSat1 waren die Daten dann noch allgegenwärtiger und in meiner Rolle als COO von MyVideo haben wir angefangen, mit A/B Tests zu arbeiten und Content-Teaser entsprechend dynamisch zu gestalten. Über die Jahre bin ich also aus Anwendersicht in die Auswertungsmöglichkeiten und Optionen von Big Data hineingewachsen, z. B. auch weitergebildet durch externe Berater, die wir in verschiedenen Stationen als Support engagiert hatten.

MLU/LGS: Spielt Big Data auch im B2B Bereich eine wichtige Rolle, z. B. für Marken und Werbekunden?
MK: Absolut. Unsere Werbekunden profitieren natürlich von unseren stetig wachsenden Erfahrungen. Wir können zum Beispiel Konsumenten ganz gezielt

ansprechen, die Musik aus einem Werbefilm mögen oder über Befragungen und Erfahrungen ermitteln, welche Produkte für welchen Musikliebhaber spannend sein können. Das alles natürlich nur im Bereich des kostenlosen Angebots. Daten von unseren bezahlenden Premiumkunden werden selbstverständlich nicht einbezogen.

MLU/LGS: Herzlichen Dank für das Gespräch.

II

GMM Best Paper Award

Ich weiß was nicht, was du nicht weißt!
Informationsbedarf, Informationsangebot und Informationsvalidierung zwischen Musikschaffenden und der Verwertungsgesellschaft GEMA

9

Marco Räuchle

Zusammenfassung

Ausgangspunkt des Artikels „Ich weiß was nicht, was du nicht weißt!" ist die Beobachtung, dass die Verwertungsgesellschaft für musikalisches Urheberrecht (GEMA) aus Reihen von Musikschaffenden immer wieder kritisiert und angefeindet wird. Dies erscheint zunächst äußerst seltsam, da die GEMA im Wesentlichen das Interesse von Musikschaffenden – konkret Komponisten und Textern – unterstützt und durchsetzt. Betreffend diesen scheinbaren Widerspruch geht der Artikel von der Hypothese aus, dass es der GEMA und den Musikschaffenden an Wissen über den jeweils anderen mangelt, wodurch Missverstehen entsteht. Ziel des Forschungsvorhabens ist es, das GEMA-spezifische Wissen der Musikschaffenden zu untersuchen und eventuelles Unwissen zu ermitteln. Im Zuge dessen wurde die GEMA-spezifische Kommunikation von Musikschaffenden innerhalb von Internetforen mit Hilfe der Inhaltsanalyse nach Philipp Mayring untersucht. Die resultierenden Informationsbedarfe der Musikschaffenden wurden in einem zweiten Schritt mit dem Informationsangebot des FAQs der GEMA-Webseite verglichen.

Abstract

The following article is based on the observation that the German collecting society for musical performing and mechanical reproduction rights (GEMA) often is been criticized by musical creatives. At first glance this seems to be quite unusual as the GEMA supports and enforces the rights of musical composers and lyricists. Referring to this contradiction the article hypothesizes that the mutual misunderstanding is grounded on lack of knowledge of both parties. Regarding to this the article focuses on the knowledge of musical creatives. The objective

© Springer Fachmedien Wiesbaden GmbH, ein Teil von Springer Nature 2019
M. Ahlers et al. (Hrsg.), *Big Data und Musik*, Jahrbuch für Musikwirtschafts-
und Musikkulturforschung, https://doi.org/10.1007/978-3-658-21220-9_9

is to identify their GEMA-related knowledge and possible lack of knowledge. To fulfill this objective the GEMA-related communication of musical creatives on online forums has been analyzed. In a second step the FAQ of the GEMA website was analyzed to see if musical creatives could answer their question with help of the FAQ.

Schlüsselbegriffe

GEMA, Musikschaffende, Kommunikationsproblem, GEMA-Kritik, Online-Inhaltsanalyse, Verständigungsproblem

Keywords

GEMA-criticism, mutual misunderstanding, analysis of online content, musical creatives

9.1 Einleitung

Die Gesellschaft für musikalische Aufführungs- und mechanische Vervielfältigungsrechte (GEMA) ist immer wieder Thema der öffentlichen Debatte. Nicht selten wird sie dabei mit Anfeindung und Vorwürfen wie den folgenden konfrontiert.

Die teilweise heftigen Äußerungen verdeutlichen, welche emotionale Sprengkraft das Thema GEMA hat. Zugleich wird erkennbar, dass die GEMA in der öffentlichen Debatte häufig negativ bewertet wird. Katrin Langhans schreibt hierzu in der Süddeutschen Zeitung, die GEMA sei in etwa „ähnlich beliebt wie die Propagandisten der Zeugen Jehovas oder die Gebühreneintreiber der Rundfunkanstalten" (Langhans 2015). Interessant ist in diesem Zusammenhang, dass die negative Kritik gegenüber der GEMA oftmals aus den Reihen der Musikschaffenden selbst stammt. Ein bekanntes Beispiel hierfür ist die Band Deichkind. Mit Bezug auf die Rechtsstreitigkeiten zwischen der Online-Plattform YouTube und der GEMA nannte Deichkind die GEMA eine „Evolutionsbremse [, die] alle gewaltig" nervt (Meusers 2012). Einige Kritiker gingen gar noch einen Schritt weiter und gründeten desillusioniert eine eigene Verwertungsgesellschaft. Der Alternativentwurf nennt sich Cultural Commons Collecting Society (C3S). Der Antrag auf Zulassung soll noch in diesem Jahr gestellt werden (vgl. meinungsbarometer.info 2017).

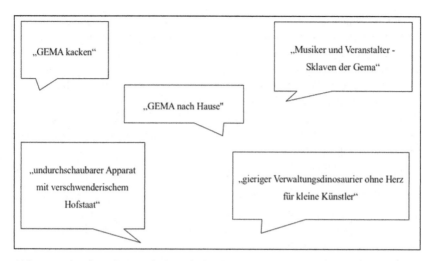

Abb. 9.1 GEMA in der Kritik. (Zitat links oben und Mitte: Bartlewski 2012. Rechts oben: Rennicker 2012. Links und rechts unten: Fröhlich 2014)

Doch weshalb ruft die GEMA gerade bei Musikschaffenden, ihren eigentlichen *Schutzbefohlenen*, teils solch negative Emotionen hervor? Dieser scheinbare Widerspruch bildet die Grundlage des vorliegenden Artikels, weshalb er im Rahmen des Problemhintergrunds genauer beschrieben wird.

9.2 Problemhintergrund und Hypothese

Die eingangs beschriebene Kritik erscheint äußerst seltsam, da die GEMA im Wesentlichen das Interesse von Musikschaffenden – konkret Komponisten_innen oder Textern_innen – unterstützt und durchsetzt. Wie groß die Bedeutung der GEMA für Musikschaffende wirklich ist, zeigt die Musikwirtschaftsstudie 2015. Laut dieser setzt sich das Einkommen von Komponisten_innen und Textern_innen zu 58,4 Prozent aus den Tantiemen der GEMA zusammen (Bundesverband Musikindustrie et al. 2015, S. 25). Ihr Einkommen betreffend sind Musikschaffende somit zu einem gewissen Teil abhängig von der GEMA, dennoch scheinen sie ihr überaus kritisch gegenüberzustehen.

Bezüglich der beschriebenen Unstimmigkeiten zwischen der GEMA und den Musikschaffenden entfaltet der Artikel die These, dass diese auf einem gegenseitigen Missverstehen beruhen. Dieses lässt sich dabei als Produkt fehlgeschlagener Verständigung bezeichnen. Innerhalb der Kommunikationsforschung wird diese Thematik häufig im Zuge der interkulturellen Kommunikation untersucht. Ihr Ziel ist, die Verständigungsprozesse zwischen Menschen unterschiedlicher Kulturen besser verstehen zu können. Gemäß dortiger Forschungsergebnisse sind Verstehen bzw. Missverstehen weniger abhängig von der Sprache als vielmehr „von der Kenntnis der jeweils anderen kommunikativen Werte, Normen, Regeln und kommunikativen Praktiken" (Kammhuber 2013, S. 773). Zu ähnlichen Ergebnissen kommen die Psycholinguisten Herbert H. Clark und Susan E. Brennan. Nach ihrer eigens entwickelten Kommunikationstheorie *Common Ground* kann Verständigung zwischen Menschen nur gelingen, „wenn die Kommunikationsteilnehmer eine gemeinsame Wissensbasis" (Huff 2013, S. 332) aufweisen. Der Sprachwissenschaftler Volker Hinnenkamp wiederum sagt, dass deshalb das Aufkommen von Missverstehen umso wahrscheinlicher ist, je weniger die Kommunikationsteilnehmenden übereinander wissen (Hinnenkamp 1998, S. 28).

In Anlehnung an diese kommunikationstheoretischen Erklärungen beruht die zugrundeliegende Arbeit auf der Annahme, dass die Unstimmigkeiten zwischen der GEMA und den Musikschaffenden auf einer misslungenen Verständigung und sogleich einer fehlenden Wissensbasis basieren. Zum einen bezeichnet dies eine fehlende Übereinstimmung in Bezug auf musikwirtschaftsspezifisches Fachwissen. Diesbezüglich wird die Wissensbasis der Musikschaffenden geringer eingeschätzt. Die Annahme wird durch die Tatsache gestützt, dass sich die empirische Untersuchung dieser Arbeit auf in erster Linie nicht-professionell agierende Musikschaffende fokussiert. Zum anderen wird mit Bezug auf Hinnenkamp (1998) angenommen, dass es den Akteuren GEMA und Musikschaffende an Wissen über den jeweils anderen mangelt. Einerseits ist sich die GEMA wohl nicht vollständig der Bedürfnisse der Musikschaffenden bewusst, andererseits wissen die Musikschaffenden nicht im Detail über die GEMA und deren Funktionsweise Bescheid. Im Fokus des vorliegenden Forschungsvorhabens steht die mögliche Unwissenheit der Musikschaffenden. Resultierend aus dieser Unwissenheit haben Musikschaffende einen gewissen Bedarf an GEMA-spezifischem Wissen bzw. Informationen, den es zu untersuchen gilt.

9.3   Forschungsvorhaben

Das Forschungsvorhaben gliedert sich in zwei Teile, wobei der erste den Schwerpunkt bildet. Ziel des ersten Abschnittes ist es, den GEMA-spezifischen Informationsbedarf von Musikschaffenden zu ermitteln. Der Begriff Informationsbedarf umfasst dabei sowohl das GEMA-spezifische Unwissen von Musikschaffenden als auch mögliches Falschwissen.[1] Die betreffende Untersuchungsfrage lautet: Welche Informationsbedarfe haben Musikschaffende bezüglich der GEMA? Zur Beantwortung dieser Frage wird im empirischen Teil die GEMA-spezifische Kommunikation von Musikschaffenden innerhalb von Internetforen untersucht.

Im zweiten Forschungsteil sollen schließlich die ermittelten Informationsbedarfe mit den Informationsangeboten der GEMA verglichen werde. Die entsprechende Untersuchungsfrage lautet: Wie werden die Informationsbedarfe der Musikschaffenden seitens der GEMA bedient?

Zur Klärung dieser Frage, wird mit Hilfe der ermittelten Informationsbedarfe der FAQ-Bereich der GEMA-Webseite als Informationskanal für Musikschaffende analysiert. Ziel ist es, durch den Vergleich von Informationsbedarf und -angebot mögliche Informationslücken und somit potentielle Gründe für die Unstimmigkeit zwischen Musikschaffenden und der GEMA aufzudecken. Aufgrund des großen Umfangs der eigenen Untersuchungen fokussiert sich der vorliegende Artikel auf die erste Untersuchungsfrage.[2] Der zweite Forschungsteil wird am Ende in groben Zügen angeschnitten, um erste Erkenntnisse zu verdeutlichen und Anlass für mögliche weitere Forschungsvorhaben zu liefern.

Festlegung Untersuchungsgegenstand Internetforen

Bezüglich der ersten Untersuchungsfrage wurde zunächst entschieden, den Untersuchungsraum auf das Internet zu beschränken. Seit einigen Jahren verlagert sich die Kommunikation mehr und mehr ins Internet. Beispielsweise sind laut der Onlinestudie der ARD und des ZDF inzwischen 65 Prozent der Deutschen täglich 128 Minuten im Internet unterwegs (Koch & Frees 2016, S. 419, 422). Zudem ist das Internet mit 66 Prozent deren zweitwichtigste Informationsquelle (IfD Allensbach 2016). Es ist daher davon auszugehen, dass auch Musikschaffende größtenteils ihre Informationsbedarfe im Internet stillen. Als zentraler Untersuchungsgegenstand wurden letztlich musikaffine Internetforen festgelegt. Gründe für diese Entscheidung sind: Auf der einen Seite bieten Internetforen aufgrund ihrer Struktur einen großen Pool an Informationen. So bestehen Internetforen zumeist aus einer Vielzahl von Beiträgen (Threads) zu einem spezifischen Thema (Siepermann 2016). Innerhalb eines Threads können die Teilnehmer über das jeweilige Ausgangsthema des Threads diskutieren. Internetforen ermöglichen folglich die Kommunikation zwischen einer nahezu unbegrenzten Anzahl von Personen und führen so zu einer Unmenge an

---

1   Der Begriff Falschwissen steht für Wissen, das auf falschen Annahmen bzw. falschen Informationen beruht.

2   Der vorliegende Artikel ist Teil einer größer angelegten Masterarbeit.

Informationsmaterial. Auf der anderen Seite lassen sich die Diskussionsbeiträge methodisch gut verarbeiten, da sie meist rund um die Uhr abrufbar sind und sich anhand unterschiedlicher Suchfilter des jeweiligen Forums thematisch strukturieren lassen (Reichelt 2013, S. 20).

Untersuchungsgruppe von Musikschaffenden

Im Mittelpunkt des vorliegenden Forschungsvorhabens steht die Untersuchungs-gruppe der Musikschaffenden, also alle Personen, die in irgendeiner Art und Weise am musikalischen Schaffungsprozess von Musik beteiligt sind. Dazu zählen beispielhaft Komponist_innen, Texter_innen, Sänger_innen, Instrumentalist_in-nen und Produzierende. Infolgedessen war es innerhalb der Stichprobenziehung das Ziel, möglichst musikaffine Internetforen ausfindig zu machen. Trotz dieser Beschränkung lässt sich die Zusammensetzung der Teilnehmenden eines Internet-forums natürlich nie genau bestimmen. Es ist deshalb generell von einer gewissen Heterogenität der Untersuchungsgruppe auszugehen.[3] So waren neben Musik-schaffenden beispielsweise auch Musikverwerter in den Foren aktiv.[4] Aufgrund dessen wird im empirischen Teil der Arbeit statt von Musikschaffenden meist von den (Thread-)Verfasser_innen gesprochen. Unabhängig von der Heterogenität der Untersuchungsgruppe wurde angenommen, dass Musikschaffenden, die Rat in einem Onlineforum suchen, größtenteils kein professionelles Netzwerk aus Wirtschaftspartnern wie Musiklabels oder Verlagen zur Verfügung steht. Folg-lich versuchen sie, alle Wertschöpfungsstufen der Musikwirtschaft bestmöglich selbstständig abzudecken (Sperlich 2007, S. 2). Aufgrund dessen kommen sie an bestimmten Stellen zwangsläufig mit der GEMA in Kontakt – unabhängig davon, ob sie GEMA-Mitglied sind oder nicht. Infolge fehlenden Fachwissens werden demnach Unklarheiten und somit auch Informationsbedarfe entstehen. Eben diese GEMA-spezifischen Informationsbedarfe gilt es, zu ermitteln und zu analysieren.

9.4   Methodologie und Methodik der Inhaltsanalyse

Die Inhaltsanalyse wurde als geeignete Methode zur Bearbeitung der Fragestel-lungen gewählt. Ihr Ziel ist es, durch die Auswertung und Interpretation von Kommunikationsinhalten Aussagen über die Kommunikationsteilnehmenden und den Kommunikationsprozess an sich treffen zu können (Früh 2011, S. 27).

---

3   Dies wurde durch die spätere Auswertung bestätigt.
4   Siehe hierzu Abschnitt *Beitragsverfasser*

Im Rahmen dieser Arbeit wurde die Inhaltsanalyse angelehnt an das methodische Vorgehen von Philipp Mayring durchgeführt (Mayring 2008). An manchen Stellen wurde zusätzlich weiterführende Literatur zur Hilfe genommen, da es sich bei der vorliegenden Arbeit um eine Online-Inhaltsanalyse handelt (Rössler & Wirth 2001, S. 284ff.). Das methodische Vorgehen gliederte sich insgesamt in fünf Schritte, wovon im Folgenden die zentralen Schritte der Stichprobenziehung und die Bildung des Kategoriensystems beschrieben werden.

Stichprobenziehung: Im Zuge der Stichprobenziehung wird das Ausgangsmaterial für die inhaltsanalytische Auswertung festgelegt. Innerhalb dieser Inhaltsanalyse wurde die Stichprobe mit Hilfe einer mehrstufigen Auswahl gezogen. Diese Form der Stichprobenauswahl gliedert sich in verschiedene Auswahlschritte, die in den folgenden Abschnitten erläutert werden:

Bestimmung der Grundgesamtheit: Bezogen auf die erste Untersuchungsfrage war es das Ziel, den Informationsbedarf von Musikschaffenden bezüglich der GEMA mit Hilfe von Internetforen zu untersuchen. Davon abgeleitet bestand die Grundgesamtheit aus Internetforen bzw. aus den Beiträgen in Internetforen (Auswahleinheit), die sich inhaltlich auf die GEMA bezogen. Für die Sicherung einer repräsentativen Stichprobenziehung hätten folglich alle Forenbeiträge gesammelt werden müssen, die diese Kriterien erfüllten.

Im Falle einer Online-Inhaltsanalyse tauchen an dieser Stelle erhebliche Schwierigkeiten auf. Aufgrund der großen Menge von Online-Inhalten ist es laut Rössler und Wirth kaum möglich, eine Grundgesamtheit im Netz zu bestimmen und schon gar nicht sie zu erreichen. Eine wirkliche Zufallsauswahl ist demzufolge nicht möglich (Rössler & Wirth 2001, S. 288ff.). Auch Suchmaschinen können zumeist keine Abhilfe schaffen, da sie auf speziellen Algorithmen basieren und so keine zufällige Auswahl treffen. Für Fokusanalysen kann es nach Rössler und Wirth dennoch sinnvoll sein, die Stichprobenziehung mit Hilfe von Suchmaschinen durchzuführen. Denn einerseits führt ein konkretes Thema zu eindeutigen Suchergebnissen und andererseits stellt die Nutzung von Suchmaschinen ein typisches Verhalten von Internetnutzern dar (Meier et al. 2010, S. 112ff.).

Ermittlung der Grundgesamtheit: Da es sich bei der vorliegenden Analyse um eine Fokusanalyse handelt (Rössler & Wirth 2001, S. 284ff.), wurde zur Ermittlung der Grundgesamtheit auf Online-Suchmaschinen zurückgegriffen (Meier et al. 2010, S. 112ff.). Mit Hilfe von Google und Bing wurde versucht, sich der Grundgesamtheit bestmöglich anzunähern.

Zuerst erfolgte die Suche mittels Google.[5] Zur Kontrolle dieser Ergebnisse wurde Bing verwendet. Da die Perspektive der Musikschaffenden im Zentrum der Analyse stand, wurde gezielt nach musikaffinen Foren gesucht. Diesbezügliche Suchbegriffe lauteten beispielsweise: Musikerforum/en, Musikforum/en, Musik Forum/en, Musiker Forum/en und Band Forum/en. In einer erneuten Suche wurden diese Begriffe aufgrund der GEMA-spezifischen Ausrichtung jeweils um den Begriff GEMA (z. B. GEMA Musikerforum/en) ergänzt. Zur Auswertung der Suchergebnisse wurden jeweils die ersten fünf Ergebnisseiten auf relevante Internetforen durchsucht. Dies stellte sicher, dass auch niedrig bewertete Internetforen in die Auswahllisten gelangen konnten. Im Schnitt betrachten 90 Prozent der Internetnutzenden jedoch nur die erste Seite der Suchergebnisse (Nielsen & Loranger 2006, S. 37). Letztlich entstand auf diese Weise eine Liste mit insgesamt 55 musikaffinen Foren.

Ziehung der Stichprobe: Nachdem die Grundgesamtheit bestimmt und ermittelt worden war, wurde die Stichprobe als Teilmenge der Grundgesamtheit gezogen. Dieser Schritt war notwendig, da eine Vollerhebung aller Merkmalsträger finanziell sowie zeit-ökonomisch nicht zu realisieren war. Zudem waren nicht alle gefundenen Foren für die Untersuchungsfrage relevant.

Die Auswahl der relevanten Foren geschah nach dem Verfahren der bewussten Stichprobenauswahl. Im Zuge dessen wurden die Merkmalsträger anhand zuvor theoretisch begründeter Kriterien ausgewählt. Diese Form der Auswahl gilt im streng wissenschaftlichen Sinne als nicht-repräsentativ, da sie nicht auf dem beschriebenen Wahrscheinlichkeitsprinzip basiert (Scheufele & Engelmann 2009, S. 71-75). Wie bereits erläutert, ist es im Falle einer Online-Inhaltsanalyse jedoch nicht möglich, eine Zufallsauswahl zu ziehen (Rössler & Wirth 2001, S. 288ff.). Aufgrund dessen wurde in dieser Arbeit versucht, die bewusste Auswahl der Stichprobe bestmöglich zu begründen und intersubjektiv-nachvollziehbar zu dokumentieren. Innerhalb dieser bewussten Stichprobenauswahl wurden zunächst Foren aufgrund ihrer fehlenden inhaltlichen Relevanz aussortiert. Dies umfasste zum Beispiel Foren, die keinen Musikbezug aufwiesen, sich auf klassische Musik spezialisierten oder sich nicht auf Deutschland bezogen. Zudem wurden Foren ausgeschlossen, deren thematische Ausrichtung sich nicht an die Untersuchungsgruppe der Musikschaffenden im Sinne dieser Arbeit richtete, z. B. DJ- oder Podcast-Foren. Foren ohne interne Suchfunktion konnten bei dieser Untersuchung ebenfalls nicht ausgewertet werden, da sich diese weder nach GEMA-relevanten Beiträgen durchsuchen noch zeitlich beschränken ließen. Außerdem wurden Foren mit weniger als 500 Mit-

---

5   Sie kommt in Deutschland mit 95 Prozent Marktanteil am häufigsten zum Einsatz
     (Statista 2016)

gliedern wegen mangelnder Repräsentativität aus der Liste gestrichen. Letztlich blieben 25 relevante Foren übrig.

Im nächsten Schritt wurden die Foren mittels der internen Suchfunktion in zwei Durchläufen auf ihre GEMA-spezifische Relevanz hin untersucht. Zur Sicherung der Aktualität der Ergebnisse wurden beide Suchläufe auf einen zeitlichen Rahmen vom 1.1.2010 bis zum 31.12.2015 beschränkt (Meier et al. 2010, S. 109). Alle Foren, die für den angegebenen Untersuchungszeitraum keine Ergebnisse lieferten, fanden bei der Auswertung keine Beachtung. Aufgrund der großen Anzahl von Ergebnissen des ersten Suchdurchlaufs wurde entschieden, nur Threads zu berücksichtigen, deren Betreff das Stichwort GEMA enthält.[6] Hierdurch war sichergestellt, dass die GEMA im Zentrum der Kommunikation steht. In Bezug zur Untersuchungsfrage konnte demnach die inhaltliche Relevanz der Ergebnisse erhöht werden. Nach alle diesen Auswahlschritten umfasste die Stichprobe 16 relevante Foren mit insgesamt 315 GEMA-relevanten Threads. Von diesen 315 Threads mit insgesamt 8.424 Antwortbeiträgen wurden letztlich nur die Startbeiträge kodiert und ausgewertet. Dem liegt die Annahme zugrunde, dass besonders die Startbeiträge ein zentrales Problem bzw. Anliegen enthalten, das die Verfassenden motivierte, einen Thread zu starten. Sie demnach einen bestimmten Bedarf an Information oder Meinungsaustausch sahen, den sie durch die anderen Mitglieder bedient wissen wollten. Die Startbeiträge geben der weiteren Kommunikation somit einen gewissen thematischen Rahmen vor. Durch die inhaltliche Analyse der Startbeiträge lässt sich deshalb vermutlich abschätzen, welche inhaltliche Relevanz der jeweilige Thread für die vorliegende Untersuchungsfrage hat.

Kategoriensystem

Zur Auswertung der 315 Threads wurden zunächst deduktiv ein passendes Kategoriensystem erstellt. Im Laufe des Auswertungsprozesses wurden dieses stets induktiv ergänzt und erweitert. Hieraus ergaben sich 21 Kategorien, von denen nun die wichtigsten Kategorien vorgestellt werden.

Formale Kategorien

Die formalen Kategorien erfassten zum einen den Forumsnamen des jeweiligen Threadbeitrages, den Threadtitel, das Datum der Erstellung, die Verfasser_innen, die Threadnummer, die Anzahl der Antwortbeiträge und den zugehörigen URL-Link zum Thread. Die Kategorien Threadtitel, -nummer und Verfasser_in dienten vor

---

6   Insgesamt waren es mehr als 2000 Threads, die das Wort GEMA enthielten.

allem dazu, die einzelnen Threads zu identifizieren und innerhalb der Auswertung klar zuordnen zu können.

Inhaltliche Kategorien

Informationsbedarf: Innerhalb der ersten inhaltlichen Kategorie wurde erfasst, inwieweit der Beitrag einen Informationsbedarf enthielt oder nicht. Hierzu wurde im Beitragstext gezielt nach Fragen der Verfassenden Ausschau gehalten. Zum anderen wurde nach Textstellen gesucht, die auf GEMA-spezifisches Unwissen und somit einen indirekten Informationsbedarf des Verfassers schließen ließen.

Akteursperspektive: Im Rahmen der Kategorie wurde versucht, mit Hilfe des Textes zu erkennen, aus welcher Akteursperspektive die Verfassenden den Informationsbedarf formulierten. Zusätzlich zu den klassischen Musikverwerter_innen wurden Musiker_innen, die die Musik anderer Urheber_innen beispielsweise durch das Aufführen einer Coverversion verwerten, als *verwertende Musiker_innen* kodiert.

Wertung der GEMA: Diese Kategorie diente dazu, die eingangs beschriebenen Unstimmigkeiten zwischen Musikschaffenden und der GEMA zu überprüfen. Mit ihrer Hilfe wurde festgehalten, inwieweit die Verfassenden in ihrem Threadbeitrag der GEMA positiv, negativ oder neutral gegenüberstanden. Als negativ wurden beispielsweise Threads kodiert, in den die Verfassenden sich über die GEMA beschweren. Positiv hingegen wurden Threads kodiert, die die GEMA und deren Tätigkeit guthießen.

Erste und zweite Reduktion der Informationsbedarfe: Die Kategorie hielt fest, welchen Informationsbedarf der jeweilige Verfassende bezüglich der GEMA hatte. Der Kodierer versuchte dabei, den Informationsbedarf der Verfasserin oder des Verfassers im Zuge einer ersten Reduktion durch Paraphrasierung möglichst präzise zusammenzufassen. In der Kategorie *Zweite Reduktion der Informationsbedarfe* wurden die Paraphrasen der ersten Stufe der Reduktion erneut generalisiert und zusammengefasst. Das bedeutet, alle Paraphrasen, die unter einem bestimmten Abstraktionsniveau lagen, wurden auf eine generalisierte Paraphrase reduziert (Mayring 2008, S. 59f.). In manchen Fällen reichte die zweite Reduktion nicht aus, um die gewünschte Strukturierung der Informationsbedarfe zu erreichen, weshalb teilweise eine dritte Reduktion vorgenommen wurde.

Rechte und Pflichten der GEMA: Innerhalb dieser Kategorie wurden die Informationsbedarfe den rechtlich vorgegebenen Aufgabenbereichen der GEMA in Anlehnung an das Urheberrechtswahrnehmungsgesetz zugeordnet. Die Auswertung führte dabei zu folgenden Aufgabenbereichen: Kontrahierungszwang, Auskunftsanspruch, Tarife, Verteilung und Ausschüttung sowie Gesamt- und Gegenseitigkeitsverträge (§§ 6-17 UrhWG).

9.5   Auswertung der ersten Untersuchungsfrage

Im Folgenden wird ein Einblick in die wichtigsten Auswertungsergebnisse zur ersten Untersuchungsfrage gewährt. Diese lautete: Welche Informationsbedarfe haben Musikschaffende bezüglich der GEMA?

Foren und Threads

Zunächst wurden die Startbeiträge der 315 auf GEMA-spezifische Informationsbedarfe durchsucht. Demnach teilten sich die Startbeiträge der Threads in 220 Beiträge mit Informationsbedarf und 95 Beiträge ohne Informationsbedarf.[7] Im Rahmen der weiterführenden Analyse wurden nur die 220 Threadbeiträge mit Informationsbedarf ausgewertet. Diese Auswertung führte zu insgesamt 316 einzelnen Informationsbedarfen. Diese bildeten die wesentliche Grundlage für alle weiteren Analysen.

Gemessen an der Anzahl der Threads lagen die Foren *recording.de* und *musik-board.de* klar vor allen anderen. Innerhalb dieser beiden Foren schienen folglich die meisten GEMA-spezifischen Themen diskutiert zu werden (Abb. 9.2).

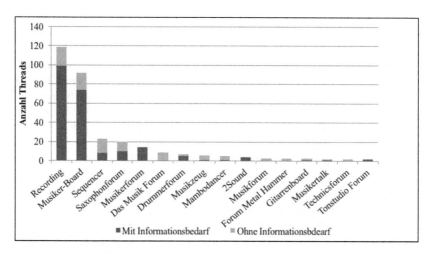

Abb. 9.2   Foren und deren Threads mit und ohne Informationsbedarf.
(vgl. Auswertungsdatei Blatt *Auswertung aller Threads*. Kategorie *Informationsbedarf*. N= 315 Threads)

---

7   Vgl. Auswertungsdaten. Kategorie *Informationsbedarf*. N= 315 Threads.

Inwieweit die einzelnen Threads die GEMA werten, wurde mit Hilfe der Kategorie *Wertung der GEMA* untersucht. Anlass hierfür lieferte die anfangs beschriebene Problematik, wonach viele Musikschaffende die GEMA kritisieren und sie mit Vorurteilen konfrontieren.

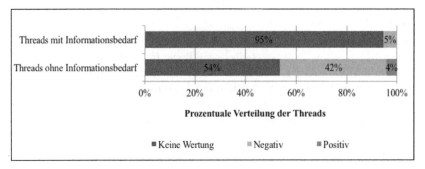

Abb. 9.3   Wertung der GEMA. (Vgl. Auswertungsdatei Blatt *Auswertung aller Threads*. Kategorie *Wertung der GEMA*. N= 315 Threads)

Die Auswertung ergab, dass sich innerhalb der Threads mit Informationsbedarf lediglich fünf Prozent der Verfasser_innen negativ über die GEMA äußerten. Der Großteil der Threads enthielt demnach keine Wertung, sondern war neutral verfasst. Anders sah es im Falle der Threads ohne Informationsbedarf aus. Hier äußerten sich 42 Prozent der Verfasser_innen negativ. In nur vier Prozent der Threads wurde die GEMA positiv bewertet. Die restlichen 54 Prozent enthielten keine Wertung (Abb. 9.3). In Bezug zur beschriebenen Kritik an der GEMA schienen die Ergebnisse der Threads mit Informationsbedarf überraschend. Die meisten Informationssuchenden werteten die GEMA offenbar nicht, sondern wollten lediglich ihren Informationsbedarf beantwortet haben. Im Gegensatz dazu fielen die Threads ohne Informationsbedarf deutlich negativer aus. In vielen Fällen schien es, als wollten sich die Verfasser_innen ihren Frust gegenüber der GEMA von der Seele schreiben (Abb. 9.3). Für die weitere Auswertung war die neutrale Einstellung der Informationssuchenden durchaus positiv, da sie offensichtlich noch keine klare Meinung zur GEMA hatten und somit wohl offener für ein Informationsangebot seitens der GEMA waren als zuvor angenommen.

Beitragsverfasser_innen

Nachdem nun die Foren und deren Threads beschrieben wurden, rücken in diesem Abschnitt die Threadverfasser_innen in den Mittelpunkt. Ziel war es zu erfahren, inwieweit die durchgeführte Stichprobenziehung zu einer für die Untersuchungsfrage relevanten Untersuchungsgruppe geführt hat.

Infolgedessen wurde zunächst analysiert, aus welcher musikwirtschaftlichen Akteursperspektive die Verfassenden schrieben. In 58 Prozent der Fälle waren die Beiträge aus der Perspektive von Musikurheber_innen verfasst. 37 Prozent der Informationsbedarfe dagegen bezogen sich auf die Perspektive der Musikverwertenden. Bei fünf Prozent der Auswertungseinheiten konnte die Akteursperspektive nicht ermittelt werden.[8] Aus Sicht der GEMA sind sowohl die Musikurheber_innen als auch die Musikverwerter_innen von zentraler Bedeutung. Während die Musikurheber_innen potenzielle Mitglieder darstellen, sorgen Musikverwerter_innen durch ihre Nutzungsnachfrage für die notwendigen Einnahmen. Unter diesem Gesichtspunkt war die gezogene Stichprobe durchaus relevant für die zugrunde-liegende Untersuchungsfrage, da 95 Prozent der Verfassenden als Zielgruppe der GEMA bezeichnet werden konnten.[9]

Informationsbedarfe zu den Rechten und Pflichten der GEMA

Bezogen auf die zugrunde liegende Untersuchungsfrage bildet der folgende Abschnitt den Schwerpunkt der Auswertung, da die Informationsbedarfe nun inhaltlich untersucht werden. Hierzu wurde wie folgt vorgegangen: Zunächst wurden die Informationsbedarfe mittels der Kategorie *Rechte und Pflichten der GEMA* den jeweiligen rechtlich vorgegebenen Aufgabenbereichen der GEMA zugeordnet.[10] Daraufhin wurden mit Hilfe der verschiedenen Reduktionsstufen die Informationsbedarfe im Einzelnen inhaltlich strukturiert und analysiert. Zur Aufdeckung von Unwissenheit oder gar Falschwissen wurden die ermittelten Informationsbedarfe gelegentlich mit den rechtlichen Grundlagen des Theorieteils in Zusammenhang gesetzt.

---

8   Vgl. Auswertungsdaten. Kategorie *Akteursperspektive*. N= 316 Auswertungseinheiten.
9   Vgl. Auswertungsdaten. Kategorie *Akteursperspektive*. N= 316 Auswertungseinheiten.
10 Siehe hierzu Abschnitt *Kategoriensystem*.

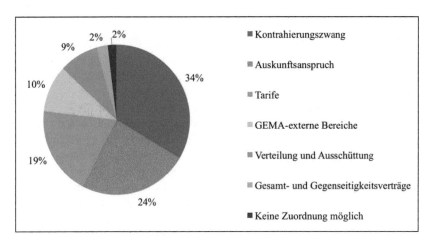

Abb. 9.4   Aufteilung der Informationsbedarfe nach Recht und Pflichten der GEMA.
(vgl. Auswertungsdatei Blatt *Auswertung Informationsbedarfe*. Kategorie
Rechte und Pflichten der GEMA. N=316 Auswertungseinheiten)

Anhand der Auswertung ging hervor, dass fast 80 Prozent der Informationsbedarfe
den Kontrahierungszwang, den Auskunftsanspruch und die Tarife der GEMA betrafen (Abb. 9.4).[11] In Anbetracht dessen werden in den nächsten Abschnitten die
Informationsbedarfe dieser Rechten und Pflichten mittels der Reduktionsstufen
weitergehend inhaltlich analysiert.

Kontrahierungszwang

Innerhalb des Bereiches *Kontrahierungszwang* nahm über die Hälfte der Informationsbedarfe Bezug auf die Folgen einer GEMA-Mitgliedschaft. An zweiter Stelle
griffen 18 Prozent der Bedarfe die Thematik *GEMA-Mitgliedschaft als Pflicht* auf.
17 Prozent der Threadverfasser_innen hatten Fragen zur Anmeldung von Musikwerken und 11 Prozent zum Mitgliedschaftsantrag (Abb. 9.5).

---

11 Vgl. Abb. 9.4.

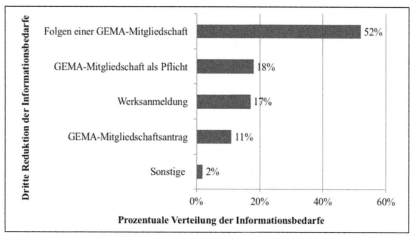

Abb. 9.5 Informationsbedarfe der dritten Reduktion (Kontrahierungszwang). (Auswertungsdatei Blatt *Auswertung Informationsbedarfe*. Kategorie *Rechte und Pflichten der GEMA* und *Dritte Reduktion der Informationsbedarfe*. N=106 Auswertungseinheiten)

Im Folgenden werden die Informationsbedarfe der ersten beiden Merkmalsausprägungen genauer analysiert. Der mit Abstand größte Informationsbedarf betraf die Folgen einer GEMA-Mitgliedschaft. Betrachtete man in diesem Zusammenhang die Ergebnisse der zweiten Reduktion, hatten die Verfasser_innen folgende Fragen:

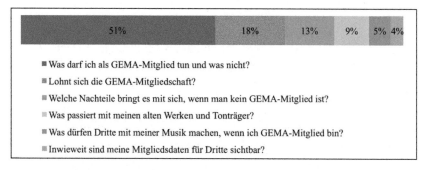

Abb. 9.6 Informationsbedarfe zu den Folgen einer GEMA-Mitgliedschaft. (Auswertungsdatei Blatt *Auswertung Informationsbedarfe*. Kategorie *Rechte und Pflichten der GEMA* und *Zweite Reduktion der Informationsbedarfe*. N=55 Auswertungseinheiten)

Die meisten Verfasser_innen quälte offensichtlich vor allem die Frage, was sie als GEMA-Mitglied dürfen und was nicht. Ein Großteil befürchtete demzufolge, durch eine Mitgliedschaft bestimmte Einschränkungen hinnehmen zu müssen. Zugleich offenbarten die Informationsbedarfe eine gewisse Unwissenheit auf Seiten der Beitragsverfasser_innen. So schienen viele beispielsweise nichts von der Ausschließlichkeit der Rechteübertragung im Zuge einer GEMA-Mitgliedschaft zu wissen (Berechtigungsvertrag 2014, § 1). Einem weiteren Teil war wiederum unklar, was eine GEMA-Mitgliedschaft bezüglich der Nutzung der eigenen Musik bedeutet.

Durch die Unterzeichnung des Berechtigungsvertrages räumt man der GEMA bestimmte Nutzungsrechte an ihrer Musik ein. Die Nutzungsrechte liegen somit nicht mehr bei den Urheber_innen. Wollen sie nun ihre eigene Musik beispielsweise online auf ihrer Homepage verkaufen, treten sie selbst als Verwertende ihrer eigenen Musik auf. Das heißt, sie müssen ihre Musik wie andere Verwertende auch bei der GEMA lizenzieren. Dies war vielen Verfasser_innen nicht ersichtlich, ist aber im Sinne des rechtlichen Gleichbehandlungsgrundsatzes (GG, Art. 3.).[12]

In 18 Prozent der Fälle wollten die Beitragsverfasser_innen wissen, ob für sie eine GEMA-Mitgliedschaft „sinnvoll" (Thread Nr. 65.2) ist oder sich „lohnt" (Thread Nr. 32.1). Sie interessierten sich dabei vor allem für das finanzielle Kosten-Nutzen-Verhältnis einer Mitgliedschaft. In ähnlichem Zusammenhang stand auch die Frage nach den Nachteilen einer Nicht-GEMA-Mitgliedschaft (13 Prozent). Hier trieb die Verfasser_innen beispielsweise die Sorge um, dass ihre Musikwerke ohne GEMA-Mitgliedschaft keinen Urheberschutz besitzen (Thread, Nr. 32.2; 139; 190.2). Dies verdeutlichte ebenfalls die Unsicherheit und das rechtliche Unwissen seitens mancher Verfasser_in. Schließlich schützt das Urheberrecht jede Urheberin und jeden Urheber, egal ob GEMA-Mitglied oder nicht (UrhG, § 1).

Diese Informationsbedarfe verwiesen auf spezifische Sorgen und Ängste der Verfasser_innen, welchen zumeist Unwissenheit und Falschwissen zugrunde lag. Bezüglich des Kontrahierungszwangs schienen die meisten nicht über den Berechtigungsvertrag als rechtliche Grundlage für eine GEMA-Mitgliedschaft Bescheid zu wissen. Infolgedessen war ihnen häufig unklar, welche Rechte und Pflichten sie im Zuge einer GEMA-Mitgliedschaft eingehen.

Informationsbedarfe, die in Bezug zur Abbildung 9.5 mit der Merkmalsausprägung *GEMA-Mitgliedschaft als Pflicht* kodiert wurden, einte alle folgende Grundannahme: Die Verfasser_innen vermuteten, dass für bestimmte Musikverwertungen bzw. -nutzungen die GEMA-Mitgliedschaft zwingend ist. Auf welche

---

12 Unter bestimmten Umständen gestattet es die GEMA jedoch ihren Mitgliedern, ihre Musik auf der eigenen Homepage zur Zwecken der Eigenpräsentation zu veröffentlichen (GEMA 2016d).

Nutzungsformen sich die Verfasser_innen bezogen, zeigten die Ergebnisse der zweiten Reduktion.[13]

Zusammengefasst fragten sich 79 Prozent der Verfasser, ob die wirtschaftliche Verwertung eigener Musik eine GEMA-Mitgliedschaft voraussetzt.[14] In diesem Zusammenhang stellte sich einem Großteil die Frage, ob der Verkauf eigener Musik auch als Nicht-Mitglied möglich ist. Die restlichen Informationsbedarfe bezogen sich gezielt auf einzelne Nutzungsarten. So wollten die Verfasser_innen unter anderem wissen, ob sie auch ohne GEMA-Mitgliedschaft im Radio gespielt werden, live auftreten dürfen oder Tonträger herstellen können. Im Gegensatz dazu betrafen die restlichen 21 Prozent der Informationsbedarfe die Lizenzierung fremder Musik. Die Verfasser_innen fragten sich an dieser Stelle, ob eine GE-MA-Mitgliedschaft zwingend ist, um Musik von Dritten lizenzieren und covern zu dürfen.[15] Beide Fragestellungen offenbarten erhebliches rechtliches Falschwissen seitens der Verfasser_innen. In Bezug auf die Frage nach der *Verwertung der eigenen Musik* waren sie offensichtlich selbst Urheber_innen der Musik. Folglich stehen ihnen die entsprechenden Urheberrechte zu.[16] Die GEMA-Mitgliedschaft ist hierfür irrelevant. Im Rahmen der Frage nach der *Lizenzierung fremder Musik* wiederum wussten sie nicht, dass sie als Musikverwerter_innen an sich gar nicht GEMA-Mitglied werden können.[17]

Verglich man die Abschnitte *Folgen einer GEMA-Mitgliedschaft* und *GEMA-Mit-gliedschaft als Pflicht* miteinander, wurde die Ähnlichkeit der Informationsbedarfe deutlich. In beiden Fällen haben die Verfasser_innen Sorge, auf bestimmte Weise benachteiligt werden zu können. So fürchtet ein Teil der Stichprobe die Nachteile einer GEMA-Mitgliedschaft, der andere wiederum die Nachteile einer Nicht-Mit-gliedschaft (Abb. 9.5; 9.6). Die Sorgen basieren dabei zumeist auf fehlendem bzw. falschem Wissen über die GEMA sowie die betreffenden rechtlichen Hintergrün-de.[18] Die Informationsbedarfe dieses Abschnitts wurden zu folgendem zentralen Informationsbedarf zusammengefasst:

---

13 Vgl. Auswertungsdaten. Kategorie *Rechte und Pflichten der GEMA* und *Zweite Reduktion der Informationsbedarfe.*

14 Vgl. Auswertungsdaten. Kategorie *Rechte und Pflichten der GEMA* und *Zweite Reduktion der Informationsbedarfe.* N=19 Auswertungseinheiten.

15 Vgl. ebd.

16 Dies gilt natürlich nur, solange sie ihre Rechte noch niemand anderem eingeräumt haben.

17 Vgl. Auswertungsdaten. Kategorie *Rechte und Pflichten der GEMA* und *Zweite Reduktion der Informationsbedarfe.* N=19 Auswertungseinheiten.

18 Vgl. Auswertungsdaten. Kategorie *Rechte und Pflichten der GEMA* und *Zweite Reduktion der Informationsbedarfe.* N=19 Auswertungseinheiten.

Informationsbedarfe zum Kontrahierungszwang

A   Folgen der GEMA-Mitgliedschaft – Was sind die Vor- und Nachteile einer
GEMA-Mitgliedschaft?

Auskunftsanspruch

Der Kategorie *Auskunftsanspruch* wurden alle die Informationsbedarfe zugeordnet,
die die Nutzungsmeldung von Musikwerken behandelten. Welche Informationsbedarfe diesbezüglich konkret vorlagen, wird in den kommenden Abschnitten
thematisiert. Grundlage hierfür waren die Ergebnisse der zweiten Reduktion:[19]

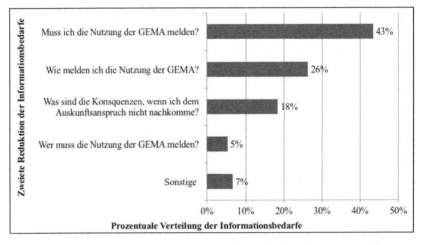

Abb. 9.7   Informationsbedarfe der zweiten Reduktion (*Auskunftsanspruch*). Vgl.
Auswertungsdatei Blatt *Auswertung Informationsbedarfe*. Kategorie *Rechte
und Pflichten der GEMA* und *Zweite Reduktion der Informationsbedarfe*. N=76
Auswertungseinheiten.

Der Großteil der Beitragsverfasser_innen (43 Prozent) war sich unklar darüber,
wann die Nutzung von musikalischen Werken der GEMA zu melden ist. Diese Frage

---

19   Im Rahmen der Merkmalsausprägung *Auskunftsanspruch* führte die zweite Reduktion
zu einer überschaubaren Zahl an Ergebnissen, weshalb eine dritte Reduktion nicht nötig
war.

lässt sich mittels des gesetzlichen Auskunftsanspruchs der GEMA beantworten. Die GEMA hat demnach theoretisch bei jeder urheberrechtlich-genehmigungspflichtigen Musiknutzung, wie etwa der öffentlichen Aufführung, Anspruch auf Auskunft. Folglich muss auch jede derartige Nutzung gemeldet werden. Dessen schienen sich die Verfasser_innen nicht bewusst zu sein. Zudem wussten 26 Prozent nicht, wie eine Nutzungsmeldung durchgeführt wird. 18 Prozent der Verfasser_innen erkundigten sich, welche Konsequenzen drohen, wenn eine Nutzung nicht oder fehlerhaft gemeldet wird. Weitere fünf Prozent fragten, wessen Pflicht es ist, die Nutzung zu melden. Die übrigen sieben Prozent der Informationsbedarfe konnten aufgrund ihrer spezifischen Inhalte nicht kategorisiert werden (Abb. 9.7).

Im nächsten Schritt wurde genauer analysiert, auf welche Art von Nutzungen sich die einzelnen Informationsbedarfe bezogen. Die Auswertungseinheiten wurden hierzu mittels der Kategorie *Nutzungsbereiche* in Anlehnung an die Formulierungen des Berechtigungsvertrags der GEMA und die Nutzungsrechte des Urheberrechts sortiert (UrhG, §§ 15-24; Kreile et al. 2005, S. 232ff.). Im Zuge dessen wurde die Merkmalsausprägung der *Online-Nutzung* hinzugefügt. Diese stellt zwar im Sinne des Urheberrechts kein eigenes Nutzungsrecht dar. Dennoch erschien es für die weitere Auswertung sinnvoll, diese Unterscheidung vorzunehmen.

Die Ergebnisse zeigten, dass die meisten Informationsbedarfe die Nutzungsbereiche *Vervielfältigung und Verbreitung* (35,5 Prozent), *Online-Nutzung* (30,3 Prozent) und *Aufführung* (23,7 Prozent) betrafen.[20] Die einzelnen Informationsbedarfe innerhalb dieser Nutzungsbereiche wurden nun mittels der Ergebnisse der ersten und zweiten Reduktion genauer betrachtet:

Vervielfältigung und Verbreitung: Innerhalb dieser Merkmalsausprägung bezogen sich 85 Prozent der Informationsbedarfe auf die Herstellung einer CD.[21] Diesbezüglich schien es die Verfasser_innen vor allem zu interessieren, ob und wie sie ihre Nutzung der GEMA mitzuteilen haben.[22] In Bezug auf die Frage *Muss die Nutzung gemeldet werden?* waren sie sich besonders unsicher, ob sie die Herstellung bzw. Vervielfältigung einer CD, die ausschließlich GEMA-freie Musik enthält, der GEMA melden müssen (Thread, Nr. 8; 67; 96; 136; 155; 235).

Sie wussten demnach offenbar grob von einem Auskunftsanspruch der GEMA, jedoch waren sie sich nicht über dessen Umfang bewusst. Die Informationsbedarfe der Ausprägung *Wie erfolgt die Nutzungsmeldung?* hingegen behandelten den Prozess der Herstellungsmeldung. Hierbei stellten sich die Verfasser_innen die

---

20　Vgl. Auswertungsdaten. Kategorie *Rechte und Pflichten der GEMA* und *Nutzungsbereiche*. N=76 Auswertungseinheiten.

21　Vgl. ebd.

22　Vgl. ebd.

Frage, wie sie die CD-Herstellung formal zu melden haben und welche Angaben dafür erforderlich sind (Thread, Nr. 15; 24; 102; 109; 149; 156; 207; 212; 230; 274).

Online-Nutzung: Die Auswertungsergebnisse zur *Online-Nutzung* ließen folgende Schlüsse zu: Der Großteil der Verfasser_innen fragte sich, ob die Online-Nutzung von Musikwerken meldungspflichtig ist.[23] Im Vergleich zu den anderen Nutzungsbereichen waren sich die Verfasser_innen offenbar besonders im Online-Bereich unklar darüber, inwieweit der Auskunftsanspruch der GEMA greift und sie diesem nachkommen müssen.[24] Zum anderen schien die Online-Nutzung für viele Verfasser_innen offenbar so sehr von Bedeutung zu sein, dass sie sich über mögliche rechtliche Konsequenzen einer unerlaubten Nutzung informieren wollten (Thread, Nr. 24; 69; 105; 119; 132; 162; 218; 286).

Aufführung: Innerhalb dieses Nutzungsbereichs thematisierten die Informationsbedarfe größtenteils die Frage *Muss die Nutzung gemeldet werden?*[25] Die Verfassenden interessierte beispielsweise, ob Veranstaltungen mit GEMA-freier Musik oder kostenfreiem Eintritt der GEMA gemeldet werden müssen. Dies erinnerte an die Informationsbedarfe der Ausprägung *Vervielfältigung und Verbreitung.* Ein Teil der Verfasser_innen nahm an, dass der Auskunftsanspruch nur für die kostenpflichtige Musiknutzung und die Nutzung von GEMA-Repertoire greift (Thread, Nr. 27; 62; 100; 278). Im Zuge der Frage *Wie erfolgt die Nutzungsmeldung?* waren sich die Verfassenden unsicher über den Ablauf und die Ausführung der Nutzungsmeldung im Bereich der Live-Aufführung (Thread, Nr. 133; 231; 261; 277; 284; 289).

Alles in allem ermöglichten die Ergebnisse folgende Erkenntnisse über den Wissenstand der Verfasser_innen: Der Großteil wusste offenbar nicht ausreichend über den Umfang und den Geltungsbereich des rechtlichen Auskunftsanspruches Bescheid. Viele vermuteten diesbezüglich, dass die nicht-kommerzielle Verwertung oder die Nutzung GEMA-freier Werke keiner Meldung Bedarf. Wiederum waren sich diejenigen, die über den Auskunftsanspruch Bescheid wussten, unsicher, wie sie diesem formal nachkommen müssen.[26] Die Informationsbedarfe wurden deshalb zu folgenden beiden Informationsbedarfen verdichtet:

---

23 Vgl. Auswertungsdaten. Kategorie *Rechte und Pflichten der GEMA* und *Nutzungsbereiche.* N=76 Auswertungseinheiten.

24 Vgl. ebd.

25 Vgl. Auswertungsdaten. Kategorie *Rechte und Pflichten der GEMA* und *Nutzungsbereiche.* N=76 Auswertungseinheiten.

26 Vgl. Auswertungsdaten. Kategorie *Rechte und Pflichten der GEMA* und *Nutzungsbereiche.* N=76 Auswertungseinheiten.

Informationsbedarfe zum Auskunftsanspruch

A Welche Nutzungen musikalischer Werke muss ich der GEMA melden?

B Wie melde ich der GEMA die Nutzung musikalischer Werke innerhalb der unterschiedlichen Nutzungsbereiche?

Tarife

Die Auswertungsergebnisse zur Merkmalsausprägung *Tarife* werden im Folgenden nur kurz umrissen: Innerhalb des Kapitels *Tarife* beschäftigten sich die Informationsbedarfe der Verfasser_innen im Wesentlichen mit der Frage: *Fallen für meine Nutzung GEMA-Lizenzgebühren an und wenn ja welche?* In diesem Zusammenhang interessierte sie vor allem, in welchem Falle der Musiknutzung Lizenzgebühren anfallen und welche Faktoren die Höhe der Lizenzgebühren beeinflussen. Sie vermuteten, dass bestimmte Faktoren zu einer Befreiung von den Gebühren führen könnten. Diese Vermutungen basierten teilweise auf erheblichem Unwissen. So glaubten manche Verfasser_innen etwa, dass für eintrittsfreie Konzerte keine Lizenzgebühren anfallen.[27] Inhaltlich standen folglich die Lizenzgebühren der GEMA sowie deren Berechnung im Zentrum der Informationsbedarfe, weswegen diese wie folgt zusammengefasst wurden:

Informationsbedarfe zu den Tarifen

A Für welche Art der Nutzung musikalischer Werke fallen GEMA-Lizenzgebühren an?

B Welche Faktoren bestimmen in den jeweiligen Nutzungsbereichen die Höhe der Lizenzgebühren?

9.6 Vergleich Informationsbedarf und -angebot

Im folgenden zweiten Forschungsteil der Studie wurden die ermittelten Informationsbedarfe mit dem Informationsangebot des FAQs der GEMA-Webseite verglichen. Dieser Vergleich zeigte, dass das FAQ die ermittelten Informationsbedarfe nicht ausreichend bedient. Die Hypothese der misslungenen Verständigung zwischen der

---

27 Vgl. Auswertungsdaten. Kategorie *Rechte und Pflichten der GEMA* und *Zweite Reduktion der Informationsbedarfe*. N=61 Auswertungseinheiten.

GEMA und Musikschaffenden wurde hierdurch bestätigt. Lediglich Informationsbedarf A des Kapitels *Tarife* wurde in seiner Gänze zufriedenstellend beantwortet.
Zudem wurde Informationsbedarf A des Abschnitts *Kontrahierungszwang* in Bezug
zu den Vorteilen einer GEMA-Mitgliedschaft ausführlich bedient. Die Nachteile
blieben jedoch beinahe unberücksichtigt. Zu allen anderen Informationsbedarfen
lieferten die Informationsangebote des FAQs dürftig oder gar missverständlich
Informationen. Die Informationsbedarfe der untersuchten Verfasser_innen wurden demnach nicht gestillt. Zusätzlich konnten folgende kommunikative Mängeln
bezogen auf das Informationsangebot des FAQs festgestellt werden:

Die FAQ-Artikel erzeugten meist Distanz statt Nähe. Ein Grund hierfür war die
teils komplexe und sehr juristische Sprache der Informationsangebote. Aufgrund
des mangelnden musikrechtlichen Fachwissens werden die Nutzenden die sprach-
lich komplexen Informationsangebote oft nicht verstehen können. Des Weiteren
enthielten über 70 Prozent der untersuchten Informationsangebote keine persönliche
Ansprache der Nutzer_innen, wodurch die Distanz zum Informationssuchenden zusätzlich verstärkt wurde. Nicht-GEMA-Mitglieder wurden sogar gänzlich
vernachlässigt. Wie die Auswertung zeigte, haben sie infolge der Auskunfts- und
Vergütungspflicht jedoch ebenfalls GEMA-spezifische Informationsbedarfe. Aufgrund dessen sollten sie ebenfalls kommunikativ angesprochen werden. Zum einen
um Missverstehen zu vermeiden, und zum anderen um eventuell neue Mitglieder
gewinnen zu können.[28]

Trotz all dieser deutlichen Kritik wies das FAQ auch positive Seiten auf. Viele der
Informationsangebote enthielten durchaus wichtige und hilfreiche Informationen.
So beseitigten einige Angebote ermitteltes Unwissen seitens der Verfasser_innen
von Threads in Foren. Beispielsweise klärten sie die Nutzer_innen darüber auf,
wer genau zur GEMA-Mitgliedschaft berechtigt ist, welche Nutzung musikalischer
Werke zur Lizenzzahlungen verpflichtet und dass der Urheberschutz unabhängig
einer GEMA-Mitgliedschaft besteht. Das Problem bezüglich der Informationsangebote war jedoch deren mangelnde Struktur und Verständlichkeit, wodurch
Informationssuchende die hilfreichen Informationen teilweise nur schwer oder
gar nicht auffinden können.[29]

---

28 Vgl. Auswertungsdaten zur zweiten Untersuchungsfrage.
29 Vgl. Auswertungsdaten zur zweiten Untersuchungsfrage.

9.7 Schlussfolgerung und Ausblick

Zusammenfassend konnte im Zuge der ersten Auswertung eine Vielzahl GE-MA-spezifischer Informationsbedarfe seitens der Verfasser_innen von Forenbeiträgen ermittelt werden. Die aufgestellte These, die Unstimmigkeiten zwischen der GEMA und den Musikschaffenden basiert auf einer fehlenden Wissensbasis der Musikschaffenden, lässt sich bestätigen. Den meisten Verfasser_innen scheint es besonders an musikrechtlichem Fachwissen zu mangeln. So wussten sie beispielsweise weder, welche Nutzung musikalischer Werke sie der GEMA zu melden oder zu bezahlen haben, noch waren sie sich der rechtlichen Folgen einer GEMA-Mitgliedschaft bewusst. Zusätzlich zu diesem Unwissen wiesen manche Verfasser_innen erhebliches Falschwissen auf. So glaubten sie etwa, dass für die Lizenzierung und Verwertung von Musik eine GEMA-Mitgliedschaft nötig sei. Andere wiederum vermuteten, die nicht-kommerzielle Verwertung von Musik müsse weder gemeldet noch bezahlt werden.[30] Alles in allem zeigt sich somit, dass sie einen großen Bedarf an GEMA-spezifischen Informationen haben. Zudem ergab die Auswertung, dass die Verfasser_innen – entgegen der anfangs geäußerten Vermutung – der GEMA größtenteils neutral gegenüberstehen. Sie scheinen somit für ein entsprechendes Informationsangebot der GEMA durchaus offen zu sein (Abb. 9.3).

Leider konnte das Informationsangebot des FAQs der GEMA die ermittelten Informationsbedarfe nicht ausreichend bedienen. Dennoch enthielt das FAQ bereits wichtige Informationen, wodurch sich der Informationsgehalte durch gewisse Anpassungen deutlich optimieren ließe. Hierzu müsste die GEMA gewisse Informationen zur Beantwortung der ermittelten Informationsbedarfe ergänzen, die Nutzer_innen mit einer persönlichen und verständlichen Sprache empfangen, sie langsam an die jeweiligen Thematiken heranführen und anhand einer sinnvollen Informationsstruktur kommunikativ durch die jeweiligen Themenblöcke leiten. Auf diese Weise könnte die GEMA möglichem Missverstehen durch Nähe, Transparenz und Offenheit entgegenwirken und somit für eine bessere Verständigung zwischen ihr und den Musikschaffenden sorgen.

Da der Vergleich der ermittelten Nutzungsbedarfe mit den FAQs der GEMA nur eine stichprobenartige Sichtung des Informationsangebots darstellen kann, wäre es im Hinblick auf weiterführende Forschungsvorhaben interessant, das Informationsangebot der GEMA-Webseite im Gesamten weitergehend zu untersuchen und alle relevanten Informationsangebote zu einem spezifischen Informationsbereich für informationssuchende Musikschaffende zusammenzufassen. Zudem wäre es sinnvoll, die vorliegenden inhaltsanalytischen Forschungsergebnisse durch die

---

30 Vgl. Abschnitt *Auswertung der ersten Untersuchungsfrage.*

Ergebnisse einer Befragung von Musikschaffenden als auch GEMA-Mitarbeiter_innen der Kommunikationsabteilungen zu ergänzen. So können eventuell weitere Verständigungsprobleme aufgedeckt sowie zusätzliche Lösungsansätze für eine bessere Verständigung zwischen GEMA und Musikschaffenden erarbeitet werden.

Literatur

Bundesverband Musikindustrie et al. (2015). Musikwirtschaft in Deutschland. Studie zur volkswirtschaftlichen Bedeutung von Musikunternehmen unter Berücksichtigung aller Teilsektoren und Ausstrahlungseffekte. http://www.musikindustrie.de/fileadmin/piclib/presse/Dokumente_zum_Download/Musikwirtschaft_in_Deutschland_2015.pdf. Zugegriffen: 28. März 2016.

Früh, W. (2011). *Inhaltsanalyse*. 7. Aufl. Konstanz: UVK Verlagsgesellschaft.

Hinnenkamp, V. (1998). *Missverständnisse in Gesprächen. Eine Empirische Untersuchung im Rahmen der interpretativen Soziolinguistik*. Opladen/ Wiesbaden: Westdeutscher Verlag.

Huff, M. (2013). Common Ground. In M. Wirtz, & J. Strohmer (Hrsg.), *Dorsch Lexikon der Psychologie*. 16. Aufl. Bern: Verlag Hans Huber.

IfD Allensbach (2016). Meistgenutzte Informationsquellen der Bevölkerung in Deutschland im Jahr 2015. http://de.statista.com/statistik/daten/studie/171257/umfrage/normalerweise-genutzte-quelle-fuer-informationen/. Zugegriffen: 01. Juni 2016.

Kammhuber, S. (2013). Interkulturelle Kommunikation. In M. Wirtz, & J. Strohmer (Hrsg.), *Dorsch Lexikon der Psychologie*. 16. Aufl. Bern: Verlag Hans Huber.

Koch, W., & Frees, B. (2016). Ergebnisse der ARD/ZDF-Onlinestudie 2016. Dynamische Entwicklung bei mobiler Internetnutzung sowie Audios und Videos. http://www.ard-zdf-onlinestudie.de/fileadmin/Onlinestudie_2016/0916_Koch_Frees.pdf. Zugegriffen: 13. Mai 2017.

Kreile, R., Becker, J., & Riesenhuber, K. (Hrsg.). (2005). *Recht und Praxis der GEMA. Handbuch und Kommentar*. Berlin: De Gruyter Recht.

Langhans, K. (2015). Schrille Töne. Gegen die Verwertungsgesellschaft regt sich Widerstand. Meik Michalke will das Monopol knacken. Idee: Komponisten sollen Lieder verschenken können. http://www.sueddeutsche.de/wirtschaft/gema-schrille-toene-1.2685153. Zugegriffen: 10. Juni 2016.

Mayring, P. (2008). *Qualitative Inhaltsanalyse. Grundlagen und Techniken*. 10. Aufl. Weinheim und Basel: Belz Verlag.

Meier, S., Wünsch, C., Pentzold, C., & Welker, M. (2010). Auswahlverfahren für Online-Inhalte. In M. Welker, & C. Wünsch (Hrsg.), *Die Online-Inhaltsanalyse. Forschungsobjekt Internet. Neue Schriften zur Online-Forschung*, 8. Bd. (S. 103-123). Köln: Halem.

meinungsbarometer.info (2017). Gema fürchtet keine Konkurrenz. Wie die sich Verwertungsgesellschaft neuen Herausforderungen stellt. https://meinungsbarometer.info/beitrag/GEMA-fuerchtet-keine-Konkurrenz_2036.html. Zugegriffen: 13. Mai 2017.

Meusers, R. (2012). Deichkind zum Gema-Streit:"Ihr seid Evolutionsbremsen" http://www.spiegel.de/netzwelt/web/deichkind-zum-gema-streit-ihr-seid-evolutionsbremsen-a-820703.html. Zugegriffen: 10. Juni 2016.

Nielsen, J., & Loranger, H. (2006). *Web Usability*. München: Addison-Wesley.

Reichelt, J. (2013). *Informationssuche und Online Word-of-Mouth: Eine empirische Analyse anhand von Diskussionsforen*. Wiesbaden: Springer Gabler.

Rössler, P., & Wirth, W. (2001). Inhaltsanalysen im World Wide Web. In W. Wirth; E. Lauf (Hrsg.), *Inhaltsanalysen, Perspektiven, Probleme, Potentiale* (S. 280-302). Köln: Herbert von Halem.

Scheufele, B., & Engelmann, I. (2009). *Empirische Kommunikationsforschung*. Konstanz: UVK Verlagsgesellschaft.

Siepermann, M. (2016). *Forum*. http://wirtschaftslexikon.gabler.de/Definition/forum.html. Zugegriffen: 28. April 2016.

Sperlich, R. (2007). *Popularmusik in der digitalen Mediamorphose: Wandel des Musikschaffens von Rock- und elektronischer Musik in Österreich*. Wiesbaden: Deutscher Universitäts-Verlag.

Statista (2016). Marktanteile führender Suchmaschinen in Deutschland im Februar 2015 (sowie Vorjahresvergleich). http://de.statista.com/statistik/daten/studie/167841/umfrage/marktanteile-ausgewaehlter-suchmaschinen-in-deutschland/. Zugegriffen: 18. Februar 2016.

III
Veranstaltungsbesprechungen

Abschlussbericht zum 2. Summer Institute der Gesellschaft für Musikwirtschafts- und Musikkulturforschung *Developments for Musicpreneurs: 14.–20. September 2016, Porto, Portugal*

10

Jonas Gödde, Christoph Jacke und Dominik Nösner (Paderborn)

Zum bereits zweiten Mal bot die Gesellschaft für Musikwirtschafts- und Musikkulturforschung (GMM) mit ihrem „Summer Institut" in Porto etablierten Musikforscher_innen, Branchenvertreter_innen sowie vor allem jungen Wissenschaftler_innen eine ausgeruhte Plattform des interdisziplinären Austausches. Im Fokus standen dabei im Jahr 2016 zunächst die *Musicpreneure*, also die ökonomisch tätigen Musikschaffenden und deren Innovationspotentiale, insbesondere innerhalb einer sehr dynamischen und unübersichtlichen Musikwirtschaft.

Dazu eröffnete Prof. Dr. Carsten Winter (Hochschule für Musik, Theater und Medien Hannover) das *Summer Institute* mit einem einleitenden Vortrag zum Thema *Smart Music Cities für alle – Musicpreneure und ihre Netzwerke*, in dem er die Rolle der Musicpreneure und der Musiker_innen-Netzwerke im Kontext neuer technologischer, kultureller und ökonomischer Städteentwicklungen beleuchtete. Das dabei entstehende Diskussionspotential leitete hier bereits zu Dr. Holger Schwetter (Universität Dresden) und seinem Beitrag *Zur Kritik des Musicpreneurs* über. Schwetters Beobachtungen von Musiker_innen und deren Haltungen und Kontexten erschien besonders zeitgemäß: wird doch gesellschaftlich und feuilletonistisch viel über Lebenswelten, Bezahlungen und Herausforderungen Musizierender diskutiert. Inwiefern hier die *Illusio* (sensu Pierre Bourdieu) der Aktiven, also deren Engagement vor dem Hintergrund eines ‚Glaubens' an Erfolg welcher Art auch immer nun Fluch oder Segen bedeutet, bleibt weiter zu erforschen und vor allem mit der Kulturpolitik zu diskutieren. Verwendet wurde das Konzept jedenfalls im weiteren Verlauf des Summer Institute immer wieder.

Zum Abschluss des ersten Tages stellten schließlich Robin Hoffmann, Gründer der Agentur für Corporate Sound *HearDis!*, und Andreas Schönrock, Doktorand am Lehrstuhl Prof. Dr. Peter Wicke an der Humboldt-Universität zu Berlin, ihr von der Europäischen Union gefördertes Forschungsprojekt *ABC_DJ* vor. Das im Rahmen des *European Union's Horizon 2020 Research and Innovation Programme*

© Springer Fachmedien Wiesbaden GmbH, ein Teil von Springer Nature 2019
M. Ahlers et al. (Hrsg.), *Big Data und Musik*, Jahrbuch für Musikwirtschafts- und Musikkulturforschung, https://doi.org/10.1007/978-3-658-21220-9_10

geförderte Vorhaben hat sich zum Ziel gesetzt, Musikzuschreibungen und -klassifizierungen algorithmisch auswertbar zu machen. Dies geschieht in Zusammenarbeit mit der TU Berlin, dem Institut de Recherche et Coordination Acoustique/Musique (IRCAM) und der italienischen IT-Firma Fincons. Das vorgestellte Projekt und insbesondere die vorgestellten Forschungsmethoden sorgten für einen reichhaltigen und produktiven Austausch mit den anwesenden Musikforscher_innen.

Im Sinne der eingangs bereits angesprochenen Förderung junger Musikwirtschafts- und -kulturforscher_innen wurde dann der zweite Tag des *Summer Institute* dazu genutzt, laufende Dissertationsvorhaben im breiteren Spektrum der Musikwirtschafts- und Musikkulturforschung vorzustellen und gemeinsam mit den jeweiligen Doktorand_innen kritisch zu evaluieren. Gerahmt, moderiert und befeuert wurden diese von den neben Carsten Winter anwesenden Hochschullehrern Prof. Dr. Michael Ahlers (Leuphana-Universität Lüneburg), Prof. Dr. Christoph Jacke (Universität Paderborn), Prof. Dr. Matthias Welker und Prof. Dr. Ulrich Wünsch (beide SRH Hochschule der populären Künste Berlin). Schon hier zeigt sich die gewünschte Multiperspektivität zwischen Journalistik, Musikmanagement, Kommunikations- und Medienforschung, Musikpädagogik, Popular Music Studies, VWL und Germanistik.

Den Auftakt der präsentierten Forschungsvorhaben machte Christopher Buschow (Hochschule für Musik, Theater und Medien Hannover) mit seinem nahezu abgeschlossenen Dissertationsvorhaben zu „Neue[n] Organisationsformen des Journalismus", in welchem er untersucht, inwiefern mit neuen Formen des Journalismus auch neue Formen der Organisation innerhalb dieses Feldes einhergehen. Ebenso wie alle folgenden Dissertationsvorhaben wurde auch dieses im Plenum der anwesenden Wissenschaftler_innen diskutiert. Anschließend präsentierte der Medienwissenschaftler Christian Rhein (Hochschule für Medien, Kommunikation und Wirtschaft Köln) seine Promotion zu „Fassaden-Medien" und deren praktische Umsetzung im Werbeumfeld. Das Themenspektrum Werbung wird auch im Beitrag von Lorenz Grünewald (Hochschule für Musik, Theater und Medien Hannover) im Rahmen seiner Dissertation unter dem Arbeitstitel „Die Musikkultur der Marken" diskutiert. Grünewald erforscht, wie im Umfeld von Marken (neue) Formen von Musikkultur und Musikwirtschaft entstehen und dabei durch Musik bedeutsam werden. Bei ihm standen vor allem die methodischen Herausforderungen, die sich bei der ethnografischen Erforschung von Musikkultur und Markenkultur ergeben, im Zentrum des Vortrages. Aljoscha Paulus (Hochschule für Musik, Theater und Medien Hannover) referierte danach zum Thema „Organisiert Euch!" über neue Ansätze interessenpolitischer Organisationen in Kultur- und Kreativwirtschaft.

Anschließend folgten drei Vorträge von Promovierenden, die sich eher in den Anfangsstadien ihrer Arbeiten befinden. So wurde über Themen wie „Die

Auswirkungen von Medieninnovationen auf die Musikindustrie am Beispiel des Video-Netzwerks YouTube" (Felicitas Cardenas, Popakademie Baden-Württemberg), „Liveness in Techno-Musik" (Josef Schaubruch, Leuphana-Universität Lüneburg) und „Internationalisierungspotentiale innerhalb des Universitätswesens" (Alexander Schories, Hochschule für Musik, Theater und Medien Hannover) gesprochen und diskutiert. Alle Beiträge bekamen Respondierende zur Seite gestellt, die somit automatisch zu adäquaten Feedbacks und einer sehr fruchtbaren laufenden Diskussion beitrugen.

Die verbleibende Zeit des *Summer Institute* wurde für die individuelle Betreuung der anwesenden Masterstudierenden, verschiedene Workshops sowie für den allgemeinen, auch informellen Austausch der anwesenden Forscher_innen, Branchenvertreter_innen und Studierenden genutzt. Die Workshops befassten sich dabei zum einen mit (neuen) Perspektiven und Möglichkeiten wissenschaftlicher Forschung. So stellte Gunda Schwaninger (Hochschule für Musik, Theater und Medien Hannover), angelehnt an ihr zuvor ebenfalls vorgestelltes Dissertationsthema „Sciencepreneure – oder die Zukunft des digitalen Publizierens" Online-Plattformen wie Research Gate vor und diskutierte gemeinsam mit dem Plenum Potentiale, Gefahren und Zukunft ebenjener Plattformen und damit zusammenhängender Selbstdarstellungen. Zum anderen initiierten Dr. Holger Schwetter und Lorenz Grünewald eine Diskussionsrunde zum Thema ethnographisches Forschen im Bereich Popmusikkultur.

Wie auch bei den vorherigen Vorträgen und Vorstellungen der Dissertationsvorhaben war auch diese Diskussion äußerst produktiv. Dies lässt sich sicherlich als eine besondere Stärke des Konzeptes *Summer Institute* herausstellen, das es ermöglicht hat, allen Anwesenden reichlich Raum für gegenseitigen Wissenstransfer und Dialog zu bieten, der sicherlich grundlegend ist für dieses interdisziplinäre Forschungsterrain der Musikwirtschafts- und Musikkulturforschung. Somit stellt das *Summer Institute* einen wichtigen Baustein im Rahmen der sich auch im deutschsprachigen Raum immer intensiver entwickelnden, zwingend inter- bzw. transdisziplinären Musikwirtschafts- und Musikkulturforschung dar. Dass diese sogar Spaß machen können (eine unterschätzte, nicht unwesentliche Motivation des Forschens), zeigten Exkursionen auf ein über die ganze Stadt Porto verteiltes Musik-Festival oder per Führung durch eine engagierte, sympathische Architektin mit profundem Insider-Wissen (*The Worst Tour*) zu brachliegenden Plätzen und Orten dieser hochinteressanten (Musikkultur-)Stadt Porto; etwa zu einem von Musiker_innen genutzten großen ehemaligen Einkaufszentrum, in dem in den einstigen Läden nunmehr weit über 100 Proberäume eingerichtet wurden und man laut dröhnende Heavy-Metal-Klänge aus umgenutzten Boutiquen oder Blumenläden hörte und spürte. Insbesondere die flachen Hierarchien, die Themenoffenheit und

Gesprächsbereitschaft zwischen allen Teilnehmer_innen hat zu manch legendären Moment und einer schon bekundeten hohen Motivation geführt, beim kommenden *Summer Institute* wieder dabei sein und mitreden zu wollen. Ungleich war allerdings die Geschlechterquote bei Teilnehmenden und Referierenden, hier würde ein größerer Frauenanteil sicherlich nicht schaden, was man (sic!) den Veranstaltenden nicht vorwerfen kann. Schaut man da in andere florierende Netzwerke, lässt sich erfreulicherweise eine gleichmäßigere Verteilung erkennen. Letztlich bleibt neben der entspannten und produktiven Stimmung sowie – laut einiger Spiegelungen durch Teilnehmende des Voneinanderlernens – auch der verschärfte Eindruck, dass sich im deutschsprachigen Raum der Musikwirtschafts- und Musikkulturforschung immer mehr (junge) Menschen aufmachen und interdisziplinär vernetzen. Diese Beobachtung kann man nur unterstützen.

Most Wanted: Music 2016

11

Martin Lücke und Lorenz Grünewald-Schukalla

Berlin, den 16.11.2016 – 110 Speaker, 45 Sessions und über 25 Satellite Events – die Most Wanted:Music (MW:M) 2016 bot an zwei Tagen eine breit aufgestellte und hochwertig kuratierte Konferenz für die (Berliner) Musikbranche. Mit etwa 1.200 Teilnehmer_innen konnte die Berlin Music Commission (BMC) die Stellung der Veranstaltung auch in ihrem dritten Jahr manifestieren und weiter ausbauen. Auch die Gesellschaft für Musikwirtschafts- und Musikkulturforschung (GMM) war bei der MW:M 2016 programmatisch vertreten.

Ein Highlight der diesjährigen MW:M war der erstmalig ausgerichtete *GMM Best Paper Award*. Von einer hochrangigen Jury, bestehend aus Prof. Dr. Rolf Budde (Budde Music), Anita Carstensen (public link), Björn Döring (u. a. Reeperbahn Festival), Olaf Kretschmar (BMC), Tom Kurth (Native Instruments) und Prof. Dr. Martin Lücke (Hochschule Macromedia) wurden in zwei Kategorien sowie mit zwei Sonderpreisen innovative wissenschaftliche oder angewandte Arbeiten ausgezeichnet, welche sich mit Themen wie „Authentizität in der Popmusik", „Informationsaustausch in der Zusammenarbeit mit der GEMA", „Drone-Musik" und der „Anwendbarkeit von Blockchain für die Musikwirtschaft" auseinandersetzten.

Die Preisträger des GMM Best Paper Award 2016 waren:

Kategorie Bachelorarbeit:

- Laura Weinert (Hochschule für Musik, Theater und Medien Hannover). Good Pop, Bad Pop? Eine experimentelle Studie zum ästhetischen Kriterium Authentizität in der Popmusik
  Preis: Teilnahme am GMM Summer School in Porto, Herbst 2017

© Springer Fachmedien Wiesbaden GmbH, ein Teil von Springer Nature 2019
M. Ahlers et al. (Hrsg.), *Big Data und Musik*, Jahrbuch für Musikwirtschafts- und Musikkulturforschung, https://doi.org/10.1007/978-3-658-21220-9_11

Kategorie Masterarbeit:

- Marco Räuchle (Popakademie Baden-Württemberg). Ich weiß was nicht, was Du nicht weißt! Informationsbedarf, Informationsangebot und Informationsvalidierung zwischen Musikschaffenden und der Verwertungsgesellschaft GEMA
  Preis: Veröffentlichung im Jahrbuch 2018 der GMM

Sonderpreis Präsentation:

- Luise Wolf (Humboldt-Universität zu Berlin). Drone. Spielarten ästhetischer Erfahrung in der Gegenwart sonischer Materialität
  Preis: Konferenzticket Republica 2017

Sonderpreis Anwendbarkeit:

- Aaron Röver (Universität Siegen). Die Blockchain in der Musikindustrie
  Preis: Konferenzticket Reeperbahn Festival 2017

Nach dem GMM Best Paper Award fand ein durch die GMM präsentierter Professionalisierungs-Round Table statt. Hier hatten Besucher_innen die Gelegenheit, Professionalisierung der Ausbildung für verschiedene Berufsfelder im Musikbusiness mit Vertreter_innen verschiedener Branchen der Musikwirtschaft sowie aus der Musikwirtschaftsforschung und -lehre zu diskutieren.

Organisiert wurde der Round Table von Vertreter_innen der Berufsfelder Journalismus, Live, Musikverlag, Label und Kreative. Zu den Organisator_innen und Diskutierenden gehörten u. a. Sören Birke (Kesselhaus/Maschinenhaus), Carl Taylor (Sony Music), Laura Weinert und Christine Preitauer (Hochschule für Musik, Theater und Medien Hannover), Ulrika Müller (Humboldt-Universität zu Berlin), Prof. Dr. Rolf Budde (Budde Music), Prof. Dr. Thomas Becker (BITS), Søren Janssen (Limelight Coaching), Tom Kurth (Native Instruments), Prof. Dr. Martin Lücke (Hochschule Macromedia), Prof. Robert Lignau (SRH Hochschule der populären Künste) sowie Tim Thaler (BLN.FM). Die Diskussionen wurden moderiert von Prof. Dr. Carsten Winter (Hochschule für Musik, Theater und Medien Hannover).

An mehreren Tischen wurde produktiv mit Interessierten über die Entwicklung der Ausbildung und die Herausforderungen verschiedener Berufsfelder der Musikwirtschaft diskutiert. So kamen Themen und Herausforderungen wie das Management der Wertschöpfungsnetzwerke von Kreativen oder die Diskrepanz zwischen dem Image von Musikverlagen als klassische Papierverleger und den tatsächlichen Geschäftsfeldern moderner Verlage, die ihre Aktivitäten über digitales Management und Künstlerentwicklung differenziert haben, zur Sprache. Die Ergebnisse der Diskussionen an den verschiedenen Expertentischen zum Thema wurden zum Abschluss im Plenum präsentiert.

„Solutions for a more equal electronic music scene and business"

re:publica-Panel zu Frauen in der elektronischen Musikwirtschaft

12

Lorenz Grünewald-Schukalla

Wie können wir den Geschlechterungleichheiten in der elektronischen Musikszene begegnen? Welche Lösungen bieten sich an, und wie können wir sie implementieren? Diesen Fragen stellte sich auf der diesjährigen re:publica ein von der Gesellschaft für Musikwirtschafts- und Musikkulturforschung e. V. (GMM) präsentiertes Panel. Auf der *Stage L1* in der STATION Berlin, ein Raum des alten Postbahnhofs an der Luckenwalder Straße (Berlin-Kreuzberg), dessen blanke Betonwände mit den re:publica Farben ausgeleuchtet waren, kamen fünf unterschiedliche Perspektiven auf das Thema „Solutions for a more equal electronic music scene and business" zusammen.

Christine Kakaire, Journalistin und Beraterin mit internationaler Karriere in der elektronischen Musikszene, moderierte das Panel, das mit Dr. Anita Jóri, Linguistin und wissenschaftliche Mitarbeiterin an der Universität der Künste Berlin, Désirée Vach, Gründerin des Labels Snowhite Records und Vorstandsvorsitzende des Verbands unabhängiger Musikunternehmen (VUT), Camille Darroux, DJ und Gründerin der Mimosa Agency sowie Thomas Vorreyer, Chefredakteur bei THUMP besetzt war.

Den Diskutierenden ging es nicht darum, erneut zu klären, ob es überhaupt Ungleichheiten in der elektronischen Musikszene gibt – das ist ein Fakt – oder ob diese immanent seien. Dafür bot Christine Kakaire in Ihrem Eröffnungsstatement deutliche Zahlen an: Nur 14 Prozent in der britischen PRS sind Frauen, während die Top 100-Liste von Resident Advisor lediglich 14 weibliche DJs enthält. Hierzu veröffentlichte das Berliner Netzwerk *Female Pressure* weitere Zahlen. Im Anschluss an ihr Eingangsstatement befragte Kakaire daher die Panelist_innen direkt nach ihren Perspektiven und Ideen für mögliche Lösungsschritte.

Im Verlauf des einstündigen Panels arbeitete Christine Kakaire verschiedene Strategien heraus. So hielten es die Panelteilnehmer_innen für wichtig, dass man selbst Verantwortung übernehme. Thomas Vorreyer erklärte, dass er eigene Sta-

M. Ahlers et al. (Hrsg.), *Big Data und Musik*, Jahrbuch für Musikwirtschafts- und Musikkulturforschung, https://doi.org/10.1007/978-3-658-21220-9_12

tistiken darüberführt, wie divers die Berichterstattung und auch das Netzwerk der Journalist_innen ist, die für THUMP arbeiten. Seine Aufzeichnungen ermöglichen es, besser zu koordinieren, wer, wie, worüber schreibt, und dass so ausgewogenere Perspektiven bei gleichzeitig diverseren Themen abgebildet werden können. Désirée Vach betonte, dass arrivierte Frauen in der Musikwirtschaft darauf achten sollten, Bewerber_innen, die sich auf Stellen für Assistent_innen bewerben, auch stärker für Führungspositionen zu berücksichtigen. Auch die Etablierung von Quoten, wie z. B. im Booking weiblicher Musikschaffender, sei eine Möglichkeit, der Anita Jóri jedoch nicht unkritisch gegenübersteht. Viele wollten nicht *die Quotenfrau* eines Line-Ups sein, sondern als Künstlerin ernst genommen werden.

An bestehenden Rollenmodellen und Ausbildungsmöglichkeiten könne gearbeitet werden. So machte sich Camille Darroux dafür stark, dass DJ-Workshops oft gänzlich von Männern für Männer konzipiert würden, und dass es Räume bräuchte, in denen Frauen mit Musiktechnologie experimentieren könnten. Das sei aus wissenschaftlicher Perspektive auch schon sehr früh nötig, so Anita Jóri, denn der Zugang zu Technologie werde bereits in der Kindererziehung gegendert. Man dürfe daher elektronische Musik nicht als getrennt von anderen gesellschaftlichen Bereichen sehen und müsse Mädchen bereits früh einen offeneren und kompetenten Umgang mit Musik und Technologie ermöglichen.

Auch im Bereich der Medien und der Repräsentation wurden Positionen formuliert. So sei es wichtig, dass gerade öffentlichkeitswirksame Persönlichkeiten antisexistische Positionen einnähmen und diese in der Öffentlichkeit diskutierten. Ebenfalls zentral sei, dass die Medien der Szene ihren Content nicht den *Online-Sphären* überlassen, sondern die Aktivitäten um ihre Inhalte aktiv moderieren, bspw. wenn sich anti-emanzipatorische Diskussionen ergeben.

Mit diesen Ansätzen verknüpft sei immer auch die Ausbildung eigener Strukturen. Désirée Vach berichtete vom Netzwerk für Frauen in der Musikwirtschaft, einem Mentoring-Programm, das sie mitentwickelt hat und das den „weiblichen Nachwuchs mit erfahrenen Branchenkennerinnen zusammenzubringen" will. Auch Camille Darroux spricht sich dafür aus, solche Netzwerke zu gründen und auszubauen und mit Female-Partys und -Gigs zu verknüpfen. Hierbei sei es jedoch wichtig, eine positive Identität und Atmosphäre aufzubauen und keine ablehnenden Female-Only-Strukturen zu entwickeln.

Ob und wie konsumatorische Aktivitäten eine Lösung sein könnten, blieb offen. So überlegte Thomas Vorreyer, ob es nicht möglich sei „die Daten zu beeinflussen", indem man Male-Only-Labels boykottiere oder die eigenen Playlisten bei Spotify stärker mit weiblichen Akteurinnen bestücke, um die Empfehlungs-Algorithmen zu trainieren.

Christine Kakaire arbeitete diese unterschiedlichen Perspektiven gekonnt aus den diversen Hintergründen der Teilnehmenden heraus. Auf ihre abschließende Frage, ob mit den beschriebenen Strukturen und den feministischen Gruppen der Szene nicht schon viel geschafft sei, wusste Anita Jóri zu sagen: „Berlin ist mit seinen sexismussensiblen Netzwerken und Gruppen ein besonderer Ort. Außerhalb von Berlin ist jedoch noch viel zu tun."

8th Vienna Music Business Research Days, 2017

13

Konstantin Hondros

Once again, music business researchers from various disciplines flew in to gather in Vienna for the annual Vienna Music Business Research Days (VMBRD). While the headlining theme *blockchain* occupied the central position of this year's conference, a very lively and interdisciplinary discussion around several topics significant for today's music business developed.

Before kicking off the official conference on September 13th, however, PhD. and Master students were given the opportunity to discuss their work with acclaimed mentors from the field of music business research at the Young Scholars Research Workshop (co-organized by the Gesellschaft für Musikwirtschafts- und Musik-kulturforschung, GMM). The presentations covered topics from the branding of classical music, collaborative online song production or the influence of copyrights on the creative process. This year's workshop was also very international, with contributions on the adoption of streaming services in South Africa and collective rights management organizations in Barbados.

The first conference day, traditionally open for recent research contributions, gathered a variety of perspectives on the music business. Sessions focused on e.g. music entrepreneurship, artist management, music festivals or music preferences. Regularly these talks aimed for a critical view on business practices, and for strategies musicians might apply in order to strengthen their position, particularly without a major label background.

Day two was reserved for invited talks concerned with new gatekeeping processes, mental health in music business, and, of course, the blockchain technology. Generally, the talks showed a great interest in understanding the artists' issues and concerns – music business research on a micro-level, one could say. Not neglecting the developments in the big music industry, they tried to figure out how streaming has already and how blockchain will continue to affect the business. Moreover,

© Springer Fachmedien Wiesbaden GmbH, ein Teil von Springer Nature 2019
M. Ahlers et al. (Hrsg.), *Big Data und Musik*, Jahrbuch für Musikwirtschafts-
und Musikkulturforschung, https://doi.org/10.1007/978-3-658-21220-9_13

the question *how to make a living with music* and alternative models to do so were addressed more frequently than at other similar conferences.

The highly informative and discursive days in Vienna, looking at issues at the *edge of the plate*, with great food, perfect hosts, and lots of interesting discussions, ended with the announcement of Benjamin Schiemer as winner of the Best Paper Award of the Young Scholars Workshop with their work on *Virtual Songwriting: Fostering Creative Processes through 'Challenge' and 'Collaboration'*.

IV
Rezensionen

Holger Schwetter: *Teilen. Und dann?* Kostenlose Musikdistribution, Selbstmanagement und Urheberrecht

14

Michael Ahlers

Das Buch stellt die editierte Dissertationsschrift des Verfassers dar und bearbeitet in seinem Kern aktuelle Themen und Entwicklungen auf den Musikmärkten des 21. Jahrhunderts. Die Konjunktur der Fragen und Auswirkungen rund um die Möglichkeiten des künstlerischen Selbstmanagements und alternativen Lizensierungsmodellen für kulturelle Artefakte oder Inhalte setzte in den ersten Dekaden dieses Jahrhunderts ein, eine Bearbeitung und weitere Verbreitung erfolgte dann jedoch leider nicht immer substanziell und wissenschaftlich begründet, sondern vielfach auch halbwissend oder journalistisch. Erfreulich also, dass Holger Schwetter sich mit seiner Publikation nun erstmals auf dem deutschen Markt in gebotener theoretischer und empirischer Tiefe sowie Breite an die Auf- und Bearbeitung macht.

Innerhalb des *Teil A* genannten, theoretischen Teils der Veröffentlichung startet der Autor mit einem historischen Abriss zu Bewegungen wie *Open Source* und freier Softwareerstellung und -nutzung. Er verbindet dabei sowohl die ökonomischen Hintergründe als auch die motivationalen Fragen, warum Menschen diese Wege beschreiten, wenn ihnen doch vermeintlich lukrativere Alternativen zur Verfügung stünden, um dann auf Unterschiede wie die Erwerbstätigkeit und *Aktivitäten* einzugehen.

Aus dieser Einleitung heraus fokussiert Schwetter dann nachfolgend auf *Open Content* – welcher im Ergebnis entsteht – und widmet sich beispielsweise Unterschieden in der (Be-)Wertung dieser Produkte und Inhalte vor dem Hintergrund politischer Interessen sowie entgegen den vor allem auch im deutschsprachigen Raum lange dominierenden *Werk*-Begriff als Legitimation von Urheberrechten. Vor allem das Teilkapitel hierzu (S. 36ff.) bildet eine konzise und hilfreiche Zusammenfassung an. Nachfolgend werden Ansätze, Konzepte und Verbreitung der *Creative Commons* Lizenzen (CC-Lizenzen) dargelegt und abschließend kritisch diskutiert, um dann abschließend über Verdienstmöglichkeiten mit diesen Lizenzen zu informieren.

© Springer Fachmedien Wiesbaden GmbH, ein Teil von Springer Nature 2019
M. Ahlers et al. (Hrsg.), *Big Data und Musik*, Jahrbuch für Musikwirtschafts- und Musikkulturforschung, https://doi.org/10.1007/978-3-658-21220-9_14

Das dritte Kapitel widmet sich Musikmärkten und startet hierzu zunächst mit einer Definition ebendieser, um dann einen historischen Abriss zu liefern. Es ist zu begrüßen, dass dieses Teilkapitel – da in zahlreichen anderen Publikationen bereits vorhanden und gut illustriert – notwendige Informationen liefert, dabei aber nicht ausufert im Umfang.

Im vierten Kapitel finden sich allgemeine Informationen sowie eine historische Darstellung zur „Situation der Musiker im Popmusik-Markt vor dem Internet" (S. 89). Das Teilkapitel zu Musiker_innen-Typologien ist dabei als besonders gelungen zu bezeichnen, da es für die weiteren theoretischen und empirischen Studien wichtige Einblicke und Rahmungen liefert. Weitere Abschnitte des Kapitels tragen Informationen zum Selbstmanagement oder der Selbstvermarktung, Musiker_innen-Unternehmungen sowie Zusammenschlüsse in diesem Kontext zusammen.

Das fünfte Kapitel stellt jüngere Theorien zu digitalen (Musik-)Märkten dar. Diese umfassen sowohl den *long tail*-Ansatz von Anderson, als auch Begrifflichkeiten wie *Prosument_innen, Pro-Ams, Digital Artisans* und *Peer-Produktion* sowie die jeweiligen Kritiken an diesen. Weiterhin findet sich ein Überblick über die Kulturindustrie-Forschung in diesem Abschnitt.

Im sechsten Kapitel liefert der Verfasser dann „Positionen und Theorien zur digitalen Musikdistribution" und es wird hier ersichtlich, wie viel Ratgeber-Literatur vorhanden und wie vergleichsweise gering doch die Anzahl akademischer Publikationen ist. Weitere Aspekte in diesem Kapitel sind ökonomische Modelle und Statistiken sowie theoretische Studien zum digitalen Musikmarkt. In seiner Zusammenfassung verweist Schwetter auf die notwendige Verbindung und den Abgleich zwischen den theoretischen Diskussionen und empirischen Daten (S. 156). Dieser Aufgabe stellt er sich dann im nachfolgenden Teil seiner Arbeit auch selbst.

Die empirische Studie arbeitet mit qualitativen Methoden entlang der Selbstkonzepte von Musiker_innen und interviewt diese weiterhin zu Themengebieten wie der Nutzung von Urheberrechten oder Lizenzmodellen und deren ökonomischen Situationen (S. 175ff.). Es wird eine *Grounded Theory* zu formulieren gesucht, welche auf den problemzentrierten Interviews des Autors basiert. Die Interview-Methodik kann als kreativ in den Stimuli und produktiv im Ergebnis bezeichnet werden (S. 179ff.). Die Proband_innen der Studie repräsentieren sowohl Musiker_innen unterschiedlicher Karrierephasen und Länder, als auch unterschiedliche Produktionskulturen (Song, Rap, Track) und unterschiedliche Status der Verwendung von CC-Lizenzen oder herkömmlichen Verwertungsmodellen. Gerahmt werden diese Erkenntnisse durch Expert_innen-Interviews aus den Bereichen Verbände, Netlabels, Jura, Booking oder Künstlermanagement. Hierin liegt die klare Stärke der Arbeit. Die Statements und Interpretationen sind in der Lage, hochwertige und spannende Einblicke zu liefern, sowohl auf der Mikroebene des oder der einzelnen

Interviewten, als auch auf den Meso- und Makroebenen der Modellbildung. Hier finden sich neben zu erwartenden Informationen auch ungewöhnliche Konstellationen und Einblicke, die so vorab noch nicht wissenschaftlich sauber generiert wurden. Im Fazit der Arbeit finden sich zusammenfassende Diskussionen und kritische Reflexionen des Autors, welche durch den Abgleich der eigenen empirischen Befunde mit dem Theorieteil hergeleitet werden. Es wird deutlich, wie sehr Vermutungen dominieren und wie wenig Wissen über die realen Motivationen und Lebensbedingungen der unter CC-Lizenzen agierenden Menschen verfügbar ist. Ebenso sind auch romantische Verklärungen nicht unüblich, wie es scheint. Das in der Arbeit eingesetzte projektzentrierte und phasenorientierte Erfolgsmodell (PPE, zusammenfassend ab S. 319) kann und sollte in Folgestudien unbedingt Berücksichtigung finden.

Schwetter, Holger (2015). *Teilen. Und dann? Kostenlose Musikdistribution, Selbstmanagement und Urheberrecht*. Kassel University Press.
URL: http://nbn-resolving.de/urn:nbn:de:0002-38957.
doi: 10.19211/KUP9783862198955
ISBN: 978-3-86219-894-8

Jan-Michael Kühn: *Die Wirtschaft der Techno-Szene. Arbeiten in einer subkulturellen Ökonomie*

Lorenz Grünewald-Schukalla

In seiner ethnographischen Studie entwickelt Jan-Michael Kühn, seines Zeichens DJ und Autor des Blogs *Berlin Mitte Institut für Bessere Elektronische Musik*, seine Theorie einer *ästhetischen* Subkultur. Gegenstand ist für ihn die Berliner Techno- und House-Szene, in der er seit über 13 Jahren tätig ist. Daher stellt er in der Einleitung klar, dass die Techno-Szene eine besondere Faszination auf ihn ausübt. Diese Faszination ist Grundlage seiner Dissertationsschrift, in der er soziologisch versucht, die spezifische „Verführungskraft" dieser Szene herauszuarbeiten.

Kühn beginnt mit der Diskussion soziologischer Modernisierungstheorien post-traditionaler Vergemeinschaftung. Er zeigt, dass diese zu grob angelegt sind, „um die tatsächliche Komplexität der House/Techno Szene [...] zu fassen" (S. 27). In der Folge stellt er eine eigene Theorie ästhetischer Subkulturen zusammen, in der er unter anderem Elemente der British Cultural Studies, Sarah Thorntons Subkulturtheorie sowie Bourdieus Theorie kultureller Felder kombiniert. Diese ästhetischen Subkulturen konfiguriert er so, dass bestimmte kulturelle Institutionen und szenebasierte Netzwerke jeweils spezifische Erlebnisformen ermöglichen, die in dieser Form nur hier möglich sind. Diese „Verführungskraft" (u. a. S. 102) zieht Teilnehmer_innen in das Feld und produziert ästhetische Erfahrungen, wie den spezifischen Spaß des Feierns auf einer Techno-Party.

Kühn geht dabei äußerst kritisch mit bestehenden Arbeiten zur Kreativwirtschaft und -szene um. So dekonstruiert er die gegenwärtigen Diskurse um kreative Klassen, Städte, Industrien etc. als „Kreativismus" (S. 88ff.) und kritisiert so vereinfachende Darstellungen von Subkulturen als Orte des Kreativen, die kommerziell orientierten und profanen Kulturindustrien gegenüberstehen.

In dieser ethnographischen Studie bestimmt er dann empirisch einen Antagonismus zwischen zwei Polen des Techno-Feldes. Aus der Auseinandersetzung mit den Kreativitäts-, Szene- und Subkultur-Diskursen heraus folgert Kühn, dass die Unterscheidung zwischen kreativer Sub- und kommerzieller Suprakultur keine

© Springer Fachmedien Wiesbaden GmbH, ein Teil von Springer Nature 2019
M. Ahlers et al. (Hrsg.), *Big Data und Musik*, Jahrbuch für Musikwirtschafts- und Musikkulturforschung, https://doi.org/10.1007/978-3-658-21220-9_15

empirische Tatsache, sondern eine *Illusio* im Sinne Bourdieus sein müsse. Er identifiziert den in der wissenschaftlichen Literatur vorherrschenden Kreativismus als einen das empirische Feld hervorbringenden Diskurs: Dieser sei eine „produktive Ideologie, die Teil der Wirklichkeit ist und sich zugleich auf sie auswirkt, aber die Realität der tatsächlich ablaufenden Kulturproduktion *empirisch nicht plausibel beschreiben kann*" (S. 88, herv. i. O.). Stattdessen wird der Kulturindustrie-Diskurs ein Element, von dem sich die Akteur_innen der Techno- und House-Szene abgrenzen und mit dem sie ihre eigenen Strukturen stetig reproduzieren.

Kühn geht es in seiner durch die Hans-Böckler-Stiftung finanzierten Studie insbesondere um prekäre Arbeits- und Lebensstile, die er mit den ästhetischen Formen und Vorstellungen der Szene verschränkt. Aussagen aus und über *seine* Szene, die das kreative Potenzial loben, stellt er seiner ethnographischen Einsicht gegenüber, dass die Szene-Angelpunkte weniger Kreativität oder Innovation seien, sondern es sich vielmehr um „rigide kulturelle Institutionen" (S. 271) handele. Als Beispiel seien hier die Clubkultur oder der hoch standardisierte Techno-Track genannt. An die Stelle der Kreativität rückt für ihn die Verführungskraft der Szene, die stark durch ästhetische Normen strukturiert ist und so die Szene an sich stabilisiert.

Kühn widmet sich dann umfassend Fragen sozialer Ungleichheiten in der Szene, die hier über die Verteilung von "subkulturellem Popularitätskapital" reguliert wird. Etwas verkürzt: Wer zu populär wird, wandert hin zum kommerziellen Pol des Feldes und delegitimiert sein symbolisches Kapital. Dies kann über die Form seiner Tracks, die Anwesenheit in szenefremden, populären Medien oder das Spielen an den falschen Orten verhandelt werden (Diskotheken statt Clubs, Mehrzweckhallen statt Industrieanlagen). Analog entfalten Tracks, die nicht nach der klassischen Form aufgebaut sind, sondern populäre Elemente wie Songstrukturen integrieren, keine Verführungskraft mehr. Somit reproduzieren sich die prekären Arbeitsbedingungen, bei denen sich die Akteur_innen bewusst von bürgerlichen Lebensstilen und Verdienstmöglichkeiten sowie vom suprakulturellen Pol dieses Bourdieuschen Feldes abgrenzen und entscheiden vor allem über die *ästhetische* Komponente des klassischen Technotracks, die nur geringfügige Variation zulässt. Kühn beschreibt dies mit dem Begriff der Askese. Schließlich zeigt er neben diesen ästhetisch begründeten Strukturierungen auch solche Ungleichheiten, die vor allem durch Geschlecht und Gender reproduziert werden. Kühns Studie zeugt von einer langjährigen, tiefen Immersion in der Berliner Techno-Szene, die er zum Ende seiner Arbeit methodologisch reflektiert und durch vierzehn Interviews mit Szeneteilnehmer_innen ergänzt. Insbesondere seine Methode, einen eigenen Blog zu nutzen, um mit kontroversen Beiträgen kritische Szene-Diskussionen auszulösen, könnte auch für weitere Studien nutzbar gemacht werden. Anhand dieser konnte Kühn Distinktionsmuster gezielt beobachten.

Ein Kritikpunkt bleibt: Als Szeneteilnehmer kommt Kühn nicht umhin, sich zu positionieren, was er vor allem im Hinblick auf Aktivitäten der Berliner Politik im Kontext von Musik- und Szenewirtschaft sowie mit Blick auf die Instrumentenhersteller auch forciert. Diese Stellen können durchaus als wertend-normative Setzungen gelesen werden, die trotz sorgfältiger ethnographischer Reflektion verkürzt erscheinen. Beispielsweise kritisiert er Hersteller von Musikhardware dafür, dass diese „sich nicht für die diversen Foren von ästhetisch basierter Abgrenzung oder kultureller Askese" interessierten (S. 277), lässt die Leser aber über das Ziel dieser Kritik im Unklaren. Hier hätte ein breiterer Zugang – beispielsweise Arbeiten zu den Potenzialen neuer Technologien zur Demokratisierung von Musikkulturen – zu einer differenzierteren Argumentation führen können. Kühn bleibt jedoch durch seine Selbstverortungen transparent.

Kühn, Jan-Michael (2017). *Die Wirtschaft der Techno-Szene. Arbeiten in einer subkulturellen Ökonomie.*
Wiesbaden: Springer VS
ISBN: 9783658136598

Druck:
Canon Deutschland Business Services GmbH
im Auftrag der KNV-Gruppe
Ferdinand-Jühlke-Str. 7
99095 Erfurt